投资组合选择与投资策略
——基于背景风险的研究

Portfolio Selection and Investment Strategies with Background Risk

蒋崇辉／著

图书在版编目（CIP）数据

投资组合选择与投资策略：基于背景风险的研究/蒋崇辉著．—北京：经济管理出版社，2021.2

ISBN 978-7-5096-7798-8

Ⅰ.①投… Ⅱ.①蒋… Ⅲ.①资本投资—研究 Ⅳ.①F830.59

中国版本图书馆 CIP 数据核字（2021）第 038477 号

组稿编辑：杨国强
责任编辑：杨国强
责任印制：黄章平
责任校对：王淑卿

出版发行：经济管理出版社
（北京市海淀区北蜂窝 8 号中雅大厦 A 座 11 层　100038）
网　　址：www.E-mp.com.cn
电　　话：（010）51915602
印　　刷：北京晨旭印刷厂
经　　销：新华书店
开　　本：720mm×1000mm/16
印　　张：14.25
字　　数：256 千字
版　　次：2021 年 3 月第 1 版　2021 年 3 月第 1 次印刷
书　　号：ISBN 978-7-5096-7798-8
定　　价：98.00 元

·版权所有　翻印必究·

凡购本社图书，如有印装错误，由本社读者服务部负责调换。
联系地址：北京阜外月坛北小街 2 号
电话：（010）68022974　邮编：100836

自 序

本专著的内容是部分前期研究成果按照一定的逻辑集结而成。既然是前期的研究成果集结而成，所以，大部分内容在相应数据库中都能找到对应的研究论文。即便如此，我仍然坚持将之前的研究论文集结出版，主要有以下两个方面的考虑：一方面，作为一个学者，总是希望自己在某一方面的系列研究成果能自成一体，这大概就是著书立说的含义吧。另一方面，我一直都有一个梦想，就是希望自己的研究成果能够在省社会科学优秀成果和教育部高校人文社科优秀成果评选过程中脱颖而出，获得省社会科学优秀成果奖和教育部高校人文社科优秀成果奖。如果要在获奖前面加个等级的话，我希望我的研究能配得上省社会科学优秀成果奖一等奖和教育部高校人文社科优秀成果奖二等奖以上。出于这些考虑，我决定出版本专著，但愿天遂人愿。

本专著主要包括两方面的内容：其一是基于背景风险的投资组合选择理论研究，这部分内容对应于本书的第二篇，一共由三章构成，这三章分别从不同的角度，或不同的模型考察了基于背景风险的投资组合选择问题，揭示了投资者证券组合选择背后所反映的背景风险的对冲行为；其二是投资策略及其有效性检验，这部分主要是站在中国投资者从事国际分散投资或国内投资的视角，在考虑汇率风险、参数估计误差风险等"背景风险"的情况下提出相应的投资策略，并通过实证分析验证对应投资策略的有效性。不管是第二篇基于背景风险的投资组合选择理论，还是第三篇投资策略及其有效性检验，我们的研究都是以 Markowitz 的均值方差模型为基础，所以，我在这两篇主体研究内容之前，将传统的投资组合理论进行了梳理，分别考察了投资空间仅包含风险资产的"组合生产"以及投资空间既包含风险资产又包含无风险资产的"组合生产"问题，这样的安排主要为深入考察模型推导的读者提供一个可以方便学习的基础。

这是我第一次撰写专著，虽然是将前期的研究成果集结而成，但具体操作起来却发现工作量依然很大，一个人花了整整一个暑假，才把专著的初稿完成。然而，当编辑开始处理书稿时才发现，初稿中每一处呈现的公式经双击打开后与纸稿呈现的不一致，为此，我不得不将电子稿中的所有公式重新录入。原以为大功告成，但这还没有结束。当我第二次将书稿返回给编辑时，编辑告诉我，电子稿中所有的公式已经是图片格式，仍然无法进行编辑。最后，在编辑的建议下，我将书稿中的各章作为单独一个文件进行编辑，由于时间紧迫，不得不动员我的研究生来帮忙。在此，我要向编辑和我的研究生们表示感谢，因为他们的认真、细致和规范为本专著的出版争取了时间。

前面已经提到，本专著的内容主要是基于前期两个国家自然科学基金项目的研究成果，这两个国家自然科学基金项目名称分别为"基于背景风险的证券组合选择机理及实证研究"（71101019）和"基于系统性偏度约束的证券组合选择机理及实证研究"（71471029）。在此，我也要感谢国家自然科学基金委对本研究的资助。最后，我要感谢所有支持我、帮助我、关爱过我的人，尤其是我的家人，在奋斗的路上，是他们默默地给予我陪伴、理解和支持。

蒋崇辉

2020 年 11 月

江西财经大学蛟桥园

目　录

第1章　绪论 ··· 1
　1.1　研究背景和意义 ··· 1
　1.2　文献回顾和评述 ··· 3
　1.3　研究问题和内容 ··· 7
　1.4　研究创新之处 ·· 9

第一篇　传统的投资组合选择理论

第2章　基于均值方差模型的有效组合和有效边界 ························· 13
　2.1　投资空间仅包含风险资产的组合生产 ·································· 13
　2.2　投资空间既包含风险资产又包含无风险资产的组合生产 ········ 20

第二篇　基于背景风险的资产组合选择理论

第3章　基于背景风险的投资组合选择 ·· 25
　3.1　引言 ·· 25
　3.2　模型 ·· 27
　3.3　模型的求解和性质 ··· 28
　3.4　结论 ·· 34

第4章 基于汇率风险的国际投资组合选择 ·················· 35

    4.1 引言 ·················· 35
    4.2 模型及其求解 ·················· 38
    4.3 模型解的性质 ·················· 43
    4.4 在不同市场上的资产配置 ·················· 48
    4.5 数值分析 ·················· 53
    4.6 结论 ·················· 58

第5章 基于系统性偏度约束的投资组合选择 ·················· 60

    5.1 引言 ·················· 60
    5.2 模型和有效组合的性质 ·················· 62
    5.3 均值方差效率、系统性偏度和偏度 ·················· 69
    5.4 结论 ·················· 72

第三篇 投资策略及其有效性检验

第6章 国际分散投资利益：基于中国投资者视角的实证分析 ·················· 77

    6.1 引言 ·················· 77
    6.2 研究方法 ·················· 79
    6.3 数据描述 ·················· 82
    6.4 实证结果及其分析 ·················· 85
    6.5 进一步检验 ·················· 95
    6.6 结论 ·················· 99

第7章 市场、策略与国际投资利益：基于中国投资者视角的实证分析 ······ 100

    7.1 引言 ·················· 100
    7.2 研究方法 ·················· 102
    7.3 投资市场的选择及数据 ·················· 105
    7.4 实证结果及其分析 ·················· 109
    7.5 结论 ·················· 116

第8章 基于 (α, H) 的投资策略的有效性：来自国际投资的证据 ... 118

8.1 引言 ... 118
8.2 基于 (α, H) 的国际投资策略 ... 120
8.3 数据 ... 124
8.4 模拟分析 ... 125
8.5 实证分析 ... 128
8.6 结论 ... 132

第9章 最小方差组合和等权组合的结合：组合业绩能得到提升吗？ ... 133

9.1 引言 ... 133
9.2 研究方法 ... 137
9.3 数据和实证设计 ... 140
9.4 实证结果 ... 142
9.5 稳健性检验 ... 156
9.6 结论 ... 163

第10章 惯性因子跟踪策略的有效性：来自中国股票市场的证据 ... 164

10.1 引言 ... 164
10.2 惯性因子跟踪策略 ... 166
10.3 实证设计和数据 ... 170
10.4 实证结果及其分析 ... 174
10.5 结论 ... 181

第11章 多因子跟踪：能战胜等权组合的聪明贝塔策略 ... 182

11.1 引言 ... 182
11.2 模型 ... 184
11.3 实证设计和数据 ... 187
11.4 实证结果及其分析 ... 190
11.5 结论 ... 200

参考文献 ... 201

第1章 绪论

1.1 研究背景和意义

投资者进行投资决策时除了面临证券组合本身的风险以外,还要面临与投资者总财富相关的其他因素波动所带来的风险,相对于证券组合风险,其他因素波动所带来的风险均属于背景风险(background risk)。因此,当投资者以总财富效用最大化为投资目标时,背景风险的存在必然会对投资者的证券组合选择决策产生影响。

传统的组合投资理论并没有考察背景风险对投资者证券组合选择的影响。然而,最近有大量的实证研究表明,投资者所面临的各种背景风险(如房价波动、劳动力收入的变化以及健康状态的好坏等)对投资者证券组合选择确实存在显著的影响,使传统的没有考虑背景风险的投资理论已经不能解释现实中投资者的投资决策,当然,更不能正确指导投资者证券组合选择实践。另外,随着中国经济的高速发展,中国投资者的国际证券投资需求逐渐增长。在国际投资过程中,汇率风险是投资者面临的重要的背景风险。虽然汇率风险对投资者的国际资产配置和证券组合选择的影响早已为经济学家所熟知,并在大量的实证研究中得到体现,但是,关于国际投资的研究文献鲜有探究汇率风险如何影响国际资产配置和证券组合选择的,进而导致只控制汇率风险的国际投资组合并不是最优的投资组合,最终不利于国际投资风险的控制和投资利益的实现。

不管投资者所面临的背景风险是以相加的形式出现(如房价波动、劳动力收入的变化以及健康状态的好坏等,称为相加背景风险),还是以相乘的形式出现(如汇率风险,称为相乘背景风险),现有研究鲜有揭示背景风险下投资者证券组合选择的机理；而且，相关的实证研究大都以欧美投资者为对象，显然，与欧美投资者不同，中国投资者所面临的背景风险主要体现在住房需求、子女教育以及求医看病等方面，致使现有的研究结论并不能解释中国投资者证券组合选择的实际情况，更不能指导中国投资者的投资实践。

此外，随着证券收益率非对称分布特征（asymmetric distribution）以及证券收益率之间非对称相关性特征（asymmetric correlation）的呈现，Markowitz（1952）均值方差证券组合选择模型受到很多的质疑。一个很重要的质疑表现在均值方差模型会低估资产组合的尾部风险（Agarwal and Naik，2004；Sortino and Forsey，1996；Sortino and Price，1994）。尤其是在市场受到重大事件冲击而出现暴跌时，由于各资产之间的相关性会变得非常高，使基于传统均值方差模型构建的资产组合将遭受很大的机会损失。因此，投资者进行投资决策时，需要考虑对应市场上市场指数的变化，这种由市场指数变化给投资者带来的风险，我们理解为"系统性背景风险"。

"系统性背景风险"对投资者证券组合选择的影响早为人知且深入人心。金融理论暗示"系统性背景风险"虽不能通过分散化投资消除，但可以通过对冲、保险等策略进行管理，由此，出现了大量关于套期保值策略和投资组合保险策略等方面的研究。虽然套期保值策略和投资组合保险策略有考虑单个证券或市场指数的非对称分布特征，但却忽视了证券收益率之间非对称相关性特征对组合选择的影响，进而使现有的投资理论已经不能解释现实中投资者的投资决策，也不能满足投资者证券组合选择实践的需要。

证券组合选择的理论探索，一方面，有助于理解市场上投资者的行为，另一方面，能指导投资者的证券组合投资实践，形成各种投资策略。受益于Markowitz关于证券组合选择的均值方差分析，在国际分散投资领域，呈现出包括等权策略、最小方差策略和切点组合策略在内的国际投资策略。除此之外，基于Roll（1992）关于跟踪误差的均值方差分析，学者们提出各种让跟踪误差方差最小化的投资策略。由于各种投资策略的实施和应用，依赖于参数估计，而且大量的研究表明，由于参数的估计误差的存在，使组合样本外业绩并不如理论所预期的那样好，甚至还不能战胜等权组合策略（De Miguel et al.，2009a）。随着各种实证资产定价的因素模型的出现，学者们提出直接对组合中各资产的权重进行建模，将组合中各股票的权重视为公司各特征或其他变量的线性函数，进而通过最大化不同目标函数得到最优组合策略（Brandt et al.，2009；Hjalmarsson and Manchev，2012；Ammann，Coqueret and Schade，2016）。然而，这些基于公司特征的组合策略并不能给出最优组合的解析解,既不利于分析组合的性质,也不能帮助投资者理解组合业绩的来源。

综上所述,从证券组合选择的理论分析看,将各种不同类型的背景风险纳入投资者证券组合选择过程,揭示各种不同类型背景风险下投资者的证券组合选择机理,不但可以帮助理解金融市场上投资者的投资行为,而且能为投资者提供重要的应对背景风险的投资决策方法和风险控制手段。同时,从证券组合选择模型的应用角度看,结合中国投资者国际和国内投资的实践,提出各种可行的投资策略并进行实证检验,不仅利于降低或化解投资者的背景风险,而且为投资者合理配置资产,最大程度地获取投资利益提供证据支持。

1.2 文献回顾和评述

1.2.1 背景风险理论

背景风险对经济主体的行为决策和风险态度的影响早为经济学家所知,并已进行了大量的研究,Gollier(2001)对这方面做了较为详细的回顾。这些研究所关注的一个核心问题就是在什么样的偏好条件下(即效用函数满足什么样的条件),一个面临背景风险的经济主体仍然保持比较风险规避(comparative risk aversion),或者相对于没面临背景风险的情况显得更加风险规避。为了达到这个目的,经济学家们在期望效用假设下进行了深入的研究,并探寻到各种重要的偏好条件(Pratt, 1964; Ross, 1981; Pratt and Zeckhauser, 1987; Kimball, 1990; Gollier and Pratt, 1996;等等)。前面文献所考察的背景风险均属于相加背景风险(additive background risk)的范畴,且均蕴含着零均值和独立性的假设。事实上,在许多情况下,背景风险独立性的假设并不与实际情况吻合。例如,在个人投资决策中,投资者劳动力收入、房地产资产价格的波动等背景风险与股票收益率之间的相关性就可正可负(Heaton and Lucas, 2000)。另外,跨国公司的收入与汇率风险之间的相关性也可正可负(He and Ng, 1998; Allayannis and Ihrig, 2001; Jorion, 1990)。因此,在许多的决策中,背景风险的独立性假设并不符合实际;且经济主体所面临的背景风险并不完全是相加的背景风险,还有相乘背景风险(multiplicative background risk)的情形。最近,Tsetlin 和 Winkler(2005)考察了在相关背景风险情况下的投资决策和风险选择问题;而 Franke、Schlesinger 和

Stapleton（2006）考察了相乘背景风险对投资者决策和风险承担行为的影响，进而拓展了 Gollier 和 Pratt（1996）基于相加背景风险的研究结论。

1.2.2 背景风险对证券组合选择的影响

1.2.2.1 相加背景风险对投资者证券组合选择的影响

投资者在进行投资决策时总会面临各种背景风险。由于有背景风险的存在，致使投资者实际所选择的投资组合与传统投资理论所暗示的并不吻合，进而传统的投资理论并不能解释现实中投资者的投资决策（Flavin and Yamashita，2002；Campbell，2006；Pelizzon and Weber，2009）。最近，被视为相加背景风险的房地产资产价格波动、未来劳动力收入的不确定性、投资者家庭的健康状态、企业家的经营收入等对投资者证券组合选择影响的研究已大量涌现。Fan 和 Zhao（2009）表明当投资者家庭面临健康冲击时，会降低风险资产的持有量。Berkowitz 和 Qiu（2006）、Edwards（2008）、Rosen 和 Wu（2004）、Smith 和 Love（2007）的研究也得到与此相似的结论。Flavin 和 Yamashita（2002）、Cocco（2005）、Pelizzon 和 Weber（2009）分析了住房投资对投资者组合成分的影响，发现过多投资于房地产资产会降低投资者对风险金融资产的需求。另外，还有一些文献探讨了劳动力收入的波动性与投资者组合决策的关系，同样发现劳动力收入的波动性对投资者证券组合选择具有显著影响。

前述关于背景风险对投资者证券组合选择影响的研究主要分析的是随着背景风险的变化，投资者投资于证券组合的资产规模与背景风险的关系问题，并没有考虑背景风险如何影响投资者证券组合结构的，而证券组合的结构是反映投资者应对背景风险变化的具体举措。

1.2.2.2 国际投资与汇率风险

关于国际证券投资方面的研究主要体现在国际证券投资相对于仅投资于国内市场是否能为投资者带来投资利益（Solnik，1974；Levy and Sarnat，1970；Longin and Solnik，1995；Errunza et al.，1999；Driessen and Laeven，2007；You and Daigler，2010；等等）。早在20世纪60年代，相关的研究就已经出现（Grubel，1968），而且随着各国资本市场的不断开放，国际投资现象越来越普遍，对国际投资策略的探讨也日渐受到关注（Eun and Resnick，1988；Cosset and Suret，1995；Lagoarde - Segot and Lucey，2007），另外，随着发展中国家资本市场的兴起，新兴市场也逐渐被纳入国际投资的目标市场（de Roon et al.，2001；Harvey，1995；Li et al.，2003；Phylaktis and Ravazzaolo，2005；Chiou，2008，2009）。在

国际证券投资过程中投资者也会面临许多背景风险（如汇率风险、利率风险、税率风险以及实业投资风险等），其中，汇率风险是国际证券投资过程中投资者所面临的重要的背景风险之一。Eun 和 Resnick（1988）最先在国际资产配置中考虑汇率风险的研究。由于发达国家之间汇率形成机制的市场性以及汇率风险对冲工具的可得性不同，所以他们分别考察了完全对冲和不对冲汇率风险情况下的国际投资利益。之后关于国际投资的研究大都是在 Eun 和 Resnick（1988）的框架探讨国际投资策略和投资利益。然而，与发达国家的投资者进行国际证券投资不同，首先，人民币汇率形成机制始终没有完全市场化。其次，外币相对于人民币汇率风险对冲工具也非常缺乏，所以，Eun 和 Resnick（1988）的研究框架不能直接为中国投资者所用。最近，Campbell 等（2010）的研究暗示完全对冲和不对冲汇率风险的国际投资组合均不是最优的投资组合。这告诉我们，即便能直接应用 Eun 和 Resnick（1988）的研究框架，也应该在构建最优投资组合的基础之上。而要想构建最优的国际投资组合，最大程度地获取国际投资中的投资利益，必须要将汇率风险作为单独的背景风险纳入投资组合的构建过程。然而，至今还鲜有相关研究将汇率风险作为影响国际资产配置和证券组合选择的一个重要因素而单独考察。

除此之外，由于早期活跃于国际资本市场的投资者大多是美国投资者，因而大部分文献都是从美国投资者的角度分析国际投资利益的。此外，Liljeblom 等（1997）从北欧投资者的角度考察了国际投资利益的大小以及变化趋势，并分析了其中的原因。Driessen 和 Laeven（2007）除了从美国投资者角度考察国际投资利益以外，还从发展中国家投资者的角度考察了国际投资利益。Lagoarde-Segot 和 Lucey（2007）考察了投资者在中东和北非等七国之间进行投资的投资利益。显然，从中国投资者角度考察国际投资和投资利益的文献仍然鲜见（Jiang et al., 2013）。

1.2.3 证券组合选择模型的拓展及投资策略

1.2.3.1 包含高阶矩的证券组合选择

证券收益率非正态分布特征的呈现，意味着传统的均值方差模型并不能很好刻画所选组合的收益率的分布特征。此外，自 Kraus 和 Litzenberger（1976）提出三阶矩资产定价模型以来，已经有许多的文献都已证实资产的系统性偏度风险和系统性峰度风险均会对资产定价产生影响（Dittmar, 2002; Fang and Lai, 1997; Harvey and Siddique, 2000; Smith, 2007），甚至 Harvey 和 Siddique（2000）发现条件偏度（conditional skewness）能显著解释证券收益率横截面的变动，即便把规模因素、价值因素考虑在内，结果仍旧如此；而且他们还发现，惯性效应与系统性偏度有关联。正因为以上两个方面的原因，基于高阶矩的资产组合选择模型被大量提出（de Athayde and Jr，2004；Harvey et al.，2010；Martellini and Ziemann，2010；迟国泰、吴灏文和闫达文，2012；崔媛媛、王建琼和庄泓刚，2011；余婧，2011等），且进行了实证检验。特别地，已经有研究发现，投资者愿意接受较低的期望收益率和较高的波动性（volatility）去换得较高的偏度和较低的峰度（Dittmar，2002；Mitton and Vorkink，2007；Prakash，Chang and Pactwa，2003；Sun and Yan，2003）。然而，这些包含高阶矩的资产组合选择模型并不能给出最优组合的解析解，进而无法分析包含高阶矩的最优组合的性质，当然，也不能分析其资产组合选择背后反映的投资者行为。另外，正如Martellini和Ziemann（2010）所指出的，包含高阶矩的资产组合选择模型需要估计参数的维度和数量给投资者带来很大的挑战，进而阻碍了基于高阶矩的资产组合选择模型在现实投资管理中的应用。

1.2.3.2 基于下方风险控制的证券组合选择

考虑到证券收益率非对称分布和证券收益率之间非对称相关性特征会低估均值方差资产组合的尾部风险，所以，学者们也提出了大量的基于下方风险控制的资产组合选择模型。如带有VaR、CVaR以及MD（Maximum Drawdown）约束的均值方差资产组合选择模型（Alexander and Baptista，2002，2006；Alexander，Baptista and Yan，2007；Agarwal and Naik，2004；Lee，2011）。在均值方差资产组合选择模型中加入VaR、CVaR以及MD约束，其主要目的都是控制资产组合的下方风险。然而，与VaR、CVaR以及MD不同的是，系统性偏度风险约束是一个相对风险约束，它包含了市场指数走势尤其是波动性变化的信息，因此，这种风险约束更能抓住"非对称相关性"的特征。Roll（1992）考虑加入贝塔约束来纠正均值TEV有效组合的次优性（suboptimality），然而，贝塔约束反映的是系统性二阶矩风险，即便它包含有市场指数走势的变化信息，但这种约束并不能抓住市场波动性变化的特征。

1.2.3.3 基于实证资产定价的证券组合选择

投资者的证券组合选择会影响市场上的资产定价，反过来，一些关于资产定价的结果也会指导投资者的证券组合选择实践。随着Fama和French三/五因素模型的提出并被普遍接受（Fama and French，1993，2015，2016，2017），学者们暗示投资者可以根据公司股票特征直接估计证券组合中各成分证券的权重，进而形成了基于公司特征的证券组合选择模型（Aït–Sahalia and Brandt，2001；Brandt and Santa–Clara，2006；Brandt et al.，2009；Hjalmarsson and Manchev，2012；Murtazashvili and Vozlyublennaia，2013；Plazzi，Torous and Valkanov，2011）。另外，随着证券市场上波动性效应现象（volatility effect）被发现（Ang et al.，2009；Blitz and van Vliet，2007），基于波动性择时（volatility timing）的证券组合选择模型也被提出（Chou and Liu，2010；Clements and Silvennoinen，2013；Kirby and Ostdiek，2012），并对模型的有效性进行了检验。然而，对这些模型有效性的解释依然停留在解释传统的异常现象的原因上（Jacobs and Levy，2012），并没有进一步去挖掘证券收益率本身的分布特征对模型有效性的作用。

1.3 研究问题和内容

基于以上分析，本书的研究问题主要表现在以下两个方面：

1.3.1 基于背景风险的证券组合选择机理

这里主要表现在三个方面，分别对应于本书的第2、3、4章。

首先，考虑到投资者的总资产会包括两个方面：其一是暴露于背景风险之下的背景资产；其二是用于投资金融市场的组合资产。一方面，背景资产或者缺乏流动性，或者不可交易，因此，现实中，投资者几乎不可能在短期内通过调整背景资产的持有来控制背景风险；另一方面，投资者所关心的不仅是组合风险，还包括背景风险在内的总财富的风险。在这种情况下，通过建立考虑背景风险的证券组合选择模型，揭示这种背景风险下证券组合选择的机理是该研究问题的第一方面。

其次，在国际投资过程中，汇率风险是投资者面临的重要的背景风险。而且，当投资者决定投资于多个国家的市场时，投资者需要作出两个决策：第一，在单个外国市场上的组合选择；第二，在不同市场之间的资产配置。基于此，通过在行为组合理论框架下建立考虑汇率风险的证券组合选择模型，揭示汇率风险下证券组合选择的机理，并在此基础上考察不同市场之间的资产配置是该研究问题的第二方面。

最后，考虑到证券的系统性偏度能有效抓住证券收益率分布的非对称特征，而且，在证券组合选择模型中加入系统性偏度约束，一方面能体现投资者偏好偏度的特征，另一方面能起到改变组合收益率分布特征的作用，进而可以减轻证券收益率之间非对称相关性特征带来的分散化问题。基于此，在证券组合选择模型中加入系统性偏度约束，通过求解带有系统性偏度约束的证券组合选择模型，分析了最优组合的性质是该研究问题的第三方面。

1.3.2 各种投资策略及其有效性检验

这里也主要表现在三个方面，分别对应于本书的第 5 到第 10 章。

首先，着眼于中国投资者国际分散投资的现实：①以 Markowitz 均值方差模型为基准，提出了三个用于测度中国投资者分散投资于国际市场的国际投资利益指标（相对于仅投资国内市场的收益率的增加程度，风险的降低程度以及夏普比率的增加程度）以及对应的投资策略，实证检验了中国投资者分散投资于国际市场的国际投资利益的存在性，并分析了国际分散投资利益的来源，进而验证对应国际投资策略的有效性。这部分研究表现在本书的第 5 章。②考虑到在国际分散投资中，最大程度地获取国际投资利益不仅依赖于国际投资市场的选择，还依赖于投资策略的实施和运用。基于此，我们实证考察了国际投资市场的选择和投资策略的应用对国际投资利益的影响。这部分研究体现在本书的第 6 章。③基于我们已经考察过的基于行为组合理论的国际投资组合选择的理论分析，提出基于 (α, H) 的国际投资策略，并通过模拟和实证分析验证投资策略的有效性。这部分研究表现在本书的第 7 章。

其次，考虑到均值方差组合策略的应用需要准确估计各资产收益率的均值、方差以及不同资产收益率之间的协方差。由于参数估计误差的存在使均值方差组合策略的样本外业绩表现不如等权组合策略。基于此，我们提出了将最小方差组合和等权组合进行组合的组合策略，并实证考察了组合策略是否能优于单独的最小方差组合和等权组合，以及如何组合才能最大程度地提升组合策略的业绩的问题。这部分研究体现在本书的第 8 章。

最后，随着多因素实证资产定价研究结果的大量涌现，业界已经出现了以"因子投资（factor investing）"和"聪明贝塔（smart beta）"为代表的投资策略。基于此，我们提出能灵活跟踪规模、价值以及惯性等定价因子的单/多因子跟踪策略，并分别基于中国和美国市场数据验证了因子跟踪策略的有效性。具体而言，基于中国市场数据，我们在第 9 章验证了惯性因子跟踪策略的有效性。另外，基于美国市场数据，我们在第 10 章验证了包括规模、价值、投资、质量以及惯性在内的五因子跟踪策略的有效性。

1.4 研究创新之处

(1) 将背景风险纳入投资者证券组合选择过程,通过分析背景风险下投资者证券组合的性质,并与传统证券组合选择模型比较,揭示背景风险下投资者选择证券组合的机理及其背后所反映的投资者应对背景风险的行为。研究结果为理解金融市场上投资者的投资行为提供一个背景风险的视角,此外,还能为投资者提供重要的投资决策方法和风险控制手段。

(2) 以中国国际投资者为对象,通过理论分析和实证考察汇率风险对投资者国际投资组合选择的影响,为投资者国际投资目标的定位,为投资市场、策略的选择提供依据,为投资者更好地参与国际化投资提供重要的决策方法与风险控制手段,并为国家合理地制定或调整其国际投资政策提供富有价值的参考依据。

(3) 将"系统性背景风险"纳入投资者证券组合选择过程,通过分析系统性偏度约束下投资者所选择证券组合的性质,并与传统模型所确定的证券组合比较,揭示系统性偏度约束下投资者选择证券组合的机理及其背后所反映的投资者应对"系统性背景风险"的行为。研究结果为理解金融市场上投资者的投资行为提供另一个的视角。

(4) 分别提出能灵活跟踪单一定价因子、多个定价因子的单因子/多因子跟踪策略,并分别基于中国和美国市场数据验证了因子跟踪策略的有效性。在中国市场上通过多空组合实施因子投资策略的做法仍不常见的情况下,我们提出的因子跟踪策略,为投资者提供了一个能灵活抓住各种因子效应的备选投资方案。

第一篇 传统的投资组合选择理论

传统的投资组合选择理论是围绕两个核心概念展开的：有效组合和最优组合。有效组合指的是组合的"生产"问题，主要考察的问题是，在收益/风险框架下，如何将投资空间中的金融资产进行组合（具体而言就是每种资产各占多少比例）才能实现"给定风险水平条件下收益最大"或"给定收益水平下风险最小"，其结果对应的是投资组合的有效边界。而最优组合指的是组合的"消费"问题，主要考察的问题是，在给定投资者偏好的基础上，如何将投资空间中的金融资产进行组合（具体而言就是每种资产各占多少比例）才能实现投资者的效用最大化目标。如果投资者的效用函数也定义在与组合"生产"相同的收益/风险框架下，且投资者是偏好收益厌恶风险的，那么投资者的最优组合应该是有效组合。接下来，我们主要围绕有效组合的概念展开分析。

第2章 基于均值方差模型的有效组合和有效边界

自从 Markowitz（1952）提出资产组合选择的均值方差模型以来，该模型不管在学术界还是在业界都得到广泛的应用。为了能帮助读者更全面、深刻地掌握均值方差分析的主要内容，本章分别考察和分析"投资空间仅包含风险资产"以及"投资空间包含风险资产和无风险资产"情况下的有效组合和有效边界问题。

2.1 投资空间仅包含风险资产的组合生产

为了方便分析，我们假设投资空间中包含有 n 种风险资产，这 n 种风险资产的收益率向量为 $\boldsymbol{R} = (r_1, r_2, \cdots, r_n)^T$，其中 r_i ($i = 1, 2, \cdots, n$) 为第 i 种风险资产的收益率，为随机变量，因而 $\boldsymbol{R}$ 是 n 维随机向量。进一步假设投资于这 n 种风险资产的投资比例向量为 $\boldsymbol{q} = (q_1, q_2, \cdots, q_n)^T$，其中 q_i ($i = 1, 2, \cdots, n$) 为投资于第 i 种风险资产的比例。则组合 $\boldsymbol{q}$ 的收益率可以表示为：

$$r_p = \sum_{i=1}^{n} q_i r_i = \boldsymbol{q}^T \boldsymbol{R} \tag{2.1}$$

Markowitz（1952）首次提出用组合收益率的期望值来描述投资组合平均收益，而用组合收益率的方差描述投资组合的风险水平。基于此，组合 $\boldsymbol{q}$ 的期望收益率 $E(r_p)$ 和收益率的方差 σ_p^2 可以分别表示为：

$$E(r_p) = E\left(\sum_{i=1}^{n} q_i r_i\right) = \boldsymbol{q}^T E(\boldsymbol{R}) \tag{2.2}$$

$$\sigma_p^2 = \sum_{i=1}^{n} \sum_{j=1}^{n} q_i q_j \rho_{ij} \sigma_i \sigma_j = \boldsymbol{q}^T \boldsymbol{V} \boldsymbol{q} \tag{2.3}$$

式(2.2)中 $E(\cdot)$ 代表求期望符号，式(2.3)中 σ_i ($i=1, 2, \cdots, n$) 代表第 i 种风险资产收益率的标准差，ρ_{ij} 表示第 i,j 种风险资产收益率的相关系数，V 是投资空间中 n 种风险资产收益率的协方差矩阵，假设 V 可逆①。

2.1.1 可行组合（feasible portfolio）和可行集（feasible set）

对于任意一个投资比例向量 q，只要满足 $q^T \mathbf{1}=1$（其中 $\mathbf{1}$ 为元素全为 1 的 n 维列向量），则投资比例向量 q 即为一个可行组合。所有可行组合的集合称为可行集。

在已知 n 种风险资产期望收益率向量 $E(R)$ 和协方差矩阵 V 的情况下，给定任意一个可行组合 q（$q^T \mathbf{1}=1$），我们均可以根据式（2.2）和式（2.3）计算得到该组合的期望收益率和由收益率方差表示的风险水平。在期望收益率和方差坐标平面上，这个可行组合都可以由一个点表示，所有代表可行组合点的集合即是可行集，如图 2.1 所示。

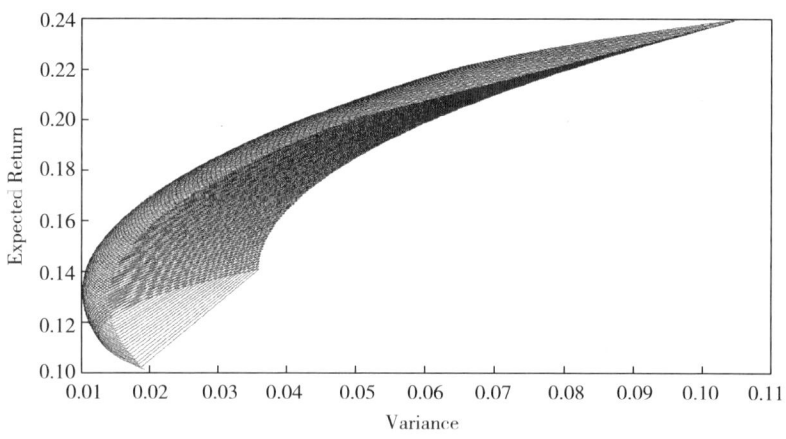

图 2.1　风险资产组合的可行集

---

① 协方差矩阵可逆的经济含义是，投资空间中的任何一种风险资产均不能由"其他风险资产的组合"复制出来。事实上，这个假设普遍存在于关于投资组合优化的研究文献中，包括 Markowitz（1952）的经典文献。相反，如果协方差矩阵不可逆，则意味着投资空间中至少存在一种风险资产可以由"其他风险资产的组合"复制出来，在这种情况下，我们可以将这种能被"其他风险资产的组合"复制出来的风险资产称为"冗余资产"，将所有"冗余资产"剔除之后，可以确保剩下风险资产收率的协方差矩阵可逆，在本书后面的内容中，都包含有协方差矩阵可逆的假设，后面不再一一赘述。

2.1.2 有效组合 (efficient portfolio) 和有效边界 (efficient frontier)

在图 2.1 所示的风险资产组合的可行集中，有一些组合满足如下两个条件：
(1) 在相同风险水平的条件下能提供最高的期望收益率；
(2) 在相同期望收益率的条件下给投资者带来的风险最小。

我们将满足上面两个条件的可行组合称为有效组合，而所有有效组合的集合称为有效边界。如图 2.2 所示，黑点所代表的可行组合满足上面两个条件，因而这些可行组合就是有效组合；由所有黑点连成的虚线就是有效边界。在有效边界上，A 点所代表的组合是所有可行组合中风险最小的，因而我们把组合 A 称为最小风险组合，又因为组合的风险是由组合收益率的方差表示，所以，也称最小方差组合 (Minimum Variance Portfolio, MVP)。

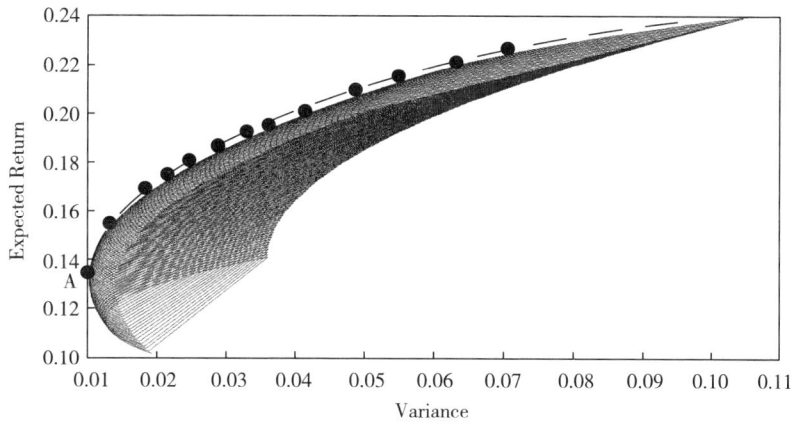

图 2.2 有效组合和有效边界

2.1.3 求解有效组合

根据有效组合的定义，同时满足上面两个条件的组合才是有效组合。但不管怎样，有效组合首先必须是风险最小的组合，接下来，我们给定期望收益水平下风险最小的组合。给定任意一个期望收益率 μ，风险最小的组合就是下面规划模型的解。

$$\min \sigma_p^2 = \boldsymbol{q}^T \boldsymbol{V} \boldsymbol{q}$$

$$s.t. \begin{cases} \boldsymbol{q}^T E(\boldsymbol{R}) = \mu \\ \boldsymbol{q}^T \boldsymbol{1} = 1 \end{cases} \quad (2.4)$$

一方面，由于 $\boldsymbol{V}$ 是投资空间中 n 种风险资产收益率的协方差矩阵，而且 $\boldsymbol{V}$ 可逆，所以 $\boldsymbol{V}$ 是正定矩阵；另一方面，模型（2.4）的约束条件是线性的，所以，模型（2.4）是典型的二次规划问题，可以通过拉格朗日乘数法求解。

构造拉格朗日函数 L，则有：

$$L = \boldsymbol{q}^T \boldsymbol{V} \boldsymbol{q} - \lambda_1 (\boldsymbol{q}^T E(\boldsymbol{R}) - \mu) - \lambda_2 (\boldsymbol{q}^T \boldsymbol{1} - 1) \quad (2.5)$$

式（2.5）中 λ_1、λ_2 是拉格朗日乘数，求最优化的一阶条件得到：

$$\frac{\partial L}{\partial \boldsymbol{q}} = 2 \boldsymbol{V} \boldsymbol{q} - \lambda_1 E(\boldsymbol{R}) - \lambda_2 \boldsymbol{1} = 0 \quad (2.6)$$

$$\frac{\partial L}{\partial \lambda_1} = \boldsymbol{q}^T E(\boldsymbol{R}) - \mu = 0 \quad (2.7)$$

$$\frac{\partial L}{\partial \lambda_2} = \boldsymbol{q}^T \boldsymbol{1} - 1 = 0 \quad (2.8)$$

由式（2.6）可以求得 $\boldsymbol{q}$ 的表达式为：

$$\boldsymbol{q} = \frac{1}{2} \boldsymbol{V}^{-1} (\lambda_1 E(\boldsymbol{R}) + \lambda_2 \boldsymbol{1}) = \frac{1}{2} \lambda_1 \boldsymbol{V}^{-1} E(\boldsymbol{R}) + \frac{1}{2} \lambda_2 \boldsymbol{V}^{-1} \boldsymbol{1} \quad (2.9)$$

将式（2.9）代入式（2.7）和式（2.8），得到：

$$\boldsymbol{q}^T E(\boldsymbol{R}) = \frac{1}{2} \lambda_1 E(\boldsymbol{R})^T \boldsymbol{V}^{-1} E(\boldsymbol{R}) + \frac{1}{2} \lambda_2 E(\boldsymbol{R})^T \boldsymbol{V}^{-1} \boldsymbol{1} = \mu \quad (2.10)$$

$$\boldsymbol{q}^T \boldsymbol{1} = \frac{1}{2} \lambda_1 \boldsymbol{1}^T \boldsymbol{V}^{-1} E(\boldsymbol{R}) + \frac{1}{2} \lambda_2 \boldsymbol{1}^T \boldsymbol{V}^{-1} \boldsymbol{1} = 1 \quad (2.11)$$

式（2.10）和式（2.11）就构成了关于 λ_1 和 λ_2 的二元一次方程组，进而可以解得：

$$\frac{1}{2} \lambda_1 = \frac{c\mu - b}{ac - b^2} \quad (2.12)$$

$$\frac{1}{2} \lambda_2 = \frac{a - b\mu}{ac - b^2} \quad (2.13)$$

式（2.12）和式（2.13）中 $a = E(\boldsymbol{R})^T \boldsymbol{V}^{-1} E(\boldsymbol{R})$，$b = \boldsymbol{1}^T \boldsymbol{V}^{-1} E(\boldsymbol{R})$，$c = \boldsymbol{1}^T \boldsymbol{V}^{-1} \boldsymbol{1}$。由于正定矩阵的逆仍然是正定矩阵，所以 $a > 0$，$c > 0$，记 $d = ac - b^2$，则 $d > 0$，这是因为：

$$(bE(\boldsymbol{R}) - a\boldsymbol{1})^T \boldsymbol{V}^{-1} (bE(\boldsymbol{R}) - a\boldsymbol{1}) = a(ac - b^2) > 0 \quad (2.14)$$

将式（2.12）和式（2.13）代入式（2.9）可以得到期望收益率为 μ 的风险最小组合为：

$$q_\mu = \frac{c\mu - b}{d}V^{-1}E(R) + \frac{a - b\mu}{d}V^{-1}\mathbf{1} \tag{2.15}$$

该组合的风险为：

$$\sigma_\mu^2 = q_\mu^T V q_\mu = \frac{c}{d}\left(\mu - \frac{b}{c}\right)^2 + \frac{1}{c} \tag{2.16}$$

考虑到期望收益率 μ 的任意性，式（2.16）表明风险最小组合的风险是其期望收益率 μ 的二次函数，在期望收益率和方差的坐标平面上风险最小组合的集合是一条抛物线，我们把这个集合称为组合前沿（portfolio frontier），如图 2.3 所示。

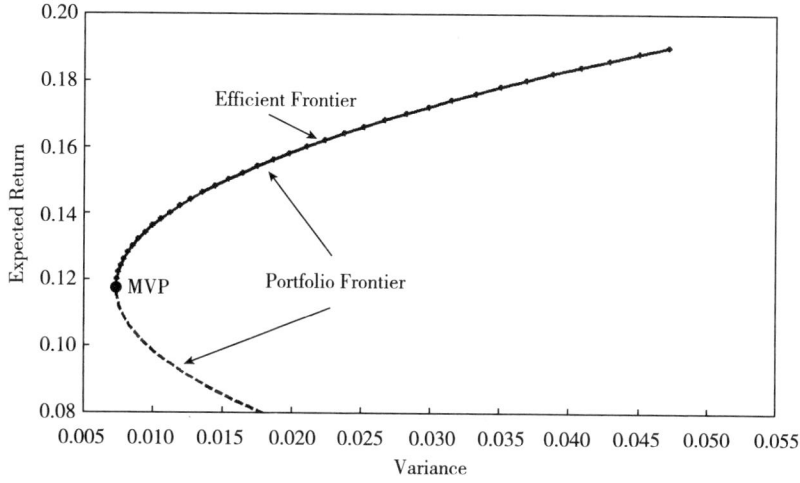

图 2.3 组合前沿和有效边界

根据有效组合的定义，组合前沿上最小方差组合及其以上的部分所代表的组合才是有效组合。由式（2.16），求组合风险相对于期望收益率的一阶导数，并令其等于 0，得到风险最小组合就是最小方差组合，其期望收益率 $\mu_{MVP} = \frac{b}{c}$，对应最小方差组合的风险为 $\sigma_{MVP}^2 = \frac{1}{c}$。

因此，只有当给定的期望收益率水平 $\mu \geq \mu_{MVP} = \frac{b}{c}$ 时，式（2.15）才是与期望收益率 μ 对应的有效组合，同样，也只有在 $\mu \geq \mu_{MVP} = \frac{b}{c}$ 时，式（2.16）才是

有效边界,如图2.3所示。

2.1.4 有效组合/边界的性质

我们首先分析有效边界上几个重要的有效组合。由前面的分析可知,当 $\mu = \mu_{MVP} = \frac{b}{c}$ 时,对应的有效组合就是最小方差组合。将 $\mu = \mu_{MVP} = \frac{b}{c}$ 代入到式(2.15),可以得到最小方差组合的投资比例向量 q_{MVP}:

$$q_{MVP} = \frac{1}{c}V^{-1}I \tag{2.17}$$

因此,我们有下面性质1:

性质1:最小方差组合的期望收益为 $\mu_{MVP} = \frac{b}{c}$,风险为 $\sigma^2_{MVP} = \frac{1}{c}$,投资比例向量为 $q_{MVP} = \frac{1}{c}V^{-1}I$。

最小方差组合是非常重要的有效组合,从组合应用的角度看,计算最小方差组合的投资比例向量仅依赖于协方差矩阵的估计,因此,相对于其他任何有效组合,最小方差组合的估计会较少受到参数估计误差的影响。

性质2:有效边界上期望收益率为 $\mu = \frac{a}{b}$ 的有效组合的风险为 $\sigma^2_1 = \frac{a}{b^2}$,该有效组合的投资比例向量为 $q_1 = \frac{1}{b}V^{-1}E(R)$。

证明:将 $\mu = \frac{a}{b}$ 代入到式(2.15)中,得到对应有效组合的投资比例向量 $q_1 = \frac{1}{b}V^{-1}E(R)$,进而该有效组合的风险为 $\sigma^2_1 = q_1^T V q_1 = \frac{a}{b^2}$。

性质3:在均值方差平面上,最小方差组合 $q_{MVP} = \frac{1}{c}V^{-1}I$,组合 $q_1 = \frac{1}{b}V^{-1}E(R)$ 以及原点三点共线。

证明:在均值方差平面上,最小方差组合的坐标为 $(1/c, b/c)$;组合 q_1 的坐标为 $(a/b^2, a/b)$;原点坐标 $(0,0)$,可以证明任意两点所确定的直线的斜率均相等,所以三点共线。

性质3实际上揭示了最小方差组合 q_{MVP}、q_1 在均值方差平面上的位置关系。

性质4:风险资产组合的有效边界在均值方差平面上是半条抛物线。

证明:略。

第 2 章　基于均值方差模型的有效组合和有效边界

性质 5：有效边界上任何一个有效组合是最小方差组合 $q_{MVP} = \dfrac{1}{c}V^{-1}\mathbf{1}$ 和组合 $q_1 = \dfrac{1}{b}V^{-1}E(\mathbf{R})$ 的一个线性凸组合。

证明：根据式（2.15），有效边界上期望收益为 μ 的有效组合为：

$$q_\mu = \frac{c\mu - b}{d}V^{-1}E(\mathbf{R}) + \frac{a - b\mu}{d}V^{-1}\mathbf{1}$$

对上式进行简单的变形，可以得到，

$$q_\mu = \frac{(c\mu - b)b}{ac - b^2}\frac{V^{-1}E(\mathbf{R})}{b} + \frac{(a - b\mu)c}{ac - b^2}\frac{V^{-1}\mathbf{1}}{c}$$

$$= \frac{(c\mu - b)b}{ac - b^2}q_1 + \frac{(a - b\mu)c}{ac - b^2}q_{MVP}$$

不难证明 $\dfrac{(c\mu - b)b}{ac - b^2} + \dfrac{(a - b\mu)c}{ac - b^2} = 1$。

所以，性质 5 得证。

性质 5 实际上表明的就是两基金分离定理。这里的两基金分别为最小方差组合 q_1。

性质 6：有效边界上任何一个有效组合是任意其他两个不同有效组合的线性凸组合。

证明：假设有效边界上两个不同有效组合 p_1、p_2，它们的期望收益率分别为 μ_1、μ_2。设任何一个其他有效组合 q，期望收益率 μ_q，则一定存在常数 α，使得，

$$\mu_q = \alpha\mu_1 + (1 - \alpha)\mu_2$$

由性质 5 可知，

$$q_{\mu_1} = \frac{c\mu_1 - b}{d}V^{-1}E(\mathbf{R}) + \frac{a - b\mu_1}{d}V^{-1}\mathbf{1}$$

$$q_{\mu_2} = \frac{c\mu_2 - b}{d}V^{-1}E(\mathbf{R}) + \frac{a - b\mu_2}{d}V^{-1}\mathbf{1}$$

$$\alpha q_{\mu_1} + (1 - \alpha)q_{\mu_2} = \frac{c(\alpha\mu_1 + (1-\alpha)\mu_2) - b}{d}V^{-1}E(\mathbf{R}) + \frac{a - b(\alpha\mu_1 + (1-\alpha)\mu_2)}{d}V^{-1}\mathbf{1}$$

$$= q_{\mu_q}$$

证毕。

由性质 6 可知，有效边界是凸集；具有不同收益率的两个有效组合的线性组合可以生成有效边界。

性质 7：最小方差组合与任意其他资产组合收益率的协方差均等于最小方差

组合收益率的方差。

证明：假设最小方差组合的收益率为 r_{MVP}，任何其他一个资产组合的收益率为 r_p，则需要证明 $\text{cov}(r_{MVP}, r_p) = \text{cov}(r_{MVP}, r_{MVP}) = \sigma_{MVP}^2$。

为了证明这个结论，我们考虑最小方差组合和另一个任意组合的组合，假设在这个组合中最小方差组合的比例为 a，则另一个任意组合的比例为 $1-a$。进而，这两个组合的组合风险可以表示为：

$$\sigma^2 = a^2 \sigma_{MVP}^2 + (1-a)^2 \sigma_P^2 + 2a(1-a)\text{cov}(r_{MVP}, r_p)$$

这两个组合进行组合后的风险最小组合应该是最小方差组合，

$$\min_a \sigma^2 = a^2 \sigma_{MVP}^2 + (1-a)^2 \sigma_P^2 + 2a(1-a)\text{cov}(r_{MVP}, r_p)$$

也就是说，上面模型的解为 $a=1$。

求上面模型的一阶导数，并令其等于 0，得到，

$$2a\sigma_{MVP}^2 - 2(1-a)\sigma_P^2 + 2(1-2a)\text{cov}(r_{MVP}, r_p) = 0$$

将 $a=1$ 代入上式，即可得到 $\text{cov}(r_{MVP}, r_p) = \sigma_{MVP}^2$。

前面的性质 1~性质 7 揭示了投资空间中仅包含风险资产的情况下，有效边界上部分有效组合的性质。

2.2 投资空间既包含风险资产又包含无风险资产的组合生产

在前面的部分，我们描述了投资空间中不包含无风险资产的情况下，有效组合以及有效边界的性质，这一节我们分析投资空间中包含无风险资产情况下有效组合以及有效边界的性质。

我们假设投资者的投资空间中有 n 种风险资产和一种无风险资产，无风险资产的收益率为 r_f；假设 n 种风险资产的投资比例向量为 $\boldsymbol{q} = (q_1, q_2, \cdots, q_n)^T$，值得注意的是，这里风险资产的投资比例向量与前面不同，这里并没有要求所有风险资产的投资比例之和为 1。因而，无风险资产的投资比例为 $1 - \boldsymbol{q}^T \boldsymbol{I}$。此时组合的收益率可以表示为：

$$r_p = \sum_{i=1}^{n} q_i r_i + \left(1 - \sum_{i=1}^{n} q_i\right) r_f = \boldsymbol{q}^T \boldsymbol{R} + (1 - \boldsymbol{q}^T \boldsymbol{I}) r_f = \boldsymbol{q}^T (\boldsymbol{R} - \boldsymbol{I} r_f) + r_f$$

(2.18)

组合的期望收益率 $E(r_p)$ 和收益率的方差 σ_p^2 可以分别表示为：

$$E(r_p) = \boldsymbol{q}^T E(\boldsymbol{R}-\boldsymbol{1}r_f) + r_f \tag{2.19}$$

$$\sigma_p^2 = \boldsymbol{q}^T \boldsymbol{V} \boldsymbol{q} \tag{2.20}$$

其中，式（2.18）、式（2.19）、式（2.20）中各符号的含义与前面相同，$\boldsymbol{V}$ 是投资空间中 n 种风险资产收益率的协方差矩阵，假设 $\boldsymbol{V}$ 可逆。

2.2.1 求解有效组合

因为有效组合首先必须是风险最小的组合。在投资空间中既包含风险资产又包含无风险资产的情况下，给定任意一个期望收益率 μ，风险最小的组合就是下面规划模型的解。

$$\begin{aligned} &\min \sigma_p^2 = \boldsymbol{q}^T \boldsymbol{V} \boldsymbol{q} \\ &s.t.\ \boldsymbol{q}^T E(\boldsymbol{R}-\boldsymbol{1}r_f) + r_f = \mu \end{aligned} \tag{2.21}$$

下面通过拉格朗日乘数法求解模型（2.21）。

构造拉格朗日函数 L，则有：

$$L = \boldsymbol{q}^T \boldsymbol{V} \boldsymbol{q} - \lambda_1 (\boldsymbol{q}^T E(\boldsymbol{R}-\boldsymbol{1}r_f) + r_f - \mu) \tag{2.22}$$

式（2.22）中，λ_1 是拉格朗日乘数，求最优化的一阶条件得到：

$$\frac{\partial L}{\partial \boldsymbol{q}} = 2\boldsymbol{V}\boldsymbol{q} - \lambda_1 E(\boldsymbol{R}-\boldsymbol{1}r_f) = 0 \tag{2.23}$$

由式（2.23）可以求得 $\boldsymbol{q}$ 的表达式为：

$$\boldsymbol{q} = \frac{\lambda_1}{2} \boldsymbol{V}^{-1} E(\boldsymbol{R}-\boldsymbol{1}r_f) \tag{2.24}$$

将式（2.24）代入模型（2.21）的约束条件，得到：

$$\boldsymbol{q}^T E(\boldsymbol{R}-\boldsymbol{1}r_f) = \frac{1}{2} \lambda_1 E(\boldsymbol{R}-\boldsymbol{1}r_f)^T \boldsymbol{V}^{-1} E(\boldsymbol{R}-\boldsymbol{1}r_f) = \mu - r_f \tag{2.25}$$

从式（2.25）解得 λ_1，得到：

$$\frac{\lambda_1}{2} = \frac{\mu - r_f}{E(\boldsymbol{R}-\boldsymbol{1}r_f)^T \boldsymbol{V}^{-1} E(\boldsymbol{R}-\boldsymbol{1}r_f)} \tag{2.26}$$

将式（2.26）代入式（2.24）可以得到：

$$\boldsymbol{q} = \frac{\mu - r_f}{g} \boldsymbol{V}^{-1} E(\boldsymbol{R}-\boldsymbol{1}r_f) \tag{2.27}$$

式（2.27）就是期望收益率为 μ 风险最小组合中风险资产的投资比例向量，无风险资产的投资比例为 $1 - \boldsymbol{q}^T \boldsymbol{1}$，其中，$g = E(\boldsymbol{R}-\boldsymbol{1}r_f)^T \boldsymbol{V}^{-1} E(\boldsymbol{R}-\boldsymbol{1}r_f)$。

2.2.2 有效组合/边界的性质

由式（2.27）可以计算得到期望收益率为 μ 风险最小组合的风险为：

$$\sigma_p^2 = \boldsymbol{q}^T \boldsymbol{V} \boldsymbol{q} = \frac{(\mu - r_f)^2}{g} \tag{2.28}$$

从式（2.28）可以看出，即便是在投资空间中包含有无风险资产的情况下，风险最小组合的风险是组合期望收益率的二次函数，即在均值方差平面上，不同期望收率的风险最小组合集合是一条抛物线。由于有效组合一定是风险最小的组合，所以此时的有效边界在均值方差平面上是一条抛物线。

由式（2.28）可以得到：

$$\sigma_p = \frac{1}{\sqrt{g}}(\mu - r_f) \tag{2.29}$$

因而，在均值标准差平面上，有效边界是一条截距为无风险利率，斜率为 $\frac{1}{\sqrt{g}}$ 的直线。

因此，我们得到下面性质8。

性质8：在投资空间中既包含风险资产又包含无风险资产的情况下，资产组合的有效边界在均值方差平面上是一条抛物线，均值标准差平面上是一条直线。

令 $f = \boldsymbol{1}^T \boldsymbol{V}^{-1} E(\boldsymbol{R} - \boldsymbol{1} r_f)$，$\boldsymbol{q}_T = \frac{1}{f} \boldsymbol{V}^{-1} E(\boldsymbol{r} - \boldsymbol{1} r_f)$，很显然 $\boldsymbol{q}_T^T \boldsymbol{1} = 1$，因而 $\boldsymbol{q}_T$ 代表的是一个纯风险资产组合，我们定义其为切点组合，后面的分析我们会看到，这个组合实际上就是在均值标准差平面上，有效边界（2.29）与纯风险资产有效边界切点对应的组合。

式（2.27）可以表示为：

$$\boldsymbol{q} = \frac{\mu - r_f}{g} \boldsymbol{V}^{-1} E(\boldsymbol{R} - \boldsymbol{1} r_f) = \frac{(\mu - r_f)f}{g} \frac{1}{f} \boldsymbol{V}^{-1} E(\boldsymbol{R} - \boldsymbol{1} r_f) = \frac{(\mu - r_f)f}{g} \boldsymbol{q}_T \tag{2.30}$$

式（2.30）表明，对于任意期望收益为 μ 的有效组合是这样构建的：一部分资金投资于风险资产组合 $\boldsymbol{q}_T$，而剩下的资金投资于无风险资产。因而，我们有下面的性质9。

性质9：有效边界上任意一个有效组合是切点组合和无风险资产的一个组合。

和前面的性质6类似，性质9实际上是投资空间包括风险资产和无风险资产时，有效组合所满足的两基金分离定理，这里的两基金分别为切点组合和无风险资产。

第二篇 基于背景风险的资产组合选择理论

传统的组合投资理论并没有考察背景风险对投资者证券组合选择的影响。然而，最近有大量的实证研究表明，投资者所面临的各种背景风险（如房价波动、劳动力收入的变化以及健康状态的好坏等）对投资者证券组合选择确实存在显著的影响，使传统的没有考虑背景风险的投资理论已经不能解释现实中投资者的投资决策，当然，更不能正确指导投资者证券组合选择实践。

投资者所面临的背景风险可以是以相加的形式出现（如房价波动、劳动力收入的变化以及健康状态的好坏等），我们称为相加背景风险，也可以是以相乘的形式出现（如汇率风险），我们称为相乘背景风险。本篇第3、4章分别考察相加/相乘背景风险下投资者的证券组合选择问题。

此外，随着证券收益率非对称分布特征（asymmetric distribution）以及证券收益率之间非对称相关性特征（asymmetric correlation）的呈现，Markowitz（1952）均值方差证券组合选择模型受到很多的质疑。一个很重要的质疑表现在均值方差模型会低估资产组合的尾部风险（Agarwal and Naik，2004；Sortino and Forsey，1996；Sortino and Price，1994）。尤其是在市场受到重大事件冲击而出现暴跌时，由于各资产之间的相关性会变得非常高，使基于传统均值方差模型构建的资产组合将遭受很大的机会损失。因此，投资者进行投资决策时，需要考虑对应市场上市场指数的变化，这种由市场指数变化给投资者带来的风险，我们理解为"系统性背景风险"。本篇第5章实际上考察系统性背景风险下的证券组合选择问题。

第3章 基于背景风险的投资组合选择

3.1 引言

当投资者选择金融资产组合时,他们不仅会面临资产组合本身的风险,还会面临背景风险,这些背景风险可能由劳动力收入(labor income)的变动,财产收入(proprietary income)的变动,房地产资产价格的变动以及由于健康原因所导致的非预期支出等因素所引起。我们把暴露于背景风险之下的资产称为背景资产,而其他用于投资金融市场的资产称为组合资产。一方面,背景资产或者缺乏流动性,或者不可交易,因此,现实中,投资者几乎不可能在短期内通过调整背景资产的持有来控制背景风险;另一方面,投资者所关心的不仅是组合风险,而且包括背景风险在内的总财富的风险,所以,背景风险的存在必然会对投资者资产组合选择决策产生影响。正因为如此,本章在均值方差框架下考察了背景风险对资产组合选择问题。

传统的资产组合选择研究(Markowitz,1952;Merton,1969,1971;Samuelson,1969)并没有考察背景风险的影响。事实上,Campbell(2006)研究表明,标准的资产组合选择理论已经不能解释家庭投资决策的现状。最近,已有很多文献考察了各种类型的背景风险对组合成分的影响。Fan 和 Zhao(2009)表明,家庭的健康状况与家庭持有的金融资产和非金融资产之间存在很强的横截面相关关系,而且不良的健康状况会阻碍风险资产的持有。Berkowitz 和 Qiu(2006)、Edwards(2008)、Rosen 和 Wu(2004)都得到类似的结论。与此相关的文献中,Cocco(2005)、Pelizzon 和 Weber(2009)分析了住房投资对投资者组合选择的影响,发现住房投资对家庭财富积累和资产组合选择产生重要作用。另外,还有一些研究考察了劳动力收入变动和投资者组合选择决策的关系，同样印证了劳动力收入风险对资产配置的影响（Bodie et al.，1992；Heaton and Lucas，2000；Viceira，2001）。运用澳大利亚的数据，Cardak 和 Wilkins（2009）进一步表明，劳动力收入风险和健康风险会阻碍投资者风险资产的持有。前面的实证研究大都是考察各种类型的背景风险与投资者总财富中各成分之间横截面变化关系，或者定量描述了各种类型背景风险对资产组合选择影响的重要性，本章则主要通过分析背景风险下投资者的资产组合选择决策为以前的实证工作提供理论解释。

关于背景风险对资产组合选择影响的理论文献也已广泛出现，但这些文献所考察的核心问题是经济主体（economic agent）的效用函数满足什么性质的条件下，面临背景风险的经济主体保持与不面临背景风险的经济主体相当的风险规避度（preserves comparative risk aversion）或者比不面临背景风险的经济主体显得更风险规避。为了实现这个目的，各种偏好条件（preference conditions）在期望效用框架下已经被大量研究，如适当风险规避（proper risk aversion）（Pratt and Zechhauser，1987）、标准风险规避（standard risk aversion）（Kimball，1993），而且，Kimball（1993）指出，标准风险规避的充分必要条件就是绝对风险规避度递减（DARA）和绝对谨慎度递减（decreasing absolute prudence）的结合。而且，标准风险规避不仅意味着适当风险规避，而且意味着不利的背景风险会降低最优组合中风险资产的持有。Gollier 和 Pratt（1996）通过总结适当风险规避和标准风险规避，归纳出风险脆弱性（risk vulnerability）的条件。在接下来的研究中，Franke 等（2006）导出了相乘背景风险下的风险脆弱性的条件。前面研究所考察的背景风险与金融风险是不相关的，与此不同，Tsetlin 和 Winkler（2005）分析了相关背景风险下的最优投资决策问题。

在这个领域，另一类的理论研究是在均值方差框架下展开的。比如，Lajeri - Chaherli（2002）证明，适当风险规避等价于均值方差效用函数的拟凹性和绝对风险规避度递减。而 Lajeri - Chaherli（2005）表明，均值方差框架下的标准风险规避成立当且仅当绝对风险规避度递减和绝对谨慎度递减同时成立。受期望效用假设下风险脆弱性定义的启发，Eichner 和 Wagener（2003）在均值 - 标准差偏好下定义了方差脆弱性的概念，表明投资者在面临独立背景风险的情况下会降低其风险行为。在最近的一个研究中，Eichner（2008）将风险脆弱性的概念引入均值方差偏好之中，表明风险脆弱性等价于均值方差无差异曲线的斜率随均值递减而随方差递增。此外，Eichner 和 Wagener（2009）分析了均值方差投资者的一般决策相对于内生风险和背景风险的敏感性，证实了投资者在面临背景风险的期望值增加时会变得不那么风险规避。另外，Baptista（2008）在均值-跟踪误差方差框架下探讨了考虑背景风险的最优委托投资管理问题，与此类似，我们的分析是在均值方差框架下进行的。

虽然，前面的理论研究提供了关于背景风险对投资者风险规避以及投资者对风险资产需求影响的一些有意义的发现，但是，很少有研究关注背景风险下有效组合本身的组成。本章主要通过考察相关背景风险下有效组合的性质，且特别分析了投资者资产组合选择背后所反映的对冲背景风险的行为。我们的研究表明，考虑背景风险下的有效组合可以分离成两个独立的组成部分：其一是传统的均值方差有效组合，其二是一个期望收益率为0的自融资对冲组合。这个对冲组合由于抓住了背景资产和金融资产收益率之间的相关性，所以能有效降低总财富的风险。我们研究还表明，背景风险的存在使投资者所面临的有效边界向右移动。我们的研究对理解考虑背景风险下有效组合的组成以及组合中每个成分在对冲背景风险的作用具有重要意义。

3.2 模型

考虑一个具有初始财富 W_0 的家庭（或一个投资者），初始财富是背景资产和组合资产的和。设总财富中背景资产所占的比例为 $1-w$，那么背景资产就是 $W_0(1-w)$，组合资产就是 $W_0 w$。在投资期初 $1-w$ 是已知的。背景资产收益率的随机性就描述了投资者在进行资产组合选择时所面临的背景风险。

设组合资产和背景资产的收益率分别记为 r_p 和 r_b，则投资者在投资期末的总财富可以表示为：

$$W = W_0(1 + wr_p + (1-w)r_b) \tag{3.1}$$

假设市场上有 n 种不同的风险资产供投资者选择，且这 n 种资产的收益率向量为 $\boldsymbol{R}$。则一个组合就可以由一个投资比例向量 $\boldsymbol{q} = (q_1, q_2, \cdots, q_n)^T$ 来表示，其中 q_i（$i = 1, 2, \cdots, n$）表示投资者投资于第 i 种资产的投资比例。因此，组合的收益率 $r_p = \boldsymbol{q}^T \boldsymbol{R}$。投资者在投资期末总财富的期望值和风险分别可以表示为：

$$E(W) = W_0(1 + w\boldsymbol{q}^T E(\boldsymbol{R}) + (1-w)E(r_b)) \tag{3.2}$$

$$\text{VaR}(W) = W_0^2(1 + w^2\boldsymbol{q}^T \boldsymbol{V} \boldsymbol{q} + 2w(1-w)\boldsymbol{q}^T \text{cov}(\boldsymbol{R}, r_b) + (1-w)^2 \text{VaR}(r_b)) \tag{3.3}$$

式中，$\boldsymbol{V}$ 代表风险资产收益率的协方差矩阵，假设 $\boldsymbol{V}$ 可逆。$\text{cov}(\boldsymbol{R}, r_b)$ 为风险资产收益和背景资产收益率的协方差所构成的向量。设投资者是均值方差投资者，则投资者的组合选择决策可以由下面模型表示：

$\min \text{VaR}(W)$

$s.t.\ E(W) = \overline{W},$

$\boldsymbol{q}^T \boldsymbol{1} = 1$ (3.4)

式中，$\boldsymbol{1}$ 为元素全为 1 的 n 维列向量。由于背景风险一方面是不可保的，另一方面，相对于模型也是外生的，所以模型（3.4）就等价于下面问题：

$\min w \boldsymbol{q}^T \boldsymbol{V} \boldsymbol{q} + 2(1-w) \boldsymbol{q}^T \text{cov}(\boldsymbol{R}, r_b)$

$s.t.\ \boldsymbol{q}^T E(\boldsymbol{R}) = \mu$

$\boldsymbol{q}^T \boldsymbol{1} = 1$ (3.5)

其中 $\mu = \dfrac{\overline{W}/W_0 - 1 - (1-w)E(r_b)}{w}$。

许多以前的研究都假设背景风险是一个独立的、零均值的风险，并分析它对投资者风险行为的影响。在这些分析中，即使背景风险独立于其他金融资产风险，但它会影响投资者的总财富和效用，进而会影响投资者的组合选择决策。与此不同，在我们的模型中，背景风险主要来自背景资产收益率的变化，而背景资产是投资者总财富的组成部分，如果背景风险和金融风险是不相关的，那么总财富的风险就是背景资产风险和金融资产风险的和，所以，正如 Lusk 和 Coble（2008）所指出的一样，独立的背景风险对投资者资产组合选择不会产生影响，进而，我们的模型退化为传统的 Markowitz（1952）均值方差优化问题。所以，在这篇文章中，我们假设 $\text{cov}(\boldsymbol{r}, r_b) \neq 0$，并且考察了模型（3.5）的解是如何偏离不考虑背景风险下的有效组合的。

由于模型（3.5）中的目标函数比传统均值方差模型多出一项，因此，考虑背景风险下的有效组合将不再是传统意义下的有效组合，而变得风险更高，进而被对应的传统有效组合占优。

3.3 模型的求解和性质

3.3.1 模型的求解

对模型（3.5）运用拉格朗日乘数法，可以得到：

$2w \boldsymbol{V} \boldsymbol{q} + 2(1-w) \text{cov}(\boldsymbol{R}, r_b) - \lambda_1 E(\boldsymbol{R}) - \lambda_2 \boldsymbol{1} = 0$ (3.6)

其中，λ_1、λ_2 均为拉格朗日乘数，从式（3.6）解得 q 为：

$$q = \frac{1}{2w}V^{-1}(\lambda_1 E(R) + \lambda_2 I - 2(1-w)\mathrm{cov}(R, r_b))$$

$$= \frac{1}{2w}(\lambda_1 b q_1 + \lambda_2 c q_0)_1 - \frac{1-w}{w}f q_2 \tag{3.7}$$

式中，$b = I^T V^{-1} E(R)$，$c = I^T V^{-1} I$，$f = I^T V^{-1} \mathrm{cov}(R, r_b)$。根据 Roll（1992）的分析，$q_0 = \frac{1}{c}V^{-1}I$，为传统均值方差模型下的最小方差组合，$q_1 = \frac{1}{b}V^{-1}E(R)$，为均值方差平面上过原点和最小方差组合直线与有效边界的交点组合。另外，$q_2 = \frac{1}{f}V^{-1}\mathrm{cov}(R, r_b)$，且有 $q_2^T I = 1$。将式（3.7）代入模型（3.5）的约束条件即可解得拉格朗日乘数：

$$\lambda_1 = \frac{2w}{b(r_1 - r_0)}\left((\mu - r_0) + \frac{1-w}{w}f(r_2 - r_0)\right)$$

$$\lambda_2 = \frac{2w}{c(r_1 - r_0)}\left((r_1 - \mu) + \frac{1-w}{w}f(r_1 - r_2)\right)$$

其中，$r_0 = q_0^T E(R)$，$r_1 = q_1^T E(R)$ 且 $r_2 = q_2^T E(R)$。进而，在我们模型下，期望收益率为 μ 的有效组合为：

$$q = q_{MV} + \frac{1-w}{w}f q_H \tag{3.8}$$

其中，$q_{MV} = \frac{r_1 - \mu}{r_1 - r_0}q_0 + \frac{\mu - r_0}{r_1 - r_0}q_1$，$q_H = \frac{r_1 - r_2}{r_1 - r_0}q_0 + \frac{r_2 - r_0}{r_1 - r_0}q_1 - q_2$。从式（3.8）可以看出，当投资者在投资决策过程中考虑背景风险的情况下，有效组合可以被分离为两个部分：第一部分是传统均值方差意义下的有效组合 q_{MV}，是为对冲背景风险而构建的组合。第二部分 $\frac{1-w}{w}f q_H$ 衡量了背景风险下的有效组合 q 相对于传统有效组合 q_{MV} 的偏离。这个偏离的目的是对冲背景风险，进而降低总财富的风险。由于这个原因，我们把 q_H 称为背景风险对冲组合。传统均值方差有效组合 q_{MV} 只由金融资产风险以及相关性决定，所以，对所有投资者而言，q_{MV} 都是一样的，而不管他面临什么样的背景风险。然而，对冲组合的构建是出于对冲背景风险的考虑，因此，对冲组合的成分会依赖于背景风险的本身的特点以及背景风险和金融风险的相关性特征，所以，对冲组合会随背景风险的不同而不同。另外，整个对冲组合不仅依赖于背景资产和金融资产的相关性，还依赖于背景资产和金融资产的比例，在其他因素相同的情况下，这个比例越高，有效组合相对于传统均值方差有效组合的偏离越大。

3.3.2 投资者的背景风险对冲行为分析

为了分析投资者对冲背景风险的行为，我们主要考察对冲组合 $q_H = \dfrac{r_1 - r_2}{r_1 - r_0} q_0 + \dfrac{r_2 - r_0}{r_1 - r_0} q_1 - q_2$ 的性质，并解释对冲组合为什么是这样构建的。

我们先从 q_H 中的第三项 q_2 开始，考虑下面的回归方程：

$$r_b = \alpha + \boldsymbol{b}^T \boldsymbol{R} + \xi \tag{3.9}$$

式中，α、$\boldsymbol{b}$ 分别是回归常数和回归系数向量。$\alpha + \xi$ 和 $\boldsymbol{b}^T \boldsymbol{R}$ 分别表示不能和能被金融资产收益率解释的背景资产收益率，且 $\mathrm{cov}(\boldsymbol{R}, \xi) = \boldsymbol{0}$。则我们有下面方程：

$$\boldsymbol{V}^{-1} \mathrm{cov}(\boldsymbol{R}, r_b) = \boldsymbol{V}^{-1} \mathrm{cov}(\boldsymbol{R}, \alpha + \boldsymbol{b}^T \boldsymbol{R} + \xi) = \boldsymbol{b} \tag{3.10}$$

由式（3.10）很容易得到 $q_2 = \dfrac{1}{\boldsymbol{1}^T \boldsymbol{b}} \boldsymbol{b}$。因此，组合 q_2 反映了能被金融资产收益率解释的背景资产收益率部分。正是由于这个原因，q_2 充当了对冲背景风险的作用。由于式（3.9）可以表示为：

$$r_b = \alpha + \boldsymbol{b}^T \boldsymbol{R} + \xi = \alpha + \boldsymbol{1}^T \boldsymbol{b} \left(\boldsymbol{q}_2^T \boldsymbol{R} \right) + \xi \tag{3.11}$$

式（3.11）表明，$\boldsymbol{1}^T \boldsymbol{b}$ 衡量了背景资产收益率相对于组合 q_2 收益率的敏感性。注意到投资者总财富中有 $1-w$ 比例是背景资产，剩下的是金融资产，如果把组合 q_2 视为一个对冲合约，那么投资者需要卖空 $\dfrac{1-w}{w} \boldsymbol{1}^T \boldsymbol{b}$ 或者 $\dfrac{1-w}{w} f$ 单位的合约以对冲背景风险。这就是金融资产是如何被用作对冲工具来对冲背景风险的。

我们接下来考察组合 $\dfrac{r_1 - r_2}{r_1 - r_0} q_0 + \dfrac{r_2 - r_0}{r_1 - r_0} q_1$，这个组合被称之为对冲组合中的抵消成分。首先，这个组合的期望收益率和组合 q_2 的期望收益率一致，所以，这个组合的目的是抵消掉组合 q_2 产生的期望收益，以至于背景风险下有效组合 q 获得的期望收益率为 μ。其次，由于这个组合是组合 q_0 和 q_1 的线性凸组合，两基金分离定理表明这个组合是传统均值方差有效组合。

基于以上的分析，背景风险下有效组合的可分离性表明，投资者的组合选择过程可以描述如下：首先，给定一个期望收益率，投资者选择传统均值方差有效组合 q_{MV}；其次，投资者构建组合 q_2 以抓住背景资产收益率的变动，并且构造对冲组合中的抵消成分 $\frac{r_1 - r_2}{r_1 - r_0}\boldsymbol{q}_0 + \frac{r_2 - r_0}{r_1 - r_0}\boldsymbol{q}_1$ 以抵消由 $\boldsymbol{q}_2$ 产生的收益和风险；最后，根据背景资产和金融资产的相对比例确定对冲组合。

3.3.3 对冲组合的性质

在这一部分，我们考察对冲组合的特征并分析这个组合是如何影响有效组合的风险。

命题 1：对冲组合是自融资的，且期望收益率为 **0**。

证明：对冲组合之所以是自融资的，是因为下式成立

$$\boldsymbol{q}_H^T \boldsymbol{1} = \left(\frac{r_1 - r_2}{r_1 - r_0}\boldsymbol{q}_0 + \frac{r_2 - r_0}{r_1 - r_0}\boldsymbol{q}_1 - \boldsymbol{q}_2\right)^T \boldsymbol{1}$$

$$= \frac{r_1 - r_2}{r_1 - r_0} + \frac{r_2 - r_0}{r_1 - r_0} - 1 = 0 \tag{3.12}$$

除此之外，我们还有下式成立

$$\boldsymbol{q}_H^T E(\boldsymbol{r}) = \left(\frac{r_1 - r_2}{r_1 - r_0}\boldsymbol{q}_0 + \frac{r_2 - r_0}{r_1 - r_0}\boldsymbol{q}_1 - \boldsymbol{q}_2\right)^T E(\boldsymbol{R})$$

$$= \frac{r_1 - r_2}{r_1 - r_0}r_0 + \frac{r_2 - r_0}{r_1 - r_0}r_1 - r_2 = 0 \tag{3.13}$$

因此，对冲组合并没有产生超额收益。事实上，从前面分析可以看出，对冲组合的构建独立于投资者所要求的期望收益水平，所以对冲组合不产生超额收益的现象并不奇怪。

命题 2：对冲组合和传统的均值方差有效组合是不相关的，即

$$\text{cov}(\boldsymbol{q}_H^T \boldsymbol{R}, \boldsymbol{q}_{MV}^T \boldsymbol{R}) = 0 \tag{3.14}$$

证明：根据 Roll（1977），任何一个组合 $\boldsymbol{q}_i$，其期望收益率可以表示为任意两个不相关前沿组合期望收益率的线性组合。特别地，设与组合 $\boldsymbol{q}_{MV}$ 不相关的另一个前沿组合为 $\boldsymbol{q}_{MV0}$，则有：

$$\boldsymbol{q}_i^T E(\boldsymbol{R}) = \beta_i \boldsymbol{q}_{MV}^T E(\boldsymbol{R}) + (1 - \beta_i)\boldsymbol{q}_{MV0}^T E(\boldsymbol{R}) \tag{3.15}$$

其中，$\beta_i = \text{cov}(\boldsymbol{q}_i^T \boldsymbol{R}, \boldsymbol{q}_{MV}^T \boldsymbol{R})/\text{var}(\boldsymbol{q}_{MV}^T \boldsymbol{R})$。对于任何自融资组合，如对冲组合 $\boldsymbol{q}_H$，则有

$$\boldsymbol{q}_H^T E(\boldsymbol{R}) = \beta_H (\boldsymbol{q}_{MV}^T E(\boldsymbol{R}) - \boldsymbol{q}_{MV0}^T E(\boldsymbol{R})) \tag{3.16}$$

其中，$\beta_H = \text{cov}(\boldsymbol{q}_H^T \boldsymbol{R}, \boldsymbol{q}_{MV}^T \boldsymbol{R})/\text{var}(\boldsymbol{q}_{MV}^T \boldsymbol{R})$。

既然 $\boldsymbol{q}_H^T E(\boldsymbol{R}) = 0$ 且 $\boldsymbol{q}_{MV}^T E(\boldsymbol{R}) - \boldsymbol{q}_{MV0}^T E(\boldsymbol{R}) \neq 0$，则必然有

$$\beta_H = \mathrm{cov}(\boldsymbol{q}_H^T\boldsymbol{R}, \ \boldsymbol{q}_{MV}^T\boldsymbol{R})/\mathrm{var}(\boldsymbol{q}_{MV}^T\boldsymbol{R}) = 0 \quad (3.17)$$

因此，对冲组合和传统均值方差有效组合是不相关的。前面的证明过程表明，任何满足下面两个条件的组合都会与传统均值方差有效组合不相关，第一个条件便是这个组合是自融资组合；第二个条件是这个组合具有零期望收益率。根据命题1，这两个条件对对冲组合来说都满足，所以，对冲组合必然与传统均值方差有效组合不相关。命题2再次印证了前面关于背景风险下投资者资产组合选择决策可分离的结论。也就是说，背景风险下，投资者选择的资产组合由两个成分组成：其一是传统均值方差有效组合，其二是为对冲背景风险而构造的对冲组合。

命题3：如果组合 $\boldsymbol{q}_2$ 是传统均值方差框架下的有效组合，则它不会增加背景风险下有效组合 $\boldsymbol{q}$ 的风险，否则，它会增加组合的风险。

如果组合 $\boldsymbol{q}_2$ 位于传统均值方差意义下的有效边界上，则该组合一定可以表示为组合 $\boldsymbol{q}_0$ 和 $\boldsymbol{q}_1$ 的一个线性凸组合。这意味着式（3.8）的第二部分为0。更典型的情况是，组合 $\boldsymbol{q}_2$ 不位于传统有效边界上，此时，背景风险下的有效组合就包含有对冲成分，进而会增加组合的风险。

3.3.4 考虑背景风险的有效边界

如果组合 $\boldsymbol{q}_2$ 不位于传统有效边界上，式（3.8）和命题2表明背景风险下有效组合的风险可以表示为：

$$\sigma_p^2 = \boldsymbol{q}^T V \boldsymbol{q} = \boldsymbol{q}_{MV}^T V \boldsymbol{q}_{MV} + \left(\frac{1-w}{w}f\boldsymbol{q}_H\right)^T V \left(\frac{1-w}{w}f\boldsymbol{q}_H\right)$$
$$= \boldsymbol{q}_{MV}^T V \boldsymbol{q}_{MV} + \theta \quad (3.18)$$

其中，$\theta = \left(\frac{1-w}{w}f\boldsymbol{q}_H\right)^T V \left(\frac{1-w}{w}f\boldsymbol{q}_H\right) = \left(\frac{1-w}{w}f\right)^2 \boldsymbol{q}_H^T V \boldsymbol{q}_H$，且 $\theta > 0$。

σ_p^2 就是考虑背景风险的金融资产的有效边界，而 $\boldsymbol{q}_{MV}^T V \boldsymbol{q}_{MV}$ 恰恰是传统的有效边界。因此，式（3.18）表明背景风险下金融资产的有效边界相对于传统有效边界向右平移了 θ 个单位，而并没有改变有效边界的形状。

记 $a = E(\boldsymbol{R})^T V^{-1} E(\boldsymbol{R})$，我们有 $r_0 = \frac{b}{c}$，$r_1 = \frac{a}{b}$，$\boldsymbol{q}_0^T V \boldsymbol{q}_0 = \sigma_0^2 = \frac{1}{c}$，$\boldsymbol{q}_1^T V \boldsymbol{q}_1 = \sigma_1^2 = \frac{a}{b^2}$，且

$$\boldsymbol{q}_1^T V \boldsymbol{q}_2 = \left(\frac{V^{-1}E(\boldsymbol{R})}{b}\right)^T V \left(\frac{1}{f}V^{-1}\mathrm{cov}(\boldsymbol{R}, \ r_b)\right) = \frac{r_2}{b}$$

基于上面的式子，对冲组合收益率的方差可以表示为：

$$\boldsymbol{q}_H^T \boldsymbol{V} \boldsymbol{q}_H = \left(\frac{r_1 - r_2}{r_1 - r_0} \boldsymbol{q}_0 + \frac{r_2 - r_0}{r_1 - r_0} \boldsymbol{q}_1 - \boldsymbol{q}_2 \right)^T \boldsymbol{V} \left(\frac{r_1 - r_2}{r_1 - r_0} \boldsymbol{q}_0 + \frac{r_2 - r_0}{r_1 - r_0} \boldsymbol{q}_1 - \boldsymbol{q}_2 \right)$$

$$= \left(\frac{r_2 - r_0}{r_1 - r_0} \right)^2 \sigma_1^2 - \left(\frac{r_1 - r_2}{r_1 - r_0} \right)^2 \sigma_0^2 - 2 \left(\frac{r_2 - r_0}{r_1 - r_0} \right) \boldsymbol{q}_1^T \boldsymbol{V} \boldsymbol{q}_2 + \boldsymbol{q}_2^T \boldsymbol{V} \boldsymbol{q}_2$$

$$= \frac{c}{ac - b^2} \left(r_2 - \frac{b}{c} \right)^2 + \sigma_2^2 \quad (3.19)$$

式中，$\sigma_2^2 = \boldsymbol{q}_2^T \boldsymbol{V} \boldsymbol{q}_2$。基于式（3.19），我们可以直接得到 θ 的解析表达式。

θ 表达式表明，背景风险下金融资产的有效边界受很多因素的影响。特别地，背景资产占总财富的比例越大，背景资产收益率相对于组合 $\boldsymbol{q}_2$ 收益率的敏感性越高，θ 就越大，背景风险下的有效边界相对于传统有效边界越右移。除此之外，θ 与组合 $\boldsymbol{q}_2$ 的风险是正相关的，且如果组合 $\boldsymbol{q}_2$ 的期望收益率 r_2 高于最小方差组合的期望收益率 $r_0 = \frac{b}{c}$，θ 随 r_2 的增大而增大，反之，如果组合 $\boldsymbol{q}_2$ 的期望收益率 r_2 低于最小方差组合的期望收益率 $r_0 = \frac{b}{c}$，θ 随 r_2 的减小而增大，如图 3.1 所示。

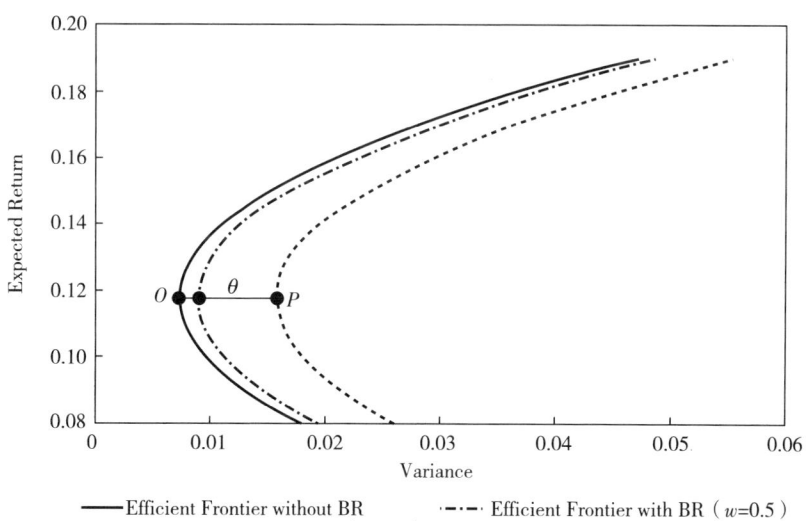

图 3.1 风险资产的有效边界

3.4 结论

本章在均值方差框架下考察了背景风险下投资者的资产组合选择行为以及有效组合的性质。我们的分析表明,考虑背景风险的有效组合可以被分离为两个不相关的部分:其一是传统的均值方差有效组合 q_{MV},其二是一个自融资的对冲组合。对冲组合充当了对冲背景风险的角色,进而可以降低总财富的风险。我们研究表明,背景风险下的有效边界相对于传统有效边界右移了一段距离,而且,右移的距离依赖于背景资产在总财富中所占的比例以及组合 q_2 风险和收益特征。

每一个家庭都会面临不同的背景风险来源,而且有不同的背景资产占总财富的比率,我们的模型部分解释了背景风险和家庭金融资产持有之间的横截面变动关系。

第4章 基于汇率风险的国际投资组合选择

4.1 引言

根据 Shefrin 和 Statman（2000）提出的行为组合理论（Behavioural Portfolio Theory, BPT），投资者会根据不同风险态度和目标将总财富分配到多个心理账户（mental account）。然后，投资者在每一个心理账户里选择证券组合以实现该账户下特定的投资目标，而忽略不同心理账户之间的相关性。因此，最优的 BPT 组合只是各个心理账户上最优组合的一个线性凸组合，而不是包含所有资产的 Markowitz 最优组合。此外，在行为组合理论中，风险是由组合收益率低于事先设定门槛收益率的概率衡量，称为失败概率。因此，行为组合投资者不遵循两基金分离定理，最优组合与 Friedman 和 Savage（1948）之谜一致。追随 Shefrin 和 Statman（2000）的研究，Das 等（2010）提出了一个新的心理账户框架，即在给定的心理账户下，最优子组合是在满足账户目标约束下，使得账户期望收益率最大的组合。这个约束设定了子组合的门槛收益率以及低于门槛收益率的最大概率。Das 等（2010）表明这些子组合是均值方差有效组合，因为加总组合是各子组合的组合，所以，加总组合也是均值方差有效组合。

希望在多个国外市场进行证券投资的投资者，首先，由于不同的市场有不同的市场监管，交易机制以及交易时间等方面的结构和制度差异；其次，不同的市场由于所处的发展阶段，也会有不同的风险收益特征；最后，不同市场还可能有不同的政治和经济风险。因此，投资者在每一个市场上进行投资决策时风险态度会有不同。所以，投资者不是针对所有不同的外国市场设定一个一般的目标，而会根据在各个不同市场上的风险态度分别设定一个具体的投资目标，进而使投资决策能实现对应的投资目标，而不考虑其他市场上的风险暴露。相应地，投资者在所有市场上的整个投资组合就是不同市场上所选组合的线性凸组合。这种关于国际资产组合选择的逻辑已经得到相关实证证据的支持（Jorion，1994），而且也与 Tversky 和 Kahneman（1986）所描述的分层金字塔组合结构相一致。因此，在我们考虑的问题中，投资者的投资决策与行为组合理论所描述的相一致。投资者在某一个市场上的投资决策就像行为组合理论中一个心理账户上的投资决策一样，投资者在对应的市场进行投资决策时，会先设定一个投资目标，进而通过选择最优的组合以实现对应的目标。因此，国际资产组合选择就像行为组合选择问题一样，全局的组合优化就分解为各子市场组合优化问题。在这个具体的问题中，包含了两个可以分离的决策：第一，在单个外国市场上的组合选择；第二，在不同市场上的资产配置。

然而，在国际资产组合选择过程中，投资者不仅面临组合的风险，还面临汇率风险。考虑到汇率收益率与组合的当地货币收益率之间是相关的（Kaplanis and Schaefer，1991），而且投资者主要考虑的是本币收益率，因此，汇率风险必然会对在外国市场上的证券组合选择决策产生影响。进而，在外国市场上选择的最优组合一定会偏离不考虑汇率风险情况下的有效组合（Jiang et al.，2010）。如果投资者遵循行为组合理论进行组合选择，那么汇率风险会如何影响投资者的投资决策？Das 等（2010）的行为组合选择分析只考虑了组合的风险，基于 Das 等（2010）的分析框架，Baptista（2012）考察了背景风险下带有多个心理账户的组合选择问题。值得注意的是，汇率风险被认为是国际资产组合选择过程中投资者所面临的背景风险（Finkelshtain et al.，1999；Franke et al.，2006）。

受 Baptista（2012）和 Das 等（2010）研究的启发，本章旨在提供一个"在行为组合理论的视角下，考虑汇率风险的国际资产组合选择"的理论分析。基于以上的分析，行为组合理论的方法在分析国际资产组合选择过程中是合理的，而且行为组合理论的方法允许投资者根据其对不同外国市场的风险态度设定不同的投资目标。此外，与用组合收益率的标准差来衡量投资风险不同，行为组合理论框架下，用来衡量投资风险的是失败概率，这个失败概率与在险价值非常相近，进而提供了一个风险管理的直接应用。

本章的内容在两个方面拓展了之前的研究成果：首先，与 Baptista（2012）和 Das 等（2010）的研究不同，我们的模型中不仅包含了风险资产，也包含了无风险资产。资金在风险资产和无风险资产之间的配置实际上反映了投资者在面临背景风险情况下的预防性的动机（priecautionary motive）（Malevergne and Rey，2010；Menegatti，2009；Tzeng and Wang，2002）。因此，我们的模型既可以让我们考察风险资产选择，也可以让我们考察投资者的预防性储蓄行为。其次，在我们的分析中，不同的投资市场具有不同的投资机会集，而在 Baptista（2012）和 Das 等（2010）的文章中，不同心理账户所面临的投资机会集是相同的。比如，Das 等（2010）表明加总的最优组合仍然位于均值方差有效边界上，而在我们的分析框架下，不同市场上最优组合的加总组合不再是均值方差有效组合，除非满足某些特定条件。我们的结果与最近一些关于心理账户上资产组合选择结果吻合。Alexander 和 Baptista（2011）在委托代理框架下，考察了心理账户上的资产组合选择问题，结果表明，加总组合不再是均值方差有效的，而会远离均值方差有效边界。其中的原因主要有：①投资者将资产组合选择决策委托给管理者；②管理者根据自己效用最大化的原则选择的最优组合通常会远离均值方差有效边界。Das and Statman（2013）发现，如果资产收益率服从非正态分布，那么心理账户上的最优组合也不是均值方差有效的。本章的内容不同于以上研究，我们在每一个心理账户上都考虑了背景风险。Baptista（2012）表明，因为不同心理账户上的加总背景风险的存在，使得加总组合不是均值方差有效组合。然而，我们模型下加总组合的非有效性主要是不同市场上的投资机会集不同和在所有市场上的投资决策缺乏整合所导致。此外，在 Baptista（2012）和 Das 等（2010）的研究中，不同心理账户上的资金配置是外生的，而在我们的研究中，这个决策是内生的，并且代表了国际资产组合选择中的另一个重要决策。

具体而言，本章中我们探究了 BPT 投资者在单个外国市场上的投资决策，并考察了汇率风险如何影响最优组合的存在性。我们的重点不仅仅是考察汇率风险对组合选择的影响，更重要的是分析投资者对冲汇率风险的行为。为了实现这个目的，我们分析了最优 BPT 组合的性质和成分，这对管理汇率风险具有重要现实意义。通过理论和数值例子，我们分析了投资者配置在无风险资产上的比例以达到分析投资者预防性储蓄行为的目的。与 Alexander 和 Baptista（2011）、Baptista（2012）类似，我们导出了使加总组合是有效组合的充分条件。另外，我们考察了当这个充分条件不满足时，BPT 投资者在不同市场上的最优资金配置决策以及加总组合的效率损失。

本章的主要贡献有以下几个方面：首先，我们导出了考虑汇率风险的行为组合选择问题存在最优解的条件，并且表明最优 BPT 组合包含传统的均值方差有效组合和对冲汇率风险的对冲组合。通过分析最优组合的性质，我们解释了对冲组合可以降低汇率风险的机理。其次，我们研究进一步表明，在行为组合理论框架下，包括多个国外市场投资的国际资产组合选择包含有两个序贯决策：投资者首先在每一个市场上选择最优的 BPT 组合（忽视该市场与其他市场的相关性），然后根据一定的原则，在所有市场上分配资金以实现均值方差效率或最小化效率损失。

4.2 模型及其求解

4.2.1 模型

在本章中，我们首先考虑在一个国外市场上的资产组合选择问题，这对应于 Das 等（2010）行为组合理论中一个心理账户的情形。然后，我们考察包含多个国外市场（心理账户）的 BPT 问题，并且分析加总组合的均值方差效率。设该国外市场上有 n 种风险资产和一种无风险资产可供投资者选择，这 n 种风险资产的当地货币收益率向量为 $\boldsymbol{R}$，无风险资产的收益率为 r_f。令投资者投资于这 n 种风险资产的投资比例向量为 $\boldsymbol{q}$，在不考虑汇率风险的情况下，资产组合的收益率 r_p 可以表示为 $r_f + \boldsymbol{q}^T(\boldsymbol{R} - \boldsymbol{1}r_f)$，其中，$\boldsymbol{1}$ 为元素全为 1 的 n 维列向量。令 $E(\boldsymbol{R})$ 和 $\boldsymbol{V}$ 分别为 n 种风险资产的当地货币收益率的期望向量和协方差矩阵，则均值方差模型下，资产组合的当地货币收益率的期望值和风险分别可以表示为：

$$E(r_p) = r_f + \boldsymbol{q}^T(E(\boldsymbol{R}) - \boldsymbol{1}r_f), \quad \sigma_p^2 = \boldsymbol{q}^T \boldsymbol{V} \boldsymbol{q}$$

在国际证券投资过程中，投资者关注的不是资产组合的当地货币收益率，而是资产组合的本币收益率。而资产组合的本币收益率 r_D 可以表示为：

$$r_D = (1 + r_p)(1 + r_e) - 1 = r_p + r_e + r_p r_e \tag{4.1}$$

式（4.1）表明国外市场资产组合的本币收益率由三个部分构成：资产组合的当地货币收益率 r_p、外币相对于本币的升水（或贴水）r_e 以及二者乘积所带来的收益率 $r_p r_e$。Eun 和 Resnik（1988）表明，当考察的投资期限较短时，r_p 和 r_e 均较小，所以二者乘积所带来的收益率 $r_p r_e$ 相对于 r_p 和 r_e 可以忽略，因此，国外市场资产组合的本币收益率可以近似地表示为 r_p 与 r_e 之和，即有：

$$r_D = r_p + r_e \tag{4.2}$$

式（4.2）表明，国外市场资产组合的本币收益率主要由资产组合的当地货币收益率 r_p 和外币相对于本币的升水（或贴水）r_e 构成。显然，汇率风险的存在对资产组合的本币收益率产生重要的影响,在本币相对于外币升值的情况下,r_e 取负值,这将侵蚀资产组合的当地货币收益率,导致本币收益率下降。

在考虑汇率风险的情况下,资产组合的期望本币收益率和风险分别可以表示为:

$$E(r_D) = r_f + \boldsymbol{q}^T(E(\boldsymbol{R}) - \boldsymbol{1}r_f) + E(r_e) \tag{4.3}$$

$$\sigma_D^2 = \boldsymbol{q}^T \boldsymbol{V} \boldsymbol{q} + 2\boldsymbol{q}\operatorname{cov}(\boldsymbol{R}, r_e) + \sigma_e^2 \tag{4.4}$$

式中,$E(r_e)$ 描述的是外币相对于本币的平均升水或贴水水平,式(4.4)中,$\operatorname{cov}(\boldsymbol{R}, r_e)$ 为 n 种风险资产的当地货币收益率与外币相对于本币升水或贴水的协方差向量,σ_e^2 即为汇率收益率的波动性。我们定义考虑汇率风险情况下的有效组合是满足下面两个条件下的组合:①给定期望本币收益率 $E(r_D)$ 的情况下,能使得风险 σ_D^2 最小;②给定风险 σ_D^2 的情况下,能使得期望本币收益率 $E(r_D)$ 最大。

在行为资产组合选择理论下,投资者在该市场的最优资产组合选择即为下面模型的解。

$$\max_{q \in \mathscr{R}} E(r_D) = r_f + \boldsymbol{q}^T(E(\boldsymbol{R}) - \boldsymbol{1}r_f) + E(r_e)$$
$$s.\,t. \quad \Pr(r_D \leqslant H) \leqslant \alpha \tag{4.5}$$

模型(4.5)中,H 为投资者事先确定的资产组合收益率的门槛值,α 则为最大的失败概率。H 和 α 的选择反映了投资者在国外市场上的风险态度和动机。模型的意义就是:在资产组合的本币收益率低于门槛值 H 的概率不超过 α(通常 $\alpha \in (0, 0.5)$)的情况下,使得资产组合期望本币收益率最大。显然,模型(4.5)所确定的资产组合体现了保值增值的投资目标。

我们知道,在 r_p 和 r_e 均服从正态分布的情况下,资产组合在置信水平 $1-\alpha$ 下的 VaR 为

$$\mathrm{VaR}(1-\alpha, r_D) = z_\alpha \sigma_D - E(r_D) \tag{4.6}$$

式中,$z_\alpha = -\Phi^{-1}(\alpha) > 0$,而 $\Phi(\cdot)$ 为标准正态分布的累积分布函数。在正态分布假设下,模型(4.5)中的约束条件相当于一个 var 约束,其等价于资产组合的 VaR 满足 $\mathrm{VaR}(1-\alpha, r_D) \leqslant -H$,进而,模型(4.5)的约束条件等价于:

$$E(r_D) \geqslant H + z_\alpha \sigma_D \tag{4.7}$$

因此,在正态分布假设下,模型(4.5)等价于下面模型(4.8)。

$$\max_{q \in \mathscr{R}} E(r_D) = r_f + \boldsymbol{q}^T(E(\boldsymbol{R}) - \boldsymbol{1}r_f) + E(r_e)$$
$$s.\,t. \quad E(r_D) \geqslant H + z_\alpha \sigma_D \tag{4.8}$$

4.2.2 模型的求解

在求解模型（4.8）前，我们先给出下面的引理 1。

引理 1：如果模型（4.8）的最优解存在，则最优解一定是考虑汇率风险下的均值方差有效组合。

证明：设模型（4.8）所确定的风险资产组合为 q'，该资产组合的期望本币收益率和用收益率标准差表示的风险分别为 $E'(r_D)$ 和 σ'_D。如果 q' 不是考虑汇率风险下的均值方差有效组合，则存在另外一个与 q' 风险相同的组合 q''，而这个组合的期望本币收益率比 $E'(r_D)$ 大。显然，组合 q'' 是模型（4.8）的可行解，但能实现比 q' 更高的期望收益率，所以，q' 不是模型（4.8）的最优解。因此，模型（4.8）的最优解一定是考虑汇率风险下的均值方差有效组合。

证毕。

既然模型（4.8）的最优解一定是考虑汇率风险下的均值方差有效组合，那么，我们就求解考虑汇率风险下的均值方差有效组合及有效边界。为了表达方便，我们首先来约定一些符号，令：$a = (E(\boldsymbol{R}) - \boldsymbol{1}r_f)^T \boldsymbol{V}^{-1}(E(\boldsymbol{R}) - \boldsymbol{1}r_f)$，$b = \boldsymbol{1}^T \boldsymbol{V}^{-1}(E(\boldsymbol{R}) - \boldsymbol{1}r_f)$，$f = \boldsymbol{1}^T \boldsymbol{V}^{-1} \text{cov}(\boldsymbol{R}, r_e)$，$g = (E(\boldsymbol{R}) - \boldsymbol{1}r_f)^T \boldsymbol{V}^{-1} \text{cov}(\boldsymbol{R}, r_e)$，$A = \text{cov}(\boldsymbol{R}, r_e)^T \boldsymbol{V}^{-1} \text{cov}(\boldsymbol{R}, r_e)$，另外，两个重要的组合在后面的分析求解中经常用到，令 $\boldsymbol{q}_T = \frac{1}{b} \boldsymbol{V}^{-1}(E(\boldsymbol{R}) - \boldsymbol{1}r_f)$，$\boldsymbol{q}_f = \frac{1}{f} \boldsymbol{V}^{-1} \text{cov}(\boldsymbol{R}, r_e)$，则 $\boldsymbol{q}_T$ 即为传统均值方差模型下的切点组合，该切点组合的期望超额收益率为 $\frac{a}{b}$，而组合 $\boldsymbol{q}_f$ 实际上就是投资者为对冲汇率风险而构建的组合，其期望超额收益率为 $\frac{g}{f}$。

首先，我们求在考虑汇率风险的情况下，风险最小的国际资产组合。显然，风险最小的国际资产组合可以通过最小化 σ_D^2 得到。则在风险最小化的国际资产组合中，风险资产的投资比例向量 $\boldsymbol{q}_{\min}$ 为：

$$\boldsymbol{q}_{\min} = -f\boldsymbol{q}_f \tag{4.9}$$

由式（4.9）我们可以得到风险最小的国际资产组合的期望本币收益率 $E_{\min}$ 和风险 $\sigma_{\min}^2$ 分别为：

$$E_{\min} = r_f - g + E(r_e) \tag{4.10}$$

$$\sigma_{\min}^2 = \sigma_e^2 - A \tag{4.11}$$

我们知道，在不考虑汇率风险的情况下，风险最小的投资决策是将所有资金投资于无风险资产即可,此时,投资者获得简单的无风险收益率。而从式(4.9)、式(4.10)、式(4.11)可以看出,在考虑汇率风险的情况下,投资者风险最小的投资决策与传统不考虑汇率风险的投资决策存在显著的差异。后面我们将分析这样的投资决策就是为了对冲汇率风险。

定理1:对于任意给定的期望收益π,$\pi \geq E_{min}$,则期望本币收益率为π的有效组合为:

$$\boldsymbol{q}_\pi = \boldsymbol{q}_{min} + (\pi - E_{min})\frac{b}{a}\boldsymbol{q}_T \tag{4.12}$$

有效边界为:

$$\sigma_\pi^2 = \frac{1}{a}(\pi - E_{min})^2 + \sigma_{min}^2 \tag{4.13}$$

证明:对于任意给定的期望本币收益率π,其所对应的均值方差有效组合为下面模型的解。

$$\min_{q \in \mathcal{R}} \sigma_D^2 = \boldsymbol{q}^T V \boldsymbol{q} + 2\boldsymbol{q}^T \text{cov}(\boldsymbol{R}, r_e) + \sigma_e^2$$
$$s.t. \quad r_f + \boldsymbol{q}^T(E(\boldsymbol{R}) - \boldsymbol{1}r_f) + E(r_e) = \pi \tag{4.14}$$

利用拉格朗日乘数法求解模型(4.14),得到一阶最优条件:

$$2V\boldsymbol{q} + 2\text{cov}(\boldsymbol{R}, r_e) - \gamma(E(\boldsymbol{R}) - \boldsymbol{1}r_f) = \boldsymbol{0} \tag{4.15}$$

由式(4.15)可以解得:

$$\boldsymbol{q} = \frac{\gamma}{2}V^{-1}(E(\boldsymbol{R}) - \boldsymbol{1}r_f) - V^{-1}\text{cov}(\boldsymbol{R}, r_e) \tag{4.16}$$

将式(4.16)代入模型(4.14)的约束条件有:

$$r_f + \frac{\gamma}{2}a - g + E(r_e) = \pi \tag{4.17}$$

进而可以解得:

$$\frac{\gamma}{2} = \frac{\pi + g - E(\tilde{r}_e) - r_f}{a} = \frac{\pi - E_{min}}{a} \tag{4.18}$$

将式(4.18)代入式(4.16),即可得到期望本币收益率为π的有效国际资产组合:

$$\boldsymbol{q}_\pi = \boldsymbol{q}_{min} + (\pi - E_{min})\frac{b}{a}\boldsymbol{q}_T$$

由式(4.16)、式(4.18),对于任意的期望本币收益率π,有效组合的风险为:

$$\sigma_\pi^2 = \frac{1}{a}(\pi - E_{min})^2 + \sigma_{min}^2 \tag{4.19}$$

式（4.19）即为考虑汇率风险下国际资产组合的有效边界。

证毕。

在均值标准差平面上，模型（4.8）的约束条件代表直线 $E(r_D) = H + z_\alpha \sigma_D$ 及其以上的区域。而引理 1 告诉我们，如果模型（4.8）的解存在，则必然是考虑汇率风险下的均值方差有效组合。因此，如果模型（4.8）的最优解存在，则最优解必然是满足 $E(r_D) \geq H + z_\alpha \sigma_D$ 约束，且能给投资者带来最大期望收益的有效组合，即为直线 $E(r_D) = H + z_\alpha \sigma_D$ 与有效边界的交点中能提供最大期望收益的那个交点所对应的组合，如图 4.1 所示（该图与 Baptista（2012）文中的图 2 类似）。然而，有些情况下，模型的最优解并不存在。所以，我们需要讨论模型最优解的存在性。

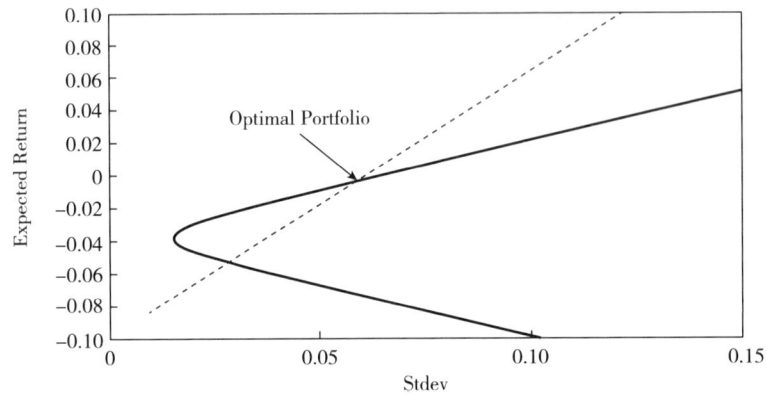

图 4.1 最优投资组合选择

注：图中的曲线即为式（4.13）确定的双曲线，直线所对应的方程为 $E(r_D) = H + z_\alpha \sigma_D$。

我们知道由式（4.13）所表示的有效边界在均值标准差平面上是一条双曲线，该双曲线渐近线的斜率为 $\sqrt{a}$，而直线 $E(\tilde{r}_D) = H + z_\alpha \sigma_D$ 在同一平面上的斜率为 z_α，显然，我们可以得到下面结论。

首先，当 $z_\alpha \leq \sqrt{a}$，模型不存在最优解。在这种情况下，直线 $E(r_D) = H + z_\alpha \sigma_D$ 的斜率小于有效边界渐近线的斜率，不管 H 如何取值，要么不存在可行解（H 较大），要么模型的目标函数可以无穷大（H 较小）。

其次，当 $z_\alpha > \sqrt{a}$，模型可能存在最优解，这取决于 H 的取值情况。由于模型（4.8）的约束条件相对于一个 VaR 约束：$\mathrm{VaR}(1-\alpha, r_D) \leq -H$。在给定 α，且 $z_\alpha > \sqrt{a}$ 的情况下，记有效边界上 VaR 最小的组合为 $\mathrm{VaR}_{\min}$，则 H 的取值必须满足

$VaR_{min} \leq -H$。通过求解得到：

$$VaR_{min} = \sigma_{min}\sqrt{z_\alpha^2 - a} - E_{min} \qquad (4.20)$$

因此，当 $H \leq E_{min} - \sigma_{min}\sqrt{z_\alpha^2 - a}$ 时，模型（4.8）存在最优解，反之，不存在最优解。

定理 2：当 $z_\alpha > \sqrt{a}$，且 $H \leq E_{min} - \sigma_{min}\sqrt{z_\alpha^2 - a}$ 时，模型（4.8）存在最优解，最优解为

$$\boldsymbol{q}_{opt} = \boldsymbol{q}_{min} + (\pi_{opt} - E_{min})\frac{b}{a}\boldsymbol{q}_T \qquad (4.21)$$

其中 $\pi_{opt} = \dfrac{z_\alpha^2 E_{min} - aH + z_\alpha\sqrt{a((E_{min} - H)^2 - (z_\alpha^2 - a)\sigma_{min}^2)}}{z_\alpha^2 - a}$。

证明：首先，根据前面模型最优解的存在性分析，当 $z_\alpha > \sqrt{a}$，且 $H \leq E_{min} - \sigma_{min}\sqrt{z_\alpha^2 - a}$ 时，模型（4.8）存在最优解。由引理 1 可知，模型（4.8）的最优解位于式（4.13）所表示的有效边界上。所以，最优资产组合的风险和期望收益为下面方程组的解。

$$\begin{cases} \sigma_\pi^2 = \dfrac{1}{a}(\pi - E_{min})^2 + \sigma_{min}^2 \\ \pi = H + z_\alpha \sigma_\pi \end{cases}$$

求解该方程组，得到最优国际资产组合的期望收益率，进而由定理 1 可以得到最优国际资产组合的投资比例向量。

证毕。

这个定理与 Alexander 和 Baptista（2011）文中的定理 2 和定理 3 以及 Baptista（2012）文中的定理 1 非常接近。我们关于定理 2 的推导基于来自国内投资者视角的观察，最优的 BPT 组合位于均值方差有效边界上。因此，在每一个外国市场上由定理 2 描述的最优组合都是考虑汇率风险情况下的有效组合。我们后面将会展示，这个组合与不考虑汇率风险的有效组合会存在非常大的偏差。

4.3 模型解的性质

4.3.1 对冲汇率风险

为了考察投资者对冲汇率风险的行为，我们重新安排一下式（4.21）的构

成，得到

$$\boldsymbol{q}_{opt} = -f\boldsymbol{q}_f + \frac{b}{a}(\pi_{opt} - r_f + g - E(r_e))\boldsymbol{q}_T$$

$$= \frac{b}{a}(\pi_{opt} - E(r_e) - r_f)\boldsymbol{q}_T + f\left(\frac{g}{f}\frac{b}{a}\boldsymbol{q}_T - \boldsymbol{q}_f\right) = w\boldsymbol{q}_T + f\boldsymbol{q}_H \quad (4.22)$$

式中，$w = \frac{b}{a}(\pi_{opt} - E(r_e) - r_f)$，$\boldsymbol{q}_H = \frac{g}{f}\frac{b}{a}\boldsymbol{q}_T - \boldsymbol{q}_f$。如果投资者在国外市场选择其最优组合时，不考虑汇率风险，则 $\pi_{opt} - E(r_e)$ 是当地货币收益率，而且 $w\boldsymbol{q}_T$ 是传统有效组合（Huang and Litzenbergeer，1988）。式（4.22）表明最优的 BPT 组合包含两个部分：第一部分是不考虑汇率风险情况下传统的有效组合，很显然，这部分组合对所有的投资者而言都是一样的，而不管投资者来自哪个国家。这个组合要求将 w 比例的总资金投资到切点组合 $\boldsymbol{q}_T$，$1-w$ 比例的总资金投资到无风险资产。也就是说，两基金分离定理在这个情况下依然成立。第二部分对应的是在考虑汇率风险的情况下最优 BPT 组合相对于传统均值方差有效组合的偏离。这个组合是自融资的：如果 $f > 0$（$f < 0$），则意味着投资者卖空（买入）相当于总资金 f 比例的无风险资产，然后买入（卖空）相同数量的组合 $\boldsymbol{q}_H$。有趣的是，这一部分组合随投资者所面临汇率风险的不同而变化非常大。

此外，我们注意到组合 $\boldsymbol{q}_H$ 的期望超额收益率是 0，而且这个组合与切点组合不相关，这是因为：

$$\boldsymbol{q}_H^T(E(\boldsymbol{R}) - \boldsymbol{1}r_f) = \frac{g}{f}\frac{b}{a}\boldsymbol{q}_T^T(E(\boldsymbol{R}) - \boldsymbol{1}r_f) - \boldsymbol{q}_f^T(E(\boldsymbol{R}) - \boldsymbol{1}r_f) = \frac{g}{f}\frac{b}{a}\frac{a}{b} - \frac{g}{f} = 0$$

(4.23)

$$\left(\frac{g}{f}\frac{b}{a}\boldsymbol{q}_T - \boldsymbol{q}_f\right)^T V\boldsymbol{q}_T = \frac{g}{f}\frac{b}{a}\boldsymbol{q}_T^T V\boldsymbol{q}_T - \boldsymbol{q}_f^T V\boldsymbol{q}_T = \frac{g}{f}\frac{b}{a}\frac{a}{b^2} - \frac{g}{bf} = 0 \quad (4.24)$$

关于式（4.23）和式（4.24）的结果与 Jiang 等（2010）中对应的结果是具有一致性的。式（4.23）意味着最优 BPT 组合的期望超额收益率完全由对应的传统均值方差有效组合所提供。而式（4.24）表明，最优组合的第一部分实际上是不考虑汇率风险下和当地投资者所构建组合一样的投资组合；而第二部分的出现主要是因为考虑到汇率风险的暴露，不管投资者暴露的汇率风险怎样，第二部分组合和第一部分组合之间是不相关的。

接下来我们解释组合 $\boldsymbol{q}_H$ 在帮助投资者管理汇率风险方面的作用。由式（4.9）和式（4.21）可以看出，考虑汇率风险的情况下，投资者国际资产组合选择服从三基金分离定理，这里的三基金分别为组合 $\boldsymbol{q}_f$、$\boldsymbol{q}_T$ 和无风险资产，其

第4章 基于汇率风险的国际投资组合选择

中，q_T 和无风险资产为传统均值方差模型下两基金分离定理中的两个基金。所以，我们主要考察组合 q_f 的构成。考虑下面的回归模型：

$$r_e = \theta_0 + \boldsymbol{\theta}^T(\boldsymbol{R} - \boldsymbol{1}r_f) + \varepsilon \qquad (4.25)$$

式中，$\boldsymbol{\theta}$ 为外币相对于本币的汇率收益率对国外市场上风险资产超额收益率回归的系数向量，$\boldsymbol{\theta}^T(\boldsymbol{R} - \boldsymbol{1}r_f)$ 代表能被国外市场上风险资产超额收益率解释的汇率收益率部分，而 $\theta_0 + \varepsilon$ 则表示不能被国外风险资产超额收益率解释的汇率收益率部分，其期望值为 θ_0，且 $\text{cov}(\boldsymbol{R}, \varepsilon) = \boldsymbol{0}$。由式（4.25）可知，

$$\boldsymbol{q}_f = \frac{1}{f}\boldsymbol{V}^{-1}\text{cov}(\boldsymbol{R}, r_e) = \frac{1}{f}\boldsymbol{V}^{-1}\text{cov}(\boldsymbol{R}, \theta_0 + \boldsymbol{\theta}^T(\boldsymbol{R} - \boldsymbol{1}r_f) + \varepsilon) = \frac{1}{f}\boldsymbol{\theta} = \frac{1}{\boldsymbol{\theta}^T\boldsymbol{1}}\boldsymbol{\theta} \qquad (4.26)$$

式（4.26）表明，组合 q_f 是由回归系数向量标准化后得到。由于式（4.25）可写为

$$r_e = \theta_0 + (\boldsymbol{\theta}^T\boldsymbol{1})\boldsymbol{q}_f^T(\boldsymbol{R} - \boldsymbol{1}r_f) + \varepsilon \qquad (4.27)$$

因此，回归系数向量中各元素的和 $\boldsymbol{\theta}^T\boldsymbol{1}$ 即为汇率收益率相对于组合 q_f 收益率的敏感性。注意到国际资产组合的收益率由两部分组成，即 $r_D = r_p + r_e$，对投资者而言，如果市场上有对应的外汇期货，则投资者可以通过卖空外汇期货来对冲资产组合收益率中的汇率风险。如果市场上没有对应的外汇期货，则投资者可以通过卖空组合 q_f 达到这个目的。设想将组合 q_f 视为一份期货合约，由于汇率收益率相对于组合 q_f 收益率的敏感性为 f，因此，投资者需要卖空 f 份的期货合约才能对冲资产组合收益率中的汇率风险，也正是因为这个原因，最优国际资产组合的结构中有 $-fq_f$ 的部分，所以，在考虑汇率风险的情况下，投资者的最优国际资产组合选择体现了对冲汇率风险的投资行为。注意到风险最小的国际资产组合中，风险资产的投资比例恰恰就是 $-fq_f$，这意味着投资者在国外市场选择风险最小的资产组合的决策可以通过下面两步实现：首先卖空相当于总投资资金 f 比例的组合 q_f，然后卖空收入连同自己的自有资金投资于无风险资产。我们知道，中国的大部分外汇储备资产投资于美国国债，然而，即便投资美国国债，汇率风险的存在仍然会给中国投资者带来较大的投资风险，我们的结论表明，中国政府在购买美国国债的同时，应该卖空相当于总投资资金 f 比例的组合 q_f 以对冲汇率风险，只有这样，才能最小化投资美国市场的风险。现阶段，国际市场上并没有美元对人民币的期货合约，虽然，人民币无本金交割远期合约（Non-Deliverable Forward, NDF）早已存在，但远期合约毕竟不是标准化合约，投资者运用起来并不方便，另外，大量卖出外币兑人民币的 NDF 合约，会进一步增加

人民币升值的压力，所以，我们的结论对中国投资者国际资产组合的选择具有重要的现实意义。

4.3.2 最优 BPT 组合的效率

在通常情况下，组合 q_f 并不是传统均值方差模型下的有效组合，所以在考虑汇率风险的情况下，投资者的最优国际资产组合选择并不是传统意义下不考虑汇率风险时的有效组合。下面的定理 3 给出了投资者最优国际资产组合选择是传统意义下不考虑汇率风险时的有效组合的充分必要条件。

定理 3：投资者的最优国际资产组合选择为传统意义下的有效组合的充分必要条件是：

$$\operatorname{cov}(\boldsymbol{R}, r_e) = \kappa(E(\boldsymbol{R}) - \boldsymbol{1}r_f), \quad 且 \frac{\kappa}{f}b = 1 \tag{4.28}$$

证明：充分性。如果 $\operatorname{cov}(\boldsymbol{R}, r_e) = \kappa(E(\boldsymbol{R}) - \boldsymbol{1}r_f)$，则，

$$\boldsymbol{q}_f = \frac{1}{f}\boldsymbol{V}^{-1}\operatorname{cov}(\boldsymbol{R}, r_e) = \frac{1}{f}\boldsymbol{V}^{-1}\kappa(E(\boldsymbol{R}) - \boldsymbol{1}r_f) = \frac{\kappa}{f}b\boldsymbol{q}_T$$

由于 $\frac{\kappa}{f}b = 1$，因此，$\boldsymbol{q}_f = \boldsymbol{q}_T$，因而，与组合 $\boldsymbol{q}_{opt}$ 对应的包括无风险资产在内的国际资产组合为组合 $\boldsymbol{q}_T$ 和无风险资产的一个线性凸组合，所以，投资者的最优国际资产组合选择为传统意义下的有效组合。

必要性。投资者的最优国际资产组合选择为传统意义下的有效组合，则两基金分离定理表明，与组合 $\boldsymbol{q}_{opt}$ 对应的包括无风险资产在内的最优国际资产组合为组合 $\boldsymbol{q}_T$ 和无风险资产的一个线性凸组合。即：

$$\boldsymbol{q}_{opt} = \varpi \boldsymbol{q}_T$$

其中，ϖ 为一系数。由于 $\boldsymbol{q}_{opt}$ 可以表示为：

$$\boldsymbol{q}_{opt} = -f\boldsymbol{q}_f + (\pi_{opt} - E_{\min})\frac{b}{a}\boldsymbol{q}_T$$

所以必然有 $\boldsymbol{q}_f = \boldsymbol{q}_T$，因而有：

$$\boldsymbol{V}^{-1}\operatorname{cov}(\boldsymbol{R}, r_e) = \frac{f}{b}\boldsymbol{V}^{-1}(E(\boldsymbol{R}) - \boldsymbol{1}r_f)$$

两边同时左乘矩阵 $\boldsymbol{V}$，得到：

$$\operatorname{cov}(\boldsymbol{R}, r_e) = \frac{f}{b}(E(\boldsymbol{R}) - \boldsymbol{1}r_f)。$$

令 $\kappa = \frac{f}{b}$，即得到结果。

证毕。

定理3表明只要$\text{cov}(\boldsymbol{R}, r_e)$和风险资产的期望超额收益率向量$(E(\boldsymbol{R}) - \boldsymbol{1}r_f)$对应成比例，则最优的BPT组合就是均值方差有效的，就像当地投资者在给定期望收益率为$\pi_{opt} - E(r_e)$的情况下选择的有效组合一样。在这种情况下，投资者的期望本币收益率和风险分别可以表示为：

$$E(r_D) = r_f + \boldsymbol{q}^T(E(\boldsymbol{R}) - \boldsymbol{1}r_f) + E(r_e) \tag{4.29}$$

$$\sigma_D^2 = \boldsymbol{q}^T \boldsymbol{V} \boldsymbol{q} + 2\kappa \boldsymbol{q}^T(E(\boldsymbol{R}) - \boldsymbol{1}r_f) + \sigma_e^2 \tag{4.30}$$

由式（4.29）和式（4.30）可以看出，在均值方差框架下，由于$E(r_e)$和σ_e^2都是外生的，所以，汇率风险的出现并不会影响有效组合的确定。我们知道，在任何具体的外国市场上，既有当地投资者也有国际投资者参与，所以，在式（4.28）满足的条件下，不管是当地投资者还是国际投资者，他们选择的最优组合均满足两基金分离定理。其中的两基金为切点组合和无风险资产。

由式（4.25）可知，汇率的期望收益率和风险分别可以表示为：

$$E(r_e) = \theta_0 + \boldsymbol{\theta}^T(E(\boldsymbol{R}) - \boldsymbol{1}r_f) \tag{4.31}$$

$$\sigma_e^2 = \boldsymbol{\theta}^T \boldsymbol{V} \boldsymbol{\theta} + \sigma_\varepsilon^2 \tag{4.32}$$

从式（4.31）和式（4.32）可以看出，汇率的期望收益率和风险分别由两部分构成：θ_0和$\boldsymbol{\theta}^T(E(\boldsymbol{R}) - \boldsymbol{1}r_f)$，$\boldsymbol{\theta}^T \boldsymbol{V} \boldsymbol{\theta}$和$\sigma_\varepsilon^2$。其中，$\boldsymbol{\theta}^T(E(\boldsymbol{R}) - \boldsymbol{1}r_f)$和$\boldsymbol{\theta}^T \boldsymbol{V} \boldsymbol{\theta}$分别可以被解释为能由风险资产超额收益率解释的汇率的收益率和风险，而θ_0和σ_ε^2分别可以被解释为不能被风险资产超额收益率解释的汇率的收益率和风险。特别地，在$\text{cov}(\boldsymbol{R}, r_e) = \kappa(E(\boldsymbol{R}) - \boldsymbol{1}r_f)$的情况下，$\boldsymbol{\theta} = \kappa \boldsymbol{V}^{-1}(E(\boldsymbol{R}) - \boldsymbol{1}r_f)$，此时，汇率的期望收益率和风险分别可以表示为：

$$E(r_e) = \theta_0 + \kappa a \tag{4.33}$$

$$\sigma_e^2 = \kappa^2 a + \sigma_\varepsilon^2 \tag{4.34}$$

此时，投资者所选择的风险最小的国际资产组合的期望收益$E_{\min}$和风险$\sigma_{\min}^2$分别为：

$$E_{\min} = r_f + \theta_0 \tag{4.35}$$

$$\sigma_{\min}^2 = \sigma_\varepsilon^2 \tag{4.36}$$

考虑汇率风险情况下的有效边界为：

$$\sigma_\pi^2 = \frac{1}{a}(\pi - (r_f + \theta_0))^2 + \sigma_\varepsilon^2 \tag{4.37}$$

显然，在均值方差平面上，此时的有效边界相对于传统不考虑汇率风险时的有效边界向右平移了σ_ε^2，向上或向下平移了$|\theta_0|$，而形状并没有改变。如果$\sigma_\varepsilon^2 =$

$|\theta_0|=0$,则考虑汇率风险情况下的有效边界与传统的有效边界一致。

4.3.3 投资于无风险资产的比例

前面的模型分析表明,最优组合中投资于无风险资产的比例实际上反映了投资者在面临背景风险的情况下的预防性储蓄行为。因此,投资者对冲风险的行为不仅表现为最优组合 $\boldsymbol{q}_{opt}$ 中包含组合 $\boldsymbol{q}_f$,还表现为无风险资产的投资。式(4.21)表明最优组合中投资于无风险资产的比例 w_f 可以表示为:

$$\begin{aligned} w_f &= 1 - \boldsymbol{q}_{opt}^T \boldsymbol{1} = \left[1 - \frac{b}{a}(\pi_{opt} - E(r_e) - r_f) \right] + f\left(1 - \frac{g/f}{a/b}\right) \\ &= \left[1 - \frac{b}{a}(\pi_{opt} - E(r_e) - r_f) \right] + f\left(1 - \frac{\boldsymbol{q}_f^T(E(\boldsymbol{R}) - \boldsymbol{1}r_f)}{\boldsymbol{q}_T^T(E(\boldsymbol{R}) - \boldsymbol{1}r_f)}\right) \quad (4.38) \end{aligned}$$

对于给定的期望当地货币收益率 $\pi_{opt} - E(r_e)$,传统有效组合中无风险资产的投资比例对应于式(4.38)右边的第一项。因此,考虑汇率风险和不考虑汇率风险的情况下,无风险资产的投资比例之差对应于(4.38)右边的第二项。在 $f>0$ 且组合 $\boldsymbol{q}_f$ 的期望超额收益率小于切点组合 $\boldsymbol{q}_T$ 的期望超额收益率的情况下,国际投资者应该比当地投资者投资更多的资金在无风险资产上。

4.4 在不同市场上的资产配置

接下来我们考虑投资者在多个外国市场上的资产配置问题。与 Baptista (2012)和 Das 等(2010)所考虑的多个心理账户的情况不同,他们文中不同心理账户上所面临的投资机会集是一样的,而在我们的分析中,不同市场上的投资机会集是不同的。由于不同的市场会呈现不同的风险收益特征,同时也会面临不同的汇率风险,投资者在不同的国外市场上也会有不同的风险偏好。因此,投资者会在不同的市场上设定不同的最大失败概率和门槛收益率以实现不同的目标。在我们的分析框架下,BPT 投资者不会将来自不同市场的所有资产纳入一个组合分析范围,而首先在每一个市场上选择最优组合,然后考虑在不同市场上的资金配置问题。因此,如何在各个子市场上的最优组合之间进行资金配置都是我们模型的另一个重要决策。

在本部分我们主要考察在不同国外市场上的资产配置,并考察加总组合的均值方差效率。在 Shefrin 和 Statman(2000)的文中,包含多个心理账户的 BPT 投资者在加总不同心理账户上的最优组合时，会忽略不同心理账户上最优组合之间的相关性。与他们的分析一致，我们也假设在不同市场上最优组合之间是不相关的，进而在此假设基础上探讨在不同市场中的资产配置问题。事实上，在 Tversky 和 Kahneman（1986）文章中表明，不同心理账户上的相关性给整个分析带来困难，也正是这个原因，学术界通常将相关的各心理账户视为不相关来处理。无论如何，这样处理是具有现实意义且有相关证据支持的（Kroll et al.，1988）。

不是一般性，我们考虑一个选择在 m 个外国市场投资的国际投资者，由于汇率风险的存在，即便是国外市场上的无风险资产也是有风险的，因此，对国际投资者而言，在任意一个国外市场上的所有资产均可以看出风险资产。如果国际投资者在第 i（$i=1,2,\cdots,m$）个市场上各资产的投资比例向量为 $\boldsymbol{q}_i$，各资产的本币收益率向量为 $\boldsymbol{r}_i$，则加总组合的本币收益率可以表示为：

$$r_A = \sum_{i=1}^{m} \boldsymbol{q}_i^T \boldsymbol{r}_i \tag{4.39}$$

式中，$\sum_{i=1}^{m} \boldsymbol{q}_i^T \boldsymbol{1}_{(i)} = 1$，$\boldsymbol{1}_{(i)}$ 为元素全为 1，且元素数量为对应第 i 个市场资产的数量。因而，加总组合的期望收益率和方差可以分别表示为：

$$E(r_A) = \sum_{i=1}^{m} \boldsymbol{q}_i^T E(\boldsymbol{r}_i) \tag{4.40}$$

$$\sigma_A^2 = \sum_{i=1}^{m} \boldsymbol{q}_i^T V_i \boldsymbol{q}_i + \sum_{i=1,i\neq j}^{m} \sum_{j=1}^{m} \boldsymbol{q}_i^T V_{ij} \boldsymbol{q}_j \tag{4.41}$$

式中，V_i 是第 i 个市场上所有资产本币收益率的协方差矩阵，$V_{ij} = \text{cov}(\boldsymbol{r}_i, \boldsymbol{r}_j)$。因此，对于任意给定期望收益率 v，包含 m 个市场所有资产的有效组合是下面优化模型的解：

$$\min_{q_i \in \mathscr{R}^{(i)}, i=1,2,\cdots,m} \sigma_A^2 = \sum_{i=1}^{m} \boldsymbol{q}_i^T V_i \boldsymbol{q}_i + \sum_{i=1,i\neq j}^{m} \sum_{j=1}^{m} \boldsymbol{q}_i^T V_{ij} \boldsymbol{q}_j$$

$$s.t. \sum_{i=1}^{m} \boldsymbol{q}_i^T E(\boldsymbol{r}_i) = v$$

$$\sum_{i=1}^{m} \boldsymbol{q}_i^T \boldsymbol{1}_{(i)} = 1 \tag{4.42}$$

一个有趣的问题就是包含所有资产的有效组合是否是各个市场上有效组合的组合。

引理 2：对于任意的 $i\neq j$，如果 $V_{ij}=0$，加总有效边界上的任意有效组合是各个市场有效边界上有效组合的组合，并且配置在第 i 个市场上资金为：

$$x_i = \frac{C_m v - B_m}{A_m C_m - B_m^2} b_i + \frac{A_m - B_m v}{A_m C_m - B_m^2} c_i \qquad (4.43)$$

其中，v 为加总组合的期望收益率。此外，第 i 个市场上的组合为 $\boldsymbol{q}_i/x_i$，其中：

$$\boldsymbol{q}_i = \frac{C_m v - B_m}{A_m C_m - B_m^2} \boldsymbol{V}_i^{-1} E(\boldsymbol{r}_i) + \frac{A_m - B_m v}{A_m C_m - B_m^2} \boldsymbol{V}_i^{-1} \boldsymbol{1}_{(i)} \qquad (4.44)$$

其中，$a_i = E(\boldsymbol{r}_i)^T \boldsymbol{V}_i^{-1} E(\boldsymbol{r}_i)$，$b_i = \boldsymbol{1}_{(i)}^T \boldsymbol{V}_i^{-1} E(\boldsymbol{r}_i)$，$c_i = \boldsymbol{1}_{(i)}^T \boldsymbol{V}_i^{-1} \boldsymbol{1}_{(i)}$，$A_m = \sum_{i=1}^m a_i$，$B_m = \sum_{i=1}^m b_i$，以及 $C_m = \sum_{i=1}^m c_i$。

如果引理 2 的条件成立，那么任何加总有效组合可以分解为各个子组合 $\boldsymbol{q}_i/x_i$，而且这些子组合是对应市场上的均值方差有效组合。第 i 个市场上有效组合 $\boldsymbol{q}_i/x_i$ 的期望收益率可以表示为：

$$\frac{1}{x_i} \boldsymbol{q}_i^T E(\boldsymbol{r}_i) = \frac{v(C_m a_i - B_m b_i) + A_m b_i - B_m a_i}{v(C_m b_i - B_m c_i) + A_m c_i - B_m b_i} \qquad (4.45)$$

式（4.45）表明，一旦加总有效组合的期望收益率给定，每一个子市场上有效组合的期望收益率也随之确定。因此，任意加总有效组合的分解是唯一的。

利用引理 2，我们可以导出 BPT 投资者的加总有效边界。基于前面的分析，对于给定的期望收益率水平 v，加总组合收益率的方差为：

$$\sigma_A^2 = \sum_{i=1}^m \boldsymbol{q}_i^T \boldsymbol{V}_i \boldsymbol{q}_i = \frac{C_m}{A_m C_m - B_m^2} \left(v - \frac{B_m}{C_m} \right)^2 + \frac{1}{C_m} \qquad (4.46)$$

式（4.46）中给定不同的 v 就会有不同加总组合收益率的方差，在均值方差平面上就表现为加总均值方差有效边界。

为了直观地说明引理 2，我们考察国际投资者在国外两个市场上投资的情形，图 4.2 显示出加总有效边界，在每一个子市场上的有效边界以及由两个市场上两个具体的有效组合生成的有效边界。引理 2 表明任何加总有效组合 C 可以分解为子组合 A 和子组合 B 的组合。在这个具体的例子中，由组合 A 和子组合 B 生成的有效边界内切于加总有效边界，切点为 C。

接下来我们从相反的方向考察同样的问题，并考察最优 BPT 组合的加总组合是否位于加总有效边界上。结果表明，加总组合通常情况下不是均值方差有效的，除非满足某一特定条件。

定理 4：假设在第 i 个市场上的最优 BPT 组合的期望收益率为 π_i，π_i 是投资者在该市场上设定门槛收益率和失败概率的函数。当且仅当

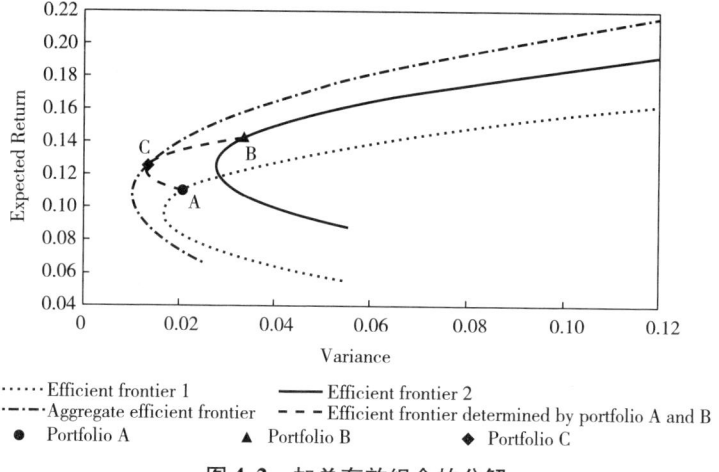

图 4.2 加总有效组合的分解

$$\frac{A_m b_i - B_m a_i - (A_m c_i - B_m b_i)\pi_i}{\pi_i(C_m b_i - B_m c_i) - (C_m a_i - B_m b_i)} = \Pi, \quad \forall i \tag{4.47}$$

成立时，会存在一个加总组合位于加总有效边界上，而且配置在第 i 个市场上的资金配置比例 x_i 为：

$$x_i = \frac{C_m \Pi - B_m}{A_m C_m - B_m^2} b_i + \frac{A_m - B_m \Pi}{A_m C_m - B_m^2} c_i \tag{4.48}$$

其中式（4.47）中 Π 是一个常数。

定理 4 背后的直观意义是明确的。由于在每一个国外市场上的最优 BPT 组合对应事前确定的门槛收益率和失败概率，而且投资者针对不同的市场会设定不同的投资目标。另外，加总组合决策意味着面对所有市场上的资产设定一个具体的目标，式（4.47）要求在不同市场上设定的投资目标（参数）应满足具体条件才能使加总组合是有效的。然而，在某一具体国外市场上设定的投资目标（参数）只是基于该市场风险收益特征的考虑，并没有考虑在其他市场上的风险暴露，进而不同市场上的组合决策是不相关的。事实上，投资者在不同市场上选择的最优组合不可能不相关，因此，多个国外市场上最优组合的加总并不是均值方差有效的。此外，任意加总有效组合可以分解为自有效边界上一系列有效组合的组合，但这些子有效边界上的有效组合可能也并不是对应市场上的最优组合。

此外，定理 4 还有两个重要的现实意义：

首先，如果式（4.47）果真成立，则投资者可以先在任一国外市场选择最优组合，然后按照式（4.48）配置在不同市场上的资金，在这种情况下，加总组合就是均值方差有效的，而且，BPT 投资者这样进行序贯决策的结果与均值方差投资者在不同市场之间具有零协方差假设下的决策具有一致性。

其次，既然 BPT 方法允许投资者在不同市场设定不同的投资目标进而选择最优的组合，那么加总的 BPT 组合通常情况下不会在加总有效边界上。除非式（4.47）成立，各个市场上最优 BPT 组合的加总组合相对于加总有效边界上与前面加总组合具有相同收益率的有效组合存在效率损失。这个观察是不同于 Das 等（2010）的结论，在 Das 等（2010）的模型框架下，只要允许卖空，加总组合仍然是有效组合。因此，在我们的框架下，BPT 投资者应该通过最小化效率损失以确定各个市场上最优 BPT 组合的资金配置。

为了获得每一个最优 BPT 组合在投资者总财富中所占的比重，我们假设第 i 个市场上最优 BPT 组合的本币收益率为 r_{Di}，收益率的方差为 σ_{Di}^2，期望收益率为 π_i。既然在第 i 个市场上最优 BPT 组合是对应市场上的有效组合，则有：

$$\sigma_{Di}^2 = \frac{c_i}{a_i c_i - b_i^2}\left(\pi_i - \frac{b_i}{c_i}\right)^2 + \frac{1}{c_i} \tag{4.49}$$

由于在 m 个市场上最优 BPT 组合的期望收益率向量为 $\boldsymbol{\pi} = (\pi_1, \pi_2, \cdots, \pi_m)^T$，由于不同市场上的资产收益率是不相关的，即 $\text{cov}(\boldsymbol{r}_i, \boldsymbol{r}_j) = \boldsymbol{0}$，则不同市场上最优 BPT 组合之间的协方差矩阵是对角矩阵，即 $\boldsymbol{\Sigma} = diag(\sigma_{D1}^2, \sigma_{D2}^2, \cdots, \sigma_{Dm}^2)$。记 $\boldsymbol{I}_m$ 为元素全为 1 的 m 维列向量，$A_\pi = \boldsymbol{\pi}^T \boldsymbol{\Sigma}^{-1} \boldsymbol{\pi}$，$B_\pi = \boldsymbol{I}_m^T \boldsymbol{\Sigma}^{-1} \boldsymbol{\pi}$ 以及 $C_\pi = \boldsymbol{I}_m^T \boldsymbol{\Sigma}^{-1} \boldsymbol{I}_m$，那么由 m 个市场上最优 BPT 组合生成的有效边界为：

$$\sigma_{A\pi}^2 = \frac{C_\pi}{A_\pi C_\pi - B_\pi^2}\left(v - \frac{B_\pi}{C_\pi}\right)^2 + \frac{1}{C_\pi} \tag{4.50}$$

式（4.50）中 v 是加总组合的期望收益率。

定理 5：如果没有一个各市场上最优 BPT 组合的组合位于加总有效边界上，那么 BPT 投资者在各个市场上的资金配置向量为：

$$x^* = \frac{C_\pi v^* - B_\pi}{A_\pi C_\pi - B_\pi^2} \boldsymbol{\Sigma}^{-1} \boldsymbol{\pi} + \frac{A_\pi - B_\pi v^*}{A_\pi C_\pi - B_\pi^2} \boldsymbol{\Sigma}^{-1} \boldsymbol{I}_m \tag{4.51}$$

其中 v^* 是最优加总组合的期望收益率，并且：

$$v^* = \left(\frac{B_m}{A_m C_m - B_m^2} - \frac{B_\pi}{A_\pi C_\pi - B_\pi^2}\right) \bigg/ \left(\frac{C_m}{A_m C_m - B_m^2} - \frac{C_\pi}{A_\pi C_\pi - B_\pi^2}\right) \tag{4.52}$$

最优的加总组合是使相对于加总有效边界上对应有效组合效率损失最小的组合。对于期望收益率为 v 的加总组合，其效率损失可以表示为：

$$\delta = \frac{C_\pi}{A_\pi C_\pi - B_\pi^2}\left(v - \frac{B_\pi}{C_\pi}\right)^2 + \frac{1}{C_\pi} - \frac{C_m}{A_m C_m - B_m^2}\left(v - \frac{B_m}{C_m}\right)^2 - \frac{1}{C_m} \tag{4.53}$$

很容易求得 δ 在 $v = v^*$ 时达到最小。因此，最优加总组合在各个市场上的资金配置比例如式（4.51）。

定理 5 对国际投资者而言具有重要现实意义，因为它为国际投资者提供了一个在各个市场（对应最优 BPT 组合）进行资金配置的方法。投资者也可能选择其他不同方法来确定最优加总组合，比如，在给定全局的风险规避度的情况下再次使用 BPT 方法或者均值方差效用函数以确定在不同市场上的资金配置。但不管怎样，这些方法确定的加总组合都未必会最小化效率损失。

在每个国外市场上最优 BPT 组合确定的情况下，式（4.53）表明太高或太低的期望收益率 v 均会导致较大的效率损失。如果投资者基于均值方差效用函数 $v - \frac{\Gamma}{2}\sigma_{A\pi}^2$ 来决定最优加总组合（其中 Γ 代表投资者的风险规避度），那么在 Γ 满足式（4.54）的情况下均值方差加总组合能最小化效率损失。

$$\Gamma^* = \frac{1}{\dfrac{C_\pi}{A_\pi C_\pi - B_\pi^2}\left(v^* - \dfrac{B_\pi}{C_\pi}\right)} \tag{4.54}$$

Das 等（2010）发现，之所以出现效率损失，或许是出于投资者风险规避度的错误选择，或许是出于施加卖空约束的原因。他们通过一个数值例子表明，当投资者不太风险规避的情况下效率损失会较大。在我们的分析框架下，加总组合的效率损失主要是因为忽视了不同市场上资产之间的相关性。当效率损失如式（4.53）衡量时，我们发现若投资者的风险规避度 $\Gamma < \Gamma^*$ 或 $\Gamma > \Gamma^*$ 时，加总组合的效率损失均较大。

总之，定理 4 和定理 5 表明，在 BPT 框架下多个国外市场的国际资产组合选择包含两个序贯决策：首先，投资者针对某一具体的国外市场，在给定门槛收益率和失败概率的情况下选择最优的 BPT 组合，而不考虑该组合与其他市场组合选择决策之间的相关性。其次，如果式（4.47）成立，就按照式（4.48）确定加总的均值方差有效组合。如果式（4.47）不成立，则投资者可以按照式（4.51）确定加总组合以使加总组合的效率损失最小。

4.5 数值分析

为了比较直观地展示本章中的主要结论，我们设想站在中国投资者的角度，考虑在美国市场和欧元区市场进行国际资产组合选择的情景。为了实现这个目的，我们选择美国的行业组合作为美国市场风险资产的代表，包括 Cnsmr、Manuf、HiTec 和 Hlth 四个行业组合；就欧元区而言，我们选择法国、德国、荷兰和西班牙的股票市场指数作为欧元区市场上风险资产的代表。

表 4.1 是相关数据的描述性统计。美国市场上四个行业组合的平均年化收益率均在 10% 以上，标准差介于 23.9%~26.5%。此外，行业组合之间是高度相关的，任何两个行业组合之间的相关系数均高于 0.84。美国市场上的无风险利率约为 0.1775%，在样本选择期间人民币相对于美元平均每年升值约 4.1%。欧元区四个国家的股票市场指数收益率介于 1.35%~5.98%，标准差为 17.74%~21.56%。在样本选择期间人民币相对于欧元平均每年升值约 0.37%。然而，从汇率收益率的波动性看，中国投资者在欧元区市场投资比在美国市场投资面临更高的汇率风险。基于表 4.1 的数据，我们可以估计模型的相关参数，如表 4.2 所示。

表 4.1　各市场风险资产和汇率收益率的均值、标准差以及相关系数

	美国市场						欧元区市场				
	Cnsmr	Manuf	HiTec	Hlth	Exchange		法国	德国	荷兰	西班牙	Exchange
Mean	0.1013	0.1365	0.1228	0.1219	-0.0408		0.0135	0.0598	0.0162	0.0268	-0.0037
Stdev	0.2644	0.2573	0.2400	0.2397	0.0159		0.1774	0.1934	0.1934	0.2156	0.1155
Corr											
Cnsmr	1.0000	0.8976	0.9308	0.8459	0.0118	France	1.0000	0.9361	0.8985	0.8379	0.3458
Manuf	0.8976	1.0000	0.9386	0.8512	-0.0961	Germany	0.9361	1.0000	0.8399	0.7706	0.3149
HiTec	0.9308	0.9386	1.0000	0.9138	0.0006	Netherlands	0.8985	0.8399	1.0000	0.7415	0.2163
Hlth	0.8459	0.8512	0.9138	1.0000	-0.0155	Spain	0.8379	0.7706	0.7415	1.0000	0.4851
Exchange	0.0118	-0.0961	0.0006	-0.0155	1.0000	Exchange	0.3458	0.3149	0.2163	0.2163	1.0000

注：这个表报道了美国市场上四个行业组合以及欧元区市场上四个股票市场指数收益率的均值、标准差和相关系数。美国市场上各行业组合的月收益率数据来自 French 的网站，而欧元区各个国家的股票市场指数收益率数据来自 MSCI 网站。此外，人民币对美元，以及人民币对欧元的汇率数据来自中国人民银行网站，所有数据的选择期间为 2005 年 7 月到 2011 年 6 月。

表 4.2 模型参数的估计值

变量	美国市场	欧元区市场
E_{min}	-0.0379	-0.0103
σ^2_{min}	0.0002	0.0095
a	0.3678	0.4915
a_i	6.5788	0.5026
b_i	-163.8541	-1.0788
c_i	4322.642	105.0906

注：表中 E_{min} 和 σ^2_{min} 分别是基于本币收益率风险最小的组合的期望收益率和风险。$a = (\boldsymbol{\mu} - \boldsymbol{1}_n r_f)^T \boldsymbol{V}^{-1} (\boldsymbol{\mu} - \boldsymbol{1}_n r_f)$，其中收益率是当地货币收益率。$a_i = E(\boldsymbol{r}_i)^T \boldsymbol{V}_i^{-1} E(\boldsymbol{r}_i)$，$b_i = \boldsymbol{1}_{(i)}^T \boldsymbol{V}_i^{-1} E(\boldsymbol{r}_i)$ 以及 $C_i = \boldsymbol{1}_{(i)}^T \boldsymbol{V}_i^{-1} \boldsymbol{1}_{(i)}$，其中收益率是本币收益。

4.5.1 失败概率和门槛收益率之间的权衡

根据定理 2 和表 4.2 中估计得到的参数，在美国市场上当 $\alpha < 1 - \Phi(\sqrt{0.3678}) = 0.2721$ 以及在欧元区市场上 $\alpha < 1 - \Phi(\sqrt{0.4915}) = 0.2416$，且对应市场上的门槛收益率 $H \leqslant E_{min} - \sigma_{min}\sqrt{z_\alpha^2 - a}$ 时，各个市场上会存在最优组合。图 4.3 展示了在给定失败概率的情况下能确保存在最优组合的最大门槛收益率。图 4.3 表明，当且仅当投资者选择的 (α, H) 组合所对应的点位于曲线以及曲线以下的区域时，才会找到最优组合。同时，这个图也表明，在失败概率和最大门槛收益率之间存在一个权衡。也就是说，一个低的门槛收益率会对应一个低的失败概率，反之，则相反。此外，我们发现欧元区市场的曲线位于美国市场曲线的下方，并且在大部分失败概率范围（比如，当失败概率低于 20%）内显得较为陡峭，意味着要想使在各个市场上的最优组合存在，我们需要在欧元区市场上选择比美国市场较低的门槛收益率，且这个现象在失败概率较低时尤其明显。

4.5.2 无风险资产的投资比例，(α, H) 的选择以及汇率风险

为了考察失败概率和门槛收益率对投资者投资于无风险资产比例的影响，图 4.4 画出了在给定三种不同失败概率 α（$\alpha = 0.05, 0.10, 0.15$）取值情况下，投资者投资于无风险资产的比例和门槛收益率之间的关系。图 4.4 表明，当失败概率较低，而门槛收益率较高时，投资者投资于无风险资产的比例越高。这个现象是非常自然的，因为较低的失败概率和较高的门槛收益率都意味着投资者对总风

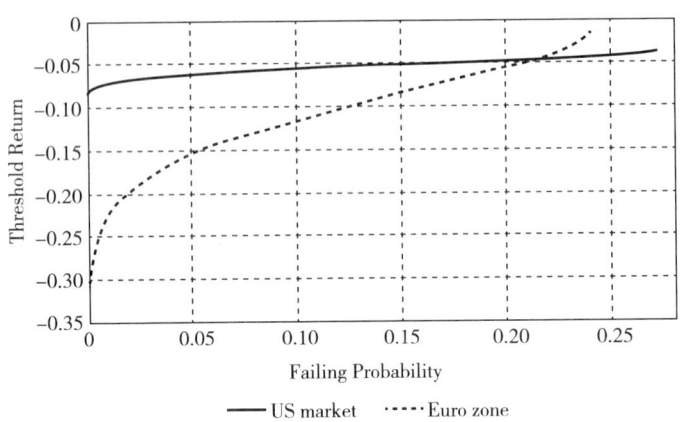

图 4.3 门槛收益率和失败概率

险的控制非常严格,自然需要投资更多的无风险资产以确保投资目标能够实现,但同时会限制最优组合的资本增值潜力。图 4.4 中关于最优组合的期望收益率和门槛收益率的关系表明了这一点,即最优组合的期望收益率会随着失败概率的下降和门槛收益率的上升而下降。

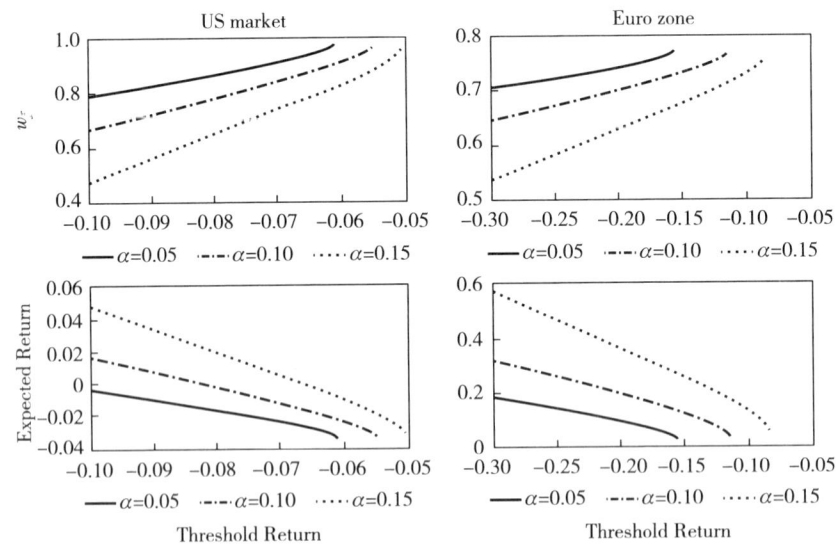

图 4.4 最优组合中投资于无风险资产的比例,期望收益率与 (α, H) 之间的关系

最优组合中无风险资产的投资比例不仅体现了投资目标的选择,也体现了投资者在面临汇率风险情况下的预防性储蓄行为。为了考察汇率风险如何通过预防

性动机影响无风险资产的投资比例,我们投资于美国市场考虑两种情景(α,H) = (0.05,-0.10)和(α,H) = (0.10,-0.05)。在这两种情景当中,我们假定汇率收益率与资产收益率的相关性保持不变,并考虑 σ_e = 2% 和 σ_e = 6% 两种情形,图4.5显示出最优组合中无风险资产的投资比例,最优组合的期望收益率和标准差与汇率收益率之间的关系。很显然,对于给定的 σ_e,当汇率收益率增加时,最优组合中无风险资产的投资比例是下降的。这主要是因为,当外币相对于本币升值时,投资者应该在风险资产上配置更多的资金以使最优组合能更好抓住地外汇收益率。也正是因为这个原因,最优组合的期望收益率和标准差也随着汇率收益率的增加而上升。另外,较高的汇率风险会导致最优组合中投资于无风险资产的比例下降,这也会导致最优组合的期望收益率和标准差下降。这个结论与已有关于背景风险会增加投资者保护性储蓄的需求的研究结果是一致的(Courbage and Rey,2007;Fei and Schlesinger,2008;Malevergne and Rey,2010;Menegatti,2009;Tzeng and Wang,2002)。

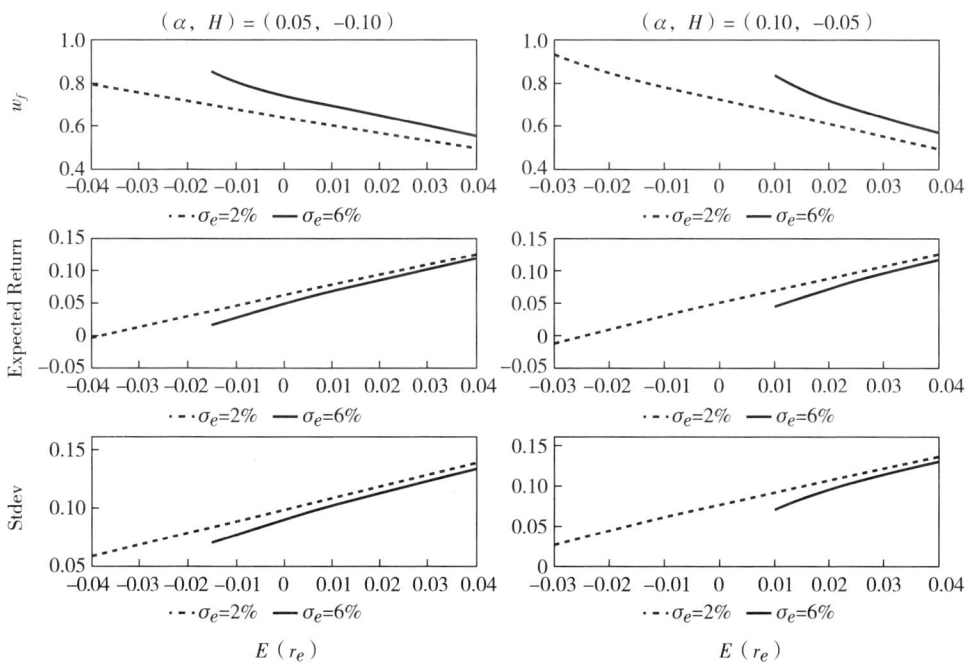

图4.5 最优组合中无风险资产的投资比例、最优组合的
期望收益率、标准差与汇率收益率之间的关系

4.5.3 资产配置和效率损失

为了说明例子中加总组合的效率损失,我们设定投资于美国市场和欧元区市场的投资目标（α,H）分别为（0.15,-0.10）和（0.10,-0.15）。使用表 3.2 中估计得到的参数,我们发现,在美国市场的最优 BPT 组合比在欧元区市场最优 BPT 组合具有更低的期望收益率和风险,而且前面定理 4 中的式（3.46）并不成立。因而,加总有效边界上没有任何一个组合是这两个子市场上的最优组合的组合。就这种情况而言,当投资者将 54.44% 的资金投资于美国市场,其他资金投资于欧元区市场时,效率损失达到最小,此时的效率损失为 0.4%。图 4.6 展示了效率损失和加总组合的期望收益率与总资金中投资于美国市场比例之间的关系。

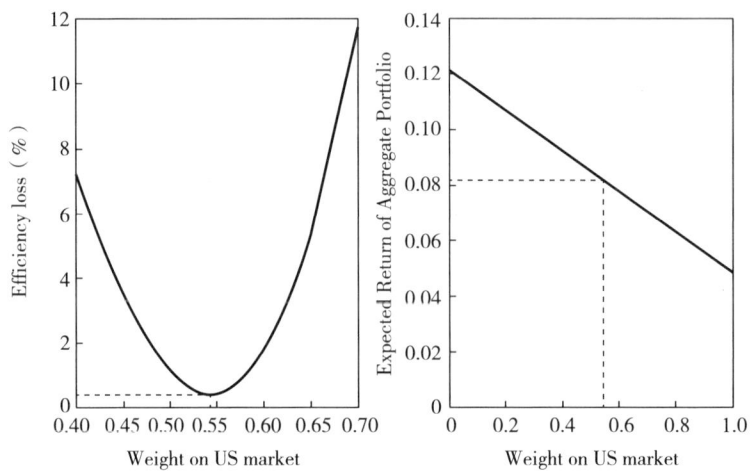

图 4.6 加总组合的效率损失、期望收益率与资产配置之间的关系

4.6 结论

在国际资产组合选择中,汇率风险是投资者面临的重要的背景风险,汇率风险的存在对投资者最优资产组合选择产生重要影响。本章基于行为资产组合选择理论的框架,建立并求解了考虑汇率风险的国际资产组合选择模型。我们导出了

当投资者投资国外市场时存在最优 BPT 组合的条件，同时描述了最优组合的构成。结果发现，最优 BPT 组合包含了不考虑背景风险情况下传统均值方差有效组合，以及为对冲汇率风险而构建的与传统均值方差有效组合不相关的对冲组合。而且，我们发现，从当地投资者的角度看，最优 BPT 组合通常不是均值方差有效组合，除非满足一定的条件。此外，我们进一步发现，投资者投资于多个国外市场时，加总组合也通常不在加总有效边界上，这就引出通过效率损失最小化来配置资金的决策机制。结果表明，加总组合的效率损失依赖于投资者的风险规避度。

通过数值例子，我们展示了失败概率和门槛收益率之间的关系，发现随着失败概率的增加，投资者可以设定一个更高的门槛收益率。然而，对于具有较高汇率风险的市场而言，门槛收益率和失败概率选择较低，才能确保最优组合存在。此外，最优组合中无风险资产的投资比例会受到投资目标、期望汇率收益率以及汇率风险的影响。具体而言，在给定失败概率和门槛收益率的情况下，汇率风险越高，投资于无风险资产的比例越高。

第5章 基于系统性偏度约束的投资组合选择

随着证券收益率非对称分布特征（asymmetric distribution）以及证券收益率之间非对称相关性特征（asymmetric correlation）的呈现，Markowitz（1952）均值方差证券组合选择模型受到很多的质疑。一个很重要的质疑表现是，均值方差模型会低估资产组合的尾部风险（Agarwal and Naik，2004；Sortino and Forsey，1996；Sortino and Price，1994）。尤其是在市场受到重大事件冲击而出现暴跌时，由于各资产之间的相关性会变得非常高，使基于传统均值方差模型构建的资产组合将遭受很大的机会损失。因此，投资者进行投资决策时，需要考虑对应市场上市场指数的变化，这种由市场指数变化给投资者带来的风险，我们理解为"系统性背景风险"。

本章在证券组合选择模型中加入系统性偏度约束，通过求解带有系统性偏度约束的证券组合选择模型，分析了最优组合的性质。之所以将系统性偏度约束纳入证券组合选择过程，一方面，系统性偏度约束能考虑到"系统性背景风险"中市场指数波动性变化的特征；另一方面，系统性偏度约束也能起到改变组合收益率分布特征的作用，进而可以减轻证券收益率之间非对称相关性特征带来的分散化问题（diversification problem）。另外，系统性偏度约束还能体现投资者偏好偏度的特征（Sortino and Price，1994；Sortino and Forsey，1996），进而与现有的考虑高阶矩的证券组合选择模型具有一致性。

5.1 引言

随着资产收益率非正态分布特征（Samuelson，1970；Havery, et al.，2010）

第5章 基于系统性偏度约束的投资组合选择

以及资产收益率之间非对称相关性（Ang and Chen，2002）等特征的呈现，Markowitz（1952）均值方差资产组合选择模型受到很多的质疑。一个很重要的质疑表现在均值方差模型会低估资产组合的尾部风险（Agarwal 和 Naik，2004）。自 Kraus 和 Litzenberger（1976）提出三阶矩资产定价模型以来，有许多的文献都已证实资产的系统性偏度风险和系统性峰度风险均会对资产定价产生影响（Harvey and Siddique，2000；Sears and Wei，1988；Fang and Lai，1997；Smith，2007），甚至 Harvey 和 Siddique（2000）发现，条件偏度能显著解释资产收益率横截面的变动，即便像规模、账市比等因素被包含进来，结果仍旧如此；另外，他们还发现，惯性效应是与系统性偏度有关联的。正因为如此，基于高阶矩的资产组合选择越来越受到学者们的关注（de Athayde and Jr，2004；Harvey et al.，2010；Martellini and Ziemann，2010）。特别地，已经有研究发现，投资者愿意接受较低的期望收益率和较高的波动性以换得较高的偏度和较低的峰度（Prakash，Chang and Pactwa，2003；Dittmar，2002；Mitton and Vorkink，2007）。然而，正如 Martellini 和 Ziemann（2010）所指出的那样，这些包含高阶矩的资产组合选择技术比均值方差优化模型需要估计更多的参数，进而阻碍了这些资产组合选择技术在现实投资管理中的应用。

不管是个人投资者还是机构投资者，他们进行投资决策都需要考虑对应市场上市场指数的走势。然而，在一些重大事件的冲击下，市场会出现暴跌，且波动性很大，此时的投资者迫切需要分散化，而各资产之间的相关性却变得异常高，使得分散化的好处大大降低，这被称为非对称的相关性。这种非对称的相关性可以由资产收益率与市场指数收益率之间的协偏度所抓住，即该资产的系统性偏度风险所抓住，因此，投资者在进行资产组合选择时可以通过控制资产组合的系统性偏度风险以减轻这种非对称相关性带来的分散化灾难（Ibragimov，Jaffee and Walden，2011）。正因为如此，本章在均值方差框架考察了带系统性偏度风险约束的资产组合选择问题。具体而言，我们做了以下几个方面的工作：首先，我们通过求解带有系统性偏度风险约束的均值方差模型，考察了系统性偏度风险约束对均值方差有效组合的影响，并分析了带有系统性风险约束情况下的均值方差有效组合的性质；其次，我们通过数值分析考察了系统性偏度风险对均值方差有效边界以及均值方差有效组合收益率偏度的影响。

本章内容是受股票市场非对称相关性特征以及高阶矩资产定价模型的启发，因此，我们提出的带有系统性偏度风险约束的资产组合选择模型与包含高阶矩的资产组合选择技术是相关的（de Athayde and Jr，2004；Harvey et al.，2010；

Martellini and Ziemann，2010）。然而，这些包含高阶矩的资产组合选择模型并不能给出有效组合的解析解，进而无法分析包含高阶矩有效组合的性质。当然，也不能分析其资产组合选择背后反映的投资者行为。资产的协偏度衡量了该资产对市场组合收益率偏度的贡献（Moreno and Rodriguez，2009）。具有正的协偏度的资产，由于其能呈现令投资者向往的风险收益特征，所以投资者都很喜欢。因此，在组合选择过程中，施加系统性偏度约束可以改善组合收益率分布的偏度。

研究发现，我们模型所确定的组合满足三基金分离定理，其中的三基金分别为无风险资产、传统均值方差模型下的切点组合以及用于对冲市场波动性冲击的对冲组合。我们的模型表明，达到系统性偏度约束的目标是以牺牲组合的均值方差效率为代价的，而且系统性偏度约束越紧，组合的均值方差效率损失就越大。同时，数值分析表明，相对于传统的均值方差有效组合，系统性偏度约束有利于提升我们模型所确定有效组合的偏度。

5.2 模型和有效组合的性质

5.2.1 模型和有效组合

设投资者的投资空间中有 n 种风险资产和一种无风险资产，n 种风险资产的收益率向量为 $\boldsymbol{R}$，这 n 种风险资产收益率向量的协方差矩阵记为 $\boldsymbol{V}$，假设 $\boldsymbol{V}$ 可逆，无风险资产的收益率为 r_f。令投资者投资于 n 种风险资产的投资比例向量为 $\boldsymbol{q}$，则对应资产组合的收益率 r_p 可以表示为：

$$r_p = r_f + \boldsymbol{q}^T (\boldsymbol{R} - \boldsymbol{1} r_f) \tag{5.1}$$

式中，$\boldsymbol{1}$ 为元素全为1的 n 维列向量。则该组合的期望收益率以及以收益率的方差表示的风险分别可以表示为：$E(r_p) = r_f + \boldsymbol{q}^T E(\boldsymbol{R} - \boldsymbol{1} r_f)$ 和 $\sigma_p^2 = \boldsymbol{q}^T \boldsymbol{V} \boldsymbol{q}$。

考虑一个市场指数，假设其收益率为 r_M，收益率的方差为 σ_M^2，收益率的偏度为 $m_M^3 (m_M^3 = E[(r_M - E(r_M))^3])$。我们记第 i 种风险资产的协偏度（coskewness）为 $\text{Cos}(r_i, r_M)$，该指标衡量了去均值资产收益率和去均值市场指数收益率平方的同步性，具体定义如下：

$$\text{Cos}(r_i, r_M) = E[(r_i - E(r_i))(r_M - E(r_M))^2] \tag{5.2}$$

事实上，文献中也有其他关于协偏度的度量方法。我们之所以将风险资产的协偏度定义为式（5.2）的形式，主要是因为下面两方面的原因：

第一，这样的定义具有很好的经济解释，而且投资者在资产组合选择过程中对这种协偏度定义非常感兴趣。直观上看，这个协偏度的度量方法实际上代表了风险资产对市场收益率偏度的边际贡献，因而带有正协偏度的资产其收益率比市场收益率更向右偏。因此，在组合中增加具有正协偏度的资产有助于提升组合的偏度，而当采取其他方法衡量协偏度时则并没有这个性质。

第二，根据这个协偏度的定义，一个组合的协偏度就是组合中各资产协偏度的加权平均。因此，组合的协偏度是组合中各资产权重的线性函数，这确保了我们模型解析解的可得性。

引理1： 记去均值市场收率的平方为 $h_M = (r_M - E(r_M))^2$。一个资产的协偏度就是资产收益率和 h_M 的协方差。就第 i 个资产而言，我们有：

$$\mathrm{Cos}(r_i, r_M) = \mathrm{cov}(r_i, h_M) \tag{5.3}$$

证明： 因为去均值市场收益率的平方为 $h_M = (r_M - E(r_M))^2$，其中，r_M 代表市场指数收益率。对于任意第 i 种资产，其收益率 r_i 和 h_M 的协方差可以表示为：

$$\begin{aligned}
\mathrm{cov}(r_i, h_M) &= E((r_i - E(r_i))(h_M - E(h_M))) \\
&= E((r_i - E(r_i))h_M) - E((r_i - E(r_i))E(h_M)) \\
&= E((r_i - E(r_i))h_M) \\
&= E((r_i - E(r_i))(r_M - E(r_M))^2)
\end{aligned} \tag{5.4}$$

根据式（5.2）的定义，即可得到 $\mathrm{Cos}(r_i, r_M) = \mathrm{cov}(r_i, h_M)$。

注意到 h_M 实际上衡量了市场收益的变动程度（波动性）。从引理1可以看出，具有正协偏度的资产其收益率会随着市场波动性的上升而增加，这解释了具有正协偏度的资产能够对冲市场波动性的冲击。由于资产的协偏度会随着市场偏度的变化而变化，而系统性偏度是标准化的协偏度，所以，很多研究把焦点放在资产的系统性偏度上（Harvey and Siddique, 2000; Moreno and Rodríguez, 2009）。第 i 种资产的系统性偏度就是被市场偏度标准化后的协偏度，即有，$\gamma_i = \mathrm{Cos}(r_i, r_M)/m_M^3 (i = 1, 2, \cdots, n)$（Kraus and Litzenberger, 1976）。基于引理1，第 i 种资产的系统性偏度可以表示为 $\gamma_i = \mathrm{cov}(r_i, h_M)/m_M^3$。这表明资产的系统性偏度衡量了资产收益率相对于市场收益率波动性变化的敏感性。从这个意义上说，资产的系统性偏度（γ）与贝塔（β）的概念是平行的（β 衡量了资产收益率相对于市场收益率变化的敏感性）。

假设 n 种风险资产的系统性偏度向量为 $\boldsymbol{\Gamma} = (\gamma_1, \gamma_2, \cdots, \gamma_n)^T$。则组合 $\boldsymbol{q}$ 的系统性偏度可以表示为 $\boldsymbol{q}^T \boldsymbol{\Gamma}$。基于以上说明，资产组合选择的均值－方差－系统性偏度模型可以表示为：

$$\min_{\boldsymbol{q} \in \mathbf{R}^n} \sigma_p^2 = \boldsymbol{q}^T \boldsymbol{V} \boldsymbol{q} \tag{5.5}$$

$$s.t \ r_f + \boldsymbol{q}^T E(\boldsymbol{R} - \boldsymbol{1} r_f) = \mu_p \tag{5.6}$$

$$\boldsymbol{q}^T \boldsymbol{\Gamma} = \gamma_p \tag{5.7}$$

式(5.6)和式(5.7)中，μ_p 和 γ_p 分别是投资者要求的期望收益率和系统性偏度。

上述模型背后的经济含义显而易见。如果没有约束条件（5.7），则投资者的资产组合选择决策仅仅依赖于资产收益率的均值和方差。在包含约束条件（5.7）的情况下，投资者将资产对冲市场波动性冲击的能力纳入资产组合选择过程。根据引理1，投资者喜欢具有正协偏度的资产，而不喜欢具有负偏斜度的资产，因为加入具有正偏斜度的资产可以使得所选择的组合会增加出现极端正收益率的可能性，同时会减小出现极端负收益率的可能性。为了实现正的组合偏斜度，投资者应该在市场偏度为负时设定一个负的 γ_p。相反，投资者应该在市场偏度为正时设定一个正的 γ_p。这样，由我们模型确定的有效组合是直接与市场行情关联的。

从直观上看，在市场向下且波动性很高的情况下，具有高系统性偏度的资产比低系统性偏度的资产很可能会经历一个大的损失。这种情况下，施加系统性偏度约束会降低高系统性偏度资产在组合中的比例，进而控制下方风险。在市场向上且波动性很高的情况下，具有高系统性偏度的资产比低系统性偏度的资产很可能会产生极端的正收益。这种情况下，施加系统性偏度约束会增加高系统性偏度资产在组合中的比例，进而抓住上方获利的潜力。这解释了为什么施加系统性偏度约束可以提升组合的业绩。

定理1：在允许卖空的情况下，对于任意给定的期望收益率 μ_p 和系统性偏度 γ_p，我们模型在 $n \geq 2$ 的情况下会存在唯一的最优解，最优解为：

$$\boldsymbol{q}_\mu = \frac{(\mu_p - r_f) A_{22} - \gamma_p g_2}{a A_{22} - g_2^2} b \boldsymbol{q}_T + \frac{a \gamma_p - g_2(\mu_p - r_f)}{a A_{22} - g_2^2} s \boldsymbol{q}_s \tag{5.8}$$

其中，$a = (E(\boldsymbol{R}) - \boldsymbol{1} r_f)^T \boldsymbol{V}^{-1} (E(\boldsymbol{R}) - \boldsymbol{1} r_f)$，$b = \boldsymbol{1}^T \boldsymbol{V}^{-1}(E(\boldsymbol{R}) - \boldsymbol{1} r_f)$，$s = \boldsymbol{1}^T \boldsymbol{V}^{-1} \boldsymbol{\Gamma}$，$\boldsymbol{q}_T = \frac{1}{b} \boldsymbol{V}^{-1}(E(\boldsymbol{R}) - \boldsymbol{1} r_f)$，$\boldsymbol{q}_s = \frac{1}{s} \boldsymbol{V}^{-1} \boldsymbol{\Gamma}$，$g_2 = (E(\boldsymbol{R}) - \boldsymbol{1} r_f)^T \boldsymbol{V}^{-1} \boldsymbol{\Gamma}$，$A_{22} = \boldsymbol{\Gamma}^T \boldsymbol{V}^{-1} \boldsymbol{\Gamma}$。

证明：

对模型（5.5）、模型（5.6）、模型（5.7）运用拉格朗日乘数法，得到一阶最优条件为：

$$2 \boldsymbol{V} \boldsymbol{q} - \lambda_1 (E(\boldsymbol{R}) - \boldsymbol{1} r_f) - \lambda_2 \boldsymbol{\Gamma} = 0 \tag{5.9}$$

式（5.9）中 λ_1、λ_2 均为拉格朗日乘数，由式（5.9）可以得到：

$$q = \frac{\lambda_1}{2} V^{-1}(E(R) - \mathbf{1}r_f) + \frac{\lambda_2}{2} V^{-1} \boldsymbol{\Gamma} \tag{5.10}$$

将式（5.10）代入式（5.6）、式（5.7）得到：

$$\frac{\lambda_1}{2} = \frac{(\mu - r_f)A_{22} - \gamma_p g_2}{aA_{22} - g_2^2}, \quad \frac{\lambda_2}{2} = \frac{a\gamma - g_2(\mu - r_f)}{aA_{22} - g_2^2}$$

因此，期望收益率 μ_p 和系统性偏度 γ_p 的有效组合为：

$$\boldsymbol{q}_\mu = \frac{(\mu_p - r_f)A_{22} - \gamma_p g_2}{aA_{22} - g_2^2} b \boldsymbol{q}_T + \frac{a\gamma_p - g_2(\mu_p - r_f)}{aA_{22} - g_2^2} s \boldsymbol{q}_s$$

证毕。

定理 1 表明包含有系统性偏度约束的均值方差有效组合满足三基金分离定理，其中的三基金分别为无风险资产、传统均值方差模型所确定的切点组合 $\boldsymbol{q}_T$，以及组合 $\boldsymbol{q}_s$。无风险资产和切点组合是传统均值方差模型的两基金分离定理中的两基金。我们模型所确定的有效组合相对于传统均值方差有效组合而言增加了组合 $\boldsymbol{q}_s$。组合 $\boldsymbol{q}_s$ 可以有助于实现系统性偏度约束的要求，进而对冲市场波动性冲击。

为了更好理解组合 $\boldsymbol{q}_s$ 的对冲机理，我们注意到，

$$\boldsymbol{q}_s = \frac{V^{-1}}{s} \boldsymbol{\Gamma} = \frac{1}{s} V^{-1} \frac{\mathrm{Cos}(\boldsymbol{r}, r_M)}{m_M^3} = \frac{1}{s} V^{-1} \frac{\mathrm{cov}(\boldsymbol{r}, h_M)}{m_M^3} \tag{5.11}$$

其中，

$$\mathrm{Cos}(\boldsymbol{r}, r_M) = (\mathrm{Cos}(r_1, r_M), \mathrm{Cos}(r_2, r_M), \cdots, \mathrm{Cos}(r_n, r_M))^T$$
$$\mathrm{cov}(\boldsymbol{r}, h_M) = (\mathrm{cov}(r_1, h_M), \mathrm{cov}(r_2, h_M), \cdots, \mathrm{cov}(r_n, h_M))^T$$

式（5.11）表明组合 $\boldsymbol{q}_s$ 中各风险资产的权重，实际上反映了对应资产收益率和市场波动性同向变化的程度，因为 h_M 实际上衡量了市场波动性。因此，市场波动性的变化可以被组合 $\boldsymbol{q}_s$ 所抓住。这解释了为什么组合 $\boldsymbol{q}_s$ 能对非预期的市场波动性的变化提供保护。特别地，当市场处于极端波动的情况下，投资者可以通过卖空组合 $\boldsymbol{q}_s$ 来降低市场波动性对组合业绩的负面影响。也因为这个原因，组合 $\boldsymbol{q}_s$ 在我们的模型中被称为对冲组合。如果风险资产的超额收益率与市场波动性无关，那么这些资产就没有系统性偏度风险，在这种情况下，由这些风险资产构成的组合也具有零系统性偏度。

5.2.2 有效组合的性质

接下来，我们考察要求的系统性偏度 γ_p 是如何实现的。就传统均值方差模

型下的切点组合而言，其系统性偏度为 $\gamma_T = \boldsymbol{q}_T^T \boldsymbol{\Gamma} = g_2/b$。类似地，组合 $\boldsymbol{q}_s$ 的系统性偏度为 $\gamma_s = \boldsymbol{q}_s^T \boldsymbol{\Gamma} = A_{22}/s$。因此，投资者可以通过卖出 $sg_2/(bA_{22})$ 单位的组合 $\boldsymbol{q}_s$ 以抵消切点组合的系统性偏度风险，即有下式成立：

$$\left(\boldsymbol{q}_T - \frac{sg_2}{bA_{22}}\boldsymbol{q}_s\right)^T \boldsymbol{\Gamma} = \left(\frac{g_2}{b} - \frac{g_2}{bA_{22}}A_{22}\right) = 0 \quad (5.12)$$

重新安排式（5.8）的结构，可以得到：

$$\boldsymbol{q}_\mu = \frac{bA_{22}(\mu_p - r_f)}{aA_{22} - g_2^2}\left(\boldsymbol{q}_T - \frac{sg_2}{bA_{22}}\boldsymbol{q}_s\right) + \frac{\gamma_p}{aA_{22} - g_2^2}(as\boldsymbol{q}_s - g_2 b\boldsymbol{q}_T) \quad (5.13)$$

由式（5.12）可知，式（5.13）右边第一部分所代表的组合的系统性偏度风险为 0。由于模型（4.5）～模型（4.7）的解所对应组合的系统性偏度风险必须是 γ_p，因此，式（5.13）右边第二部分所代表的组合的系统性偏度风险必然为 γ_p，这是因为：

$$(as\boldsymbol{q}_s - g_2 b\boldsymbol{q}_T)^T \boldsymbol{\Gamma} = (aA_{22} - g_2^2) \quad (5.14)$$

进一步地，我们还可以得到：

$$(as\boldsymbol{q}_s - g_2 b\boldsymbol{q}_T)^T (E(\boldsymbol{R}) - \boldsymbol{1}r_f) = (ag_2 - g_2 a) = 0 \quad (5.15)$$

因此，我们模型所确定有效组合的期望超额收益率完全由式（5.13）的第一项决定。故而，在我们的模型中，投资者可以根据市场行情来设定所要求的系统性偏度；其目的是使组合收益率分布呈现较好的非对称特征而不是提升组合的期望收益率。

基于以上的分析，考虑系统性偏度约束的组合选择过程可以描述为下面过程：投资者构建传统均值方差模型下的切点组合，并在给定期望收益率水平下，构建组合 $\boldsymbol{q}_s$ 来抵消切点组合的系统性偏度。基于切点组合 $\boldsymbol{q}_T$ 和组合 $\boldsymbol{q}_s$，投资者可以构建具有零系统性偏度的组合以实现期望收益率的要求。这个组合对应于式（5.13）右边的第一部分。最后，根据式（5.13）右边的第二部分，投资者构建另一个零期望收益率的组合以实现所要求的系统性偏度。而且这两部分组合收益率的协方差为：

$$\left(\boldsymbol{q}_T - \frac{sg_2}{bA_{22}}\boldsymbol{q}_s\right)^T \boldsymbol{V}(as\boldsymbol{q}_s - g_2 b\boldsymbol{q}_T) = \left(\frac{ag_2}{b} - \frac{ag_2}{bA_{22}}A_{22} - \frac{ag_2}{b} + \frac{g_2^2}{bA_{22}}g_2\right)$$

$$= -\frac{g_2}{b}A_{22}(aA_{22} - g_2^2) \quad (5.16)$$

式（5.16）表明，只要 $g_2 = 0$，则上述两部分组合的协方差就为 0。在这种情况下，我们模型所确定的期望收益率为 μ_p、系统性偏度为 γ_p 的有效组合为：

$$\boldsymbol{q}_{\mu \mid g_2=0} = \frac{b(\mu_p - r_f)}{a}\boldsymbol{q}_T + \frac{\gamma_p}{A_{22}}s\boldsymbol{q}_s \qquad (5.17)$$

$g_2 = 0$ 有三方面的隐含意义：第一，意味着切点组合具有 0 系统性偏度风险，由两基金分离定理以及系统性偏度风险的可加性，所有传统意义下的有效组合都具有 0 系统性偏度风险；第二，$g_2 = 0$ 也意味着能抓住市场波动性变化的组合 $\boldsymbol{q}_s$ 具有 0 期望超额收益率，这表明投资者在有效组合中纳入组合 $\boldsymbol{q}_s$ 可以在不改变组合期望收益率的情况下改变组合收益率分布的其他特征（如波动性和偏度等）；第三，$g_2 = 0$ 还意味着切点组合 $\boldsymbol{q}_T$ 与组合 $\boldsymbol{q}_s$ 的收益率不相关，这表明投资者选择切点组合 $\boldsymbol{q}_T$ 与组合 $\boldsymbol{q}_s$ 可以独立进行。

5.2.3 我们模型所确定有效组合的均值方差效率

值得注意的是，我们模型所确定的有效组合收益率的方差一定是期望收益率和系统性偏度的函数。为了描述我们模型所确定的有效曲面，基于前面的定理 1，我们得到有效组合收益率方差的表达式：

$$\sigma_p^2 = \boldsymbol{q}_\mu^T V \boldsymbol{q}_\mu = \frac{A_{22}}{aA_{22} - g_2^2}(\mu_p - r_f)^2 - \frac{2\gamma_p g_2}{aA_{22} - g_2^2}(\mu_p - r_f) + \frac{a\gamma_p^2}{aA_{22} - g_2^2} \qquad (5.18)$$

由式（5.18）可知，带有系统性偏度风险约束的有效边界在均值方差平面上仍然是一条抛物线，然而，此时抛物线的形状和对称轴的位置均不同于传统均值方差有效边界，而会受到组合系统性偏度风险等因素的影响。特别地，我们发现，传统的均值方差有效边界是对应不同系统性偏度风险约束下的有效边界的外包络。而在 $g_2 = 0$ 的情况下，带有系统性偏度风险约束的有效边界为：

$$\sigma_\mu^2 = \frac{1}{a}(\mu_p - r_f)^2 + \frac{\gamma_p^2}{A_{22}} \qquad (5.19)$$

由式（5.19）可知，在 $g_2 = 0$ 的情况下，带有系统性偏度风险的有效边界相对于传统均值方差有效边界只是右移了 $\dfrac{\gamma_p^2}{A_{22}}$ 个单位，而形状完全一致，γ_p 的绝对值越大，向右平移的距离也越大。

此外，由式（5.18）我们可以得到带有系统性偏度风险约束的风险最小的有效组合的期望收益率为：

$$E_{\min-\gamma} = r_f + \frac{\gamma_p}{A_{22}}g_2 \qquad (5.20)$$

对应的风险为：

$$\sigma_{\min-\gamma}^2 = \frac{\gamma_p^2}{A_{22}} \tag{5.21}$$

由式（5.20）和式（5.21）可以知道，在均值方差平面上，不同系统性偏度约束下的最小方差组合构成一条抛物线。且式（5.20）表明，对于任意给定的 γ_p，我们模型所确定的有效组合是期望收益率大于或等于 $E_{\min-\gamma}$ 的组合。也就是说：

$$\mu_p \geq r_f + \frac{\gamma_p}{A_{22}} g_2 \tag{5.22}$$

将 $E_{\min-\gamma}$ 代入式（5.8），可以得到给定 γ_p 情况下的最小方差组合为：

$$\boldsymbol{q}_{\min-\gamma} = \frac{\gamma_p}{A_{22}} s \boldsymbol{q}_s \tag{5.23}$$

注意到给定期望收益率为 μ_p 的传统均值方差有效组合收益率的方差为 $\sigma_{MV}^2 = (\mu_p - r_f)^2/a$。为了更好理解系统性偏度约束是如何影响我们模型所确定有效组合风险的，我们定义下面 $\Delta\sigma_p^2$ 为包含系统性偏度约束和不包含系统性偏度约束情况下有效边界的距离：

$$\Delta\sigma_p^2 = \frac{A_{22}}{aA_{22} - g_2^2}(\mu_p - r_f)^2 - \frac{2\gamma_p g_2}{aA_{22} - g_2^2}(\mu_p - r_f) + \frac{a\gamma_p^2}{aA_{22} - g_2^2} - \frac{(\mu_p - r_f)^2}{a} \tag{5.24}$$

式（5.24）实际上定义了我们模型所确定有效组合相对于传统均值方差有效组合的均值方差效率损失（mean-variance efficiency loss）。由式（5.24）可以看出，对于任意给定的 μ_p，均值方差效率损失在 $\gamma_{\text{no\_loss}} = g_2(\mu_p - r_f)/a$ 时最小，最小值为 0。事实上，$\gamma_{\text{no\_loss}}$ 就是期望收益率为 μ_p 时均值方差有效组合的系统性偏度，因此，在系统性偏度约束值为 $\gamma_{\text{no\_loss}}$ 时，均值方差效率损失为 0。这也说明，对于任意的 $\gamma_p \neq \gamma_{\text{no\_loss}}$ 时，系统性偏度约束会导致均值方差效率损失。此外，我们也可以分析得到，当 $\gamma_p > \gamma_{\text{no\_loss}}$ 时，均值方差效率损失会随着 γ_p 的增加而增大，而当 $\gamma_p < \gamma_{\text{no\_loss}}$ 时，均值方差效率损失会随着 γ_p 的增加而减小。

为了使我们模型中的系统性偏度约束具有现实意义，我们在设定 γ_p 的值时，需要使给定的期望收益率 μ_p 情况下我们模型所确定的有效组合的协偏度是正的，且高于没有效率损失的组合的协偏度（即 $\gamma_p m_M^3 > \gamma_{\text{no\_loss}} m_M^3$）。否则，我们模型所确定的组合不但不比没有效率损失的组合具有更好的系统性偏度，还会有更高的风险。此外，由于投资者偏好正的协偏度。因此，在市场收益率呈现负偏的情况下，事前设定的 γ_p 必须满足 $\gamma_p < \min(0, \gamma_{\text{no\_loss}})$，而在市场收益率呈现正偏时事前设定的 γ_p 必须满足 $\gamma_p > \max(0, \gamma_{\text{no\_loss}})$。因此，均值方差效率损失总是随

着 γ_p 绝对值的增大或者系统性偏度约束紧的程度增大而增大。总结一下，我们得到定理 2：

定理 2：达到我们模型所确定有效组合的系统性偏度是以牺牲组合的均值方差效率为代价的，而且系统性偏度约束越紧会导致我们模型所确定有效组合的效率损失也越大。

定理 2 表明，在协偏度和均值方差效率之间会有一个权衡（trade-off）。在我们的模型中，投资者必须用较低的期望收益率或较高的波动性去换取较高的协偏度。而且，只要投资者追求比传统有效组合偏斜度更高的偏斜度，那么投资者要求的偏斜度越高，给定期望收益率情况下最优组合的风险越高。这个定理也暗示了总会存在一个最优的组合，使投资者要求的期望收益率和协偏度都能实现。

5.3 均值方差效率、系统性偏度和偏度

在本节中，我们主要通过一个数值例子说明模型中的系统性偏度约束如何影响有效边界的位置和有效组合偏度特征。为了实现这个目的，我们选取美国市场上价值加权的 12 个行业组合月收益率为样本进行数值分析，这些行业包括 NoDur、Durbl、Manuf、Enrgy、Chems、BusEq、Telcm、Utils、Shops、Hlth、Money、Other。数据选择期间为 1967 年 1 月至 2011 年 12 月，数据来源于 French 的网站，相同期间的市场指数收益率以及无风险收益率也是从 French 的网站上获得。这些行业组合以及市场指数的平均超额收益率、标准差、各行业组合的系统性偏度风险以及相关系数如表 5.1 所示。

表 5.1 各行业组合以及市场指数收益率的平均收益率、标准差以及相关系数

	NoDur	Durbl	Manuf	Enrgy	Chems	BusEq	Telcm	Utils	Shops	Hlth	Money	Other	Market
平均超额收益率	8.06	4.69	6.31	8.05	6.24	5.70	5.17	5.09	7.38	6.95	6.30	3.80	5.31
标准差	15.48	22.65	19.15	19.37	16.72	23.67	16.73	14.38	18.84	17.45	19.67	19.56	16.14
伽马（γ）	0.81	1.15	1.16	0.87	0.78	1.12	0.75	0.33	1.02	0.68	1.00	1.13	1.00
Durbl	0.672	1.000											
Manuf	0.787	0.852	1.000										
Enrgy	0.493	0.475	0.627	1.000									
Chems	0.821	0.747	0.873	0.591	1.000								

续表

	NoDur	Durbl	Manuf	Enrgy	Chems	BusEq	Telcm	Utils	Shops	Hlth	Money	Other	Market
BusEq	0.583	0.684	0.790	0.457	0.644	1.000							
Telcm	0.608	0.603	0.642	0.412	0.562	0.618	1.000						
Utils	0.614	0.446	0.528	0.574	0.534	0.321	0.506	1.000					
Shops	0.837	0.765	0.826	0.434	0.774	0.715	0.631	0.467	1.000				
Hlth	0.767	0.520	0.669	0.427	0.718	0.612	0.532	0.471	0.672	1.000			
Money	0.803	0.756	0.819	0.543	0.777	0.634	0.650	0.599	0.797	0.673	1.000		
Other	0.794	0.803	0.921	0.603	0.832	0.787	0.654	0.539	0.844	0.691	0.848	1.000	
Market	0.829	0.812	0.936	0.672	0.856	0.859	0.741	0.595	0.858	0.755	0.872	0.940	1.000

从表 5.1 可以看出，NoDur、Enrgy 行业组合的平均年化超额收益率较高，均在 8% 以上，而 Other 行业组合的平均收益率较低，年化超额收益率不足 4%，就波动性而言，Durbl 以及 BusEq 行业组合收益率的波动性最高，分别为 22.65%、23.67%，而 Utils 行业组合的波动性最低，为 14.38%，在样本选择期间，美国市场指数的平均年化超额收益率和标准差分别为 5.31% 和 16.14%。而且，所有行业组合的收益率均高度相关，任何两个行业组合收益率之间的相关系数均高于 0.59。在此期间，年化的无风险利率约为 5.42%。

表 5.1 第四行及以下报道了各个行业组合的系统性偏度（伽马）。很显然，所有的伽马都是非零且为正，表明系统性偏度在解释行业组合收益率的变化方面有重要作用。此外，我们发现市场的偏度为负，意味着所有行业的协偏度均为负。Utils 行业的伽马值最低，为 0.33，而 Manuf 行业的伽马值最高，为 1.16。这意味着 Utils 行业对极端负的市场收益率贡献最小，而 Manuf 行业对极端负的市场收益率贡献最大。

根据前面的信息，我们可以估计得到所需要的参数，进而可以画出各种情形下的有效边界，如图 5.1 所示。从图 5.1 可以看出，首先，传统均值方差有效边界是各种不同系统性偏度风险约束下的有效边界的包络线，表明系统性偏度风险约束在不损失组合期望收益率水平的情况下会增加组合的风险水平；其次，我们发现，不同系统性偏度风险约束下的有效边界总存在一个交点，表明不同的系统性偏度风险约束可以实现相同的期望收益水平和风险，然而，我们后面的分析表明这些组合收益率的偏度是不同的；最后，我们发现，不同系统性偏度风险下有效边界的顶点在一条抛物线的轨迹上,这是因为各有效边界的顶点实际上就是对应系统性偏度约束下的最小方差组合,而式(5.20)、式(5.21)表明,这些最小方差组合的风险正好是其期望收益率的二次函数,另外,由于我们估计得到的参数 g_2 小于 0,所以,γ_p 越大,对应最小方差组合的期望收益率就越小。

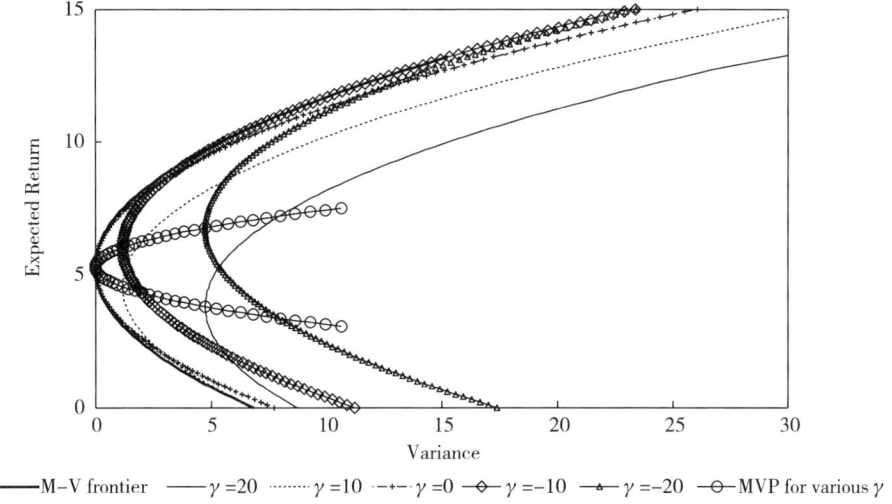

图 5.1 系统性偏度约束下的均值方差有效边界

从前面的分析可以看出,系统性偏度约束对均值方差有效边界产生重要的影响,接下来进一步考察系统性偏度风险约束对不同期望收益水平的均值方差有效组合收益率偏度的影响。为了实现这个目的,我们考察了不同期望收益和系统性偏度风险水平下有效组合样本内收益率的偏度,如图 5.2 所示。

从图 5.2 可以看出,首先,就传统均值方差有效组合以及 $\gamma=0$ 时的有效组合而言,当组合的期望收益率高于无风险利率时[①],任意其他期望收益水平的有效组合样本内收益率的偏度为常数;就传统的均值方差有效组合而言,由两基金分离定理可知,不同期望收益水平的有效组合其样本内收益率序列可以表示为切点组合样本内收益率序列的线性变换,进而由随机变量偏度的性质可知,随机变量的线性变换不改变分布的偏度,而 $\gamma=0$ 时的有效组合样本内收益率的偏度为常数也是出于相同的理由(参考式(5.13)便可知)。其次,我们发现,在 $\gamma\neq0$

---

① 当有效组合的期望收益率为无风险利率时,组合的收益率不存在偏度。

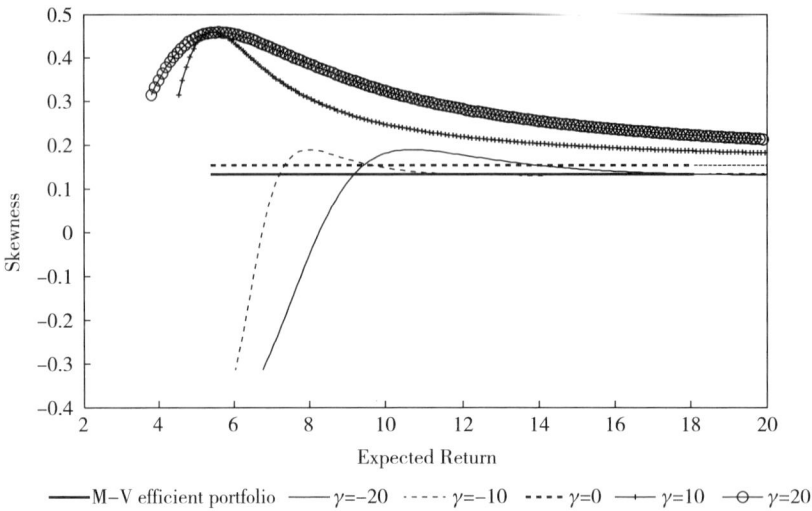

图 5.2 系统性偏度约束下的均值方差有效组合收益率的偏度

的情况下,带有系统性偏度风险约束的有效组合,其样本内收益率的偏度不再是其期望收益率的单调函数,而呈现出先增后减的变化趋势。这一点不同于收益率的方差与期望收益率的关系,意味着在给定系统性偏度风险约束的情况下,在一定的期望收益水平内,投资者可以在提高期望收益率水平,增加风险的同时也可以提高组合收益率的偏度。然而当期望收益率超过一定的水平时,我们发现,γ_p值越大,对应有效组合收益率的偏度也越高,结合图5.1,此时,有效组合的风险越高,这实际上体现了投资者通过承当较高风险以换取较高偏度的行为,从而与现有的一些研究具有一致性(Prakash, Chang and Pactwa, 2003; Dittmar, 2002; Mitton and Vorkink, 2007)。

5.4 结论

本章主要在均值方差框架下考察了考虑系统性偏度约束的证券组合选择问题。首先求解了我们模型框架下的有效组合,并分析了有效组合的性质。其次,考察了系统性偏度约束是如何影响有效边界的位置以及有效组合收益率的偏度的。

我们的研究结果表明,考虑系统性约束的有效组合包括无风险资产、传统均值方差模型下的切点组合、用于对冲市场波动性冲击的对冲组合。对于我们模型所确定的有效组合，系统性偏度约束的实现是以牺牲均值方差效率为代价的。通过数值分析表明，系统性偏度约束可以提高有效组合的偏度，但同时也会增加组合的风险。

我们的工作可以拓展到包含系统性峰度约束的组合选择问题，在这个框架里，可以帮助理解因为忽略系统性峰度而导致的系统风险贝塔和系统性偏度风险伽马的市场价格的偏差。此外，我们的工作也可以拓展到考察带有系统性偏度约束投资组合的样本外业绩问题。

第三篇 投资策略及其有效性检验

本篇以中国投资者国际投资/国内投资为背景，在基于背景风险的投资组合理论下，一方面提出各种投资策略，另一方面通过实证分析检验各投资策略的有效性。

第6章 国际分散投资利益：基于中国投资者视角的实证分析

6.1 引言

根据 Markowtiz（1952）的资产组合选择理论，分散投资可以降低风险。由于一个市场上的系统风险在全球市场范围内仍有可能是非系统性的，所以，在不同的市场进行分散投资可以带来更多分散化好处。关于国际分散投资利益的研究可以追溯到 20 世纪 70 年代。Solnik（1974）发现，美国投资者如果投资于美国和欧洲市场比单独投资美国市场风险要下降一半。20 世纪七八十年代的其他一些相关研究也印证了国际分散投资利益的存在性，即便在 2000 年之后，相关的研究也表明，即便在不允许卖空的条件下，分散化投资的利益依然存在（Chiou, 2009；Chiou et al., 2009；Li et al., 2003；Pastor and Stambaugh, 2000）。另外，学者们从决定分散投资利益的因素出发，开始考察国际市场之间的协同性或制度差异性（Beck et al., 2003；Bekaert and Harvey, 1995；Bekaert et al., 2005；La Porta et al., 2000；de Jong and de Roon, 2001）。有证据表明，由于全球金融市场的协同性增强而导致分散投资利益呈现下降趋势（Chiou, 2009；Driessen and Laeven, 2007）。特别地，You 和 Daigler（2010）发现，国际市场上的相关性变化非常大，而且呈现相关系数递增的趋势，进而导致国际分散投资利益下降。此外，学者们通过不同的方法考察了国际分散投资问题，包括 Copula 方法、极值理论以及行为组合理论方法（Chollete et al., 2011, 2012；Jiang et al., 2013）。

新兴市场通常比发达市场波动性更大，流动性更差，而且缺乏信息效率；此外，两类不同市场之间还有可能存在结构和制度的差异。因此，发达国家的投资者通过分散投资于新兴市场可以获得丰富的分散投资利益。Harvey（1995）发现，由于新兴市场和发达市场之间的低相关性，通过将新兴市场的证券纳入投资者的投资机会集，组合总风险可以降低6个百分点。通过分散投资新兴市场而获得分散投资利益的结果也得到其他研究的印证（Li et al.，2003；Phylaktis and Ravazzaolo，2005）。另外，de Roon 等（2001）认为，由于新兴市场的高交易成本和卖空约束也有可能侵蚀分散投资利益。

之前在这一领域的研究主要是基于发达市场投资者的角度，尤其是基于美国投资者的角度。相对于发达市场而言，新兴市场显得不够成熟，金融产品较少，而且，还存在各种交易机制的限制，进而会扭曲新兴市场上投资者的最优投资决策，导致最优组合并不是有效的均值方差。也正是因为这个原因，一些最近的研究从新兴市场投资者的角度考察了国际分散投资利益问题。Driessen 和 Laeven（2007）基于52个发达国家和发展中国家，从当地投资者的角度考察了国际分散投资利益问题，发现投资于国外市场对发展中国家的投资者而言非常有利。Chiou（2008）发现，东亚和拉美地区的投资者进行国际分散投资可获得丰富的分散化利益，即便将各种约束条件考虑在内也是如此。

与之前的研究不同，本章的研究主要考察和衡量中国投资者进行国际分散投资时带来的利益。具体而言，我们考察中国投资者进行国际分散投资是否可以获得分散化利益以及分散化利益从哪里获得的问题。随着中国经济的快速增长，中国的金融市场已经得到长足的发展，已成为国际金融市场的重要组成部分。自2001年12月11日中国加入世界贸易组织以来，中国经济已经逐渐融入到全球经济中。而且，中国市场的开放不仅吸引境外合格机构投资者（QFII）投资于中国市场，同时促进了合格境内机构投资者（QDII）投资于海外市场，进而加强了中国市场和国际市场之间的联系。在这种背景下考察和衡量中国投资者的国际分散投资利益以及各种国际投资策略的有效性显得非常重要且必要。然而，据我们所知，只有少量研究（Chiou et al.，2009）将中国市场纳入国际分散投资分析，从中国投资者角度考察国际投资利益的文献还相当匮乏。

本章主要应用一个拓展的优化方法（Brandt et al.，2009）实证考察中国投资者分散投资于国际市场的分散化利益问题。具体而言，我们基于过去60个月的数据估计得到不同准则下的最优组合，然后计算并记录该组合样本外1个月的收益率。接下来，让估计窗口往前滚动1个月，估计得到不同准则下的最优组合，计算并记录该组合样本外1个月的收益率，依次类推，直到样本结束。这样我们得到基于不同准则下组合样本外一系列的收益率。我们的分析正是基于这些收益率数据。为了实现这个目的,我们使用了来自 15 个新兴市场和发达市场的月收益率数据,数据时间为 1992 年 12 月到 2011 年 3 月。文献中类似这样的研究通常假设不同市场收益率之间的相关系数是常数,然而,随着金融全球化的发展,在一些国家和地区发生的重要金融事件(如亚洲金融危机、次债危机等)不可避免地对全球金融市场产生影响,进而导致不同市场之间的相关性会随时间推移而变化。为了模型化相关系数的动态特征,You 和 Daigler(2010)使用动态条件相关系数模型(Dynamic Conditional Corrlation,DCC),Chollete 等(2011,2012)在分析中使用了 Copula 和机制利率的方法。在本章中,我们通过时间滚动的参数估计窗口来确定组合和样本外组合收益率,这也可以抓住不同市场之间相关系数的动态特征。此外,这个方法既可以让我们分析分散化利益的大小,又可以让我们考察国际组合的主要特征,进而评估不同分散化策略的有效性。

就分散化利益而言,我们考察了代表不同国际分散投资目标的测度。第一个测度是中国投资者分散投资于国际市场相对于仅投资国内市场期望收益率的增加程度。第二个测度是中国投资者分散投资于国际市场相对于仅投资国内市场风险的降低程度。第三个测度是衡量风险调整收益的增加程度。这些测度与 Chiou（2009）和 Li 等（2003）使用的测度指标相似。

为了考察中国投资者在不同区域分散投资的利益,我们分析了中国投资者在亚太市场分散投资和在欧美市场分散投资的情况。此外,我们还分析了在新兴市场分散投资和在发达市场分散投资的情况。结论表明,中国投资者在新兴市场、欧美市场以及在所有考察的市场分散投资时可以获得比仅投资国内市场更高的收益。收益率的提高主要来自投资于巴西市场。此外,在任何类型的市场分散投资,均能降低风险和提高风险调整收益率。而且在发达市场和欧美市场的投资获得的分散化利益比在新兴市场和亚太市场的投资获得的分散化利益更显著。从样本外的角度看,不管是考察那种情景,风险降低的好处依然显著。然而,当考察样本外期望收益率和风险调整的期望收益率时,分散化好处就不存在了。

6.2 研究方法

6.2.1 分散化利益的衡量

分散化利益的衡量必须是基于一个具体的视角,因为从不同国家的投资者角度衡量分散化利益会有不同。为了说明这点，我们考虑两个市场：A 和 B。从 A 市场投资者的角度来看，分散化利益代表的是，将 B 市场加入到 A 市场投资者的投资空间时，各种测度下投资利益的增量。同理，从 B 市场投资者的角度看，分散化利益则代表的是，将 A 市场加入到 B 市场投资者的投资空间时，各种测度下投资利益的增量。

国际分散投资的目的，要么是增加组合的期望收益率，要么是降低组合的风险。和已有研究中刻画国际分散投资利益的测度一致，我们采取了三种衡量国际投资利益的指标。第一个指标，为了更好地描述我们的研究方法，假设投资者拟投资于 n 个包括本国市场在内的不同市场投资。进一步假设 n 个市场的收益率向量为 $\boldsymbol{R}=(r_1, r_2, \cdots, r_n)^T$，这 n 个市场的期望收益率向量和协方差矩阵分别为 $E(\boldsymbol{R})$ 和 $\boldsymbol{V}$。进一步假设投资者投资于这 n 个市场的投资比例向量为 $\boldsymbol{q}=(q_1, q_2, \cdots, q_n)^T$，其中 $q_i(i=1, 2, \cdots, n)$ 为投资者投资于第 i 个市场的投资比例，T 代表转置符号。因此，投资者所构建国际投资组合的期望收益率和收益率的方差可以表示为 $\boldsymbol{q}^T E(\boldsymbol{R})$ 和 $\boldsymbol{q}^T \boldsymbol{V} \boldsymbol{q}$。记 $E(r_1)$ 和 σ_1^2 分别为本国市场的期望收益率和收益率方差。

由于我们从中国投资者的视角考察国际分散投资的利益，所以中国市场在本章的研究中充当基准。因此，中国投资者分散投资于 n 个市场，在投资风险不高于本国市场投资风险的情况下，期望收益率的最大增加 κ_1 可以按照下面表达式计算：

$$\kappa_1 = \max_{\boldsymbol{q}} \{\boldsymbol{q}^T E(\boldsymbol{R}) - E(r_1) \mid \boldsymbol{q}^T \boldsymbol{V} \boldsymbol{q} \leq \sigma_1^2, \boldsymbol{q}^T \boldsymbol{I} = 1, \boldsymbol{q} \geq \boldsymbol{0}\} \quad (6.1)$$

式中，$\boldsymbol{I}$ 为元素全为 1 的 n 维列向量。对中国投资者而言，由于在国际投资过程中是不允许卖空的，所以，我们在式（6.1）中施加了不允许卖空的限制 $\boldsymbol{q} \geq \boldsymbol{0}$。$\kappa_1$ 衡量了国际投资组合相对于本国市场的超额期望收益率，很显然，κ_1 的值越大，意味着中国投资者分散投资国际市场的利益越多，且最优的 $\boldsymbol{q}$ 则代表对应的国际投资策略。

考虑到市场收益率的不可预测性，投资者可能会通过国际分散投资寻求降低组合风险而不是增加组合收益率，所以第二个用来测度国际分散投资利益的指标是国际分散投资风险相对于本国市场风险的下降程度：

$$\kappa_2 = \sigma_1 - \min_{\boldsymbol{q}} \{\sqrt{\boldsymbol{q}^T \boldsymbol{V} \boldsymbol{q}} \mid \boldsymbol{q}^T \boldsymbol{I} = 1, \boldsymbol{q} \geq \boldsymbol{0}\} \quad (6.2)$$

式中，κ_2 代表了全局最小方差组合的风险与本国市场风险之间的距离，也即国际分散投资相对于仅投资国内市场的风险降低程度，且最优的 $\boldsymbol{q}$ 代表的是全局风险最小的国际投资组合。

夏普比率衡量的是组合的风险调整的业绩，反映组合收益和风险的权衡。因此，国际分散投资相对于仅投资国内市场的夏普比率的提升程度可以用来衡量国际分散投资利益。所以，第三个用来衡量国际分散投资利益的指标为：

$$\kappa_3 = \max_q \left\{ \frac{q^T R}{\sqrt{q^T V q}} - \frac{E(r_1)}{\sigma_1} \mid q^T \mathbf{1} = 1, \ q \geq 0 \right\} \quad (6.3)$$

式中，κ_3 衡量了夏普比率最大的国际分散投资组合相对于仅投资于国内市场的夏普比率的增加程度，反映了中国投资者分散投资于国际市场的情况下风险调整收益率的最大增加值，同样，最优的 q 也是代表对应的国际投资策略。一个正的 κ_3 则意味着国际分散投资组合比国内投资组合更具有均值方差效率，同时，这个测度也被广泛应用于相关的研究文献当中（Chiou et al., 2009; Driessen and Laeven, 2007; Lagoarde-Segot and Lucey, 2007）。

6.2.2 实证设计

我们的实证方法可以描述为下面的步骤：首先，我们用过去 60 个月的收益率数据，估计参数并求解模型（6.1）~模型（6.3），进而可以得到不同模型下的最优组合权重 q_1、q_2 和 q_3。同时，也得到对应的分散化利益 κ_1、κ_2、κ_3。这个过程每过一个月计算一次，这样我们可以得到一系列的 q_1、q_2、q_3 和 κ_1、κ_2、κ_3。我们的实证分析就是基于这些观测值。其次，κ_1、κ_2、κ_3 的各个统计量可以用来衡量分散化利益的大小，并且我们还可以考察这些分散化利益指标随国际市场协同变化的程度而呈现的趋势。另外，基于得到的 q_1、q_2、q_3，我们还可以考察对应策略的样本外业绩，并与国内市场业绩进行比较，进而考察这些策略的有效性。

为了识别在哪一组市场上进行分散投资能给中国投资者带来最大的分散化利益，我们将所有考察的国外市场进行了分类，按市场的成熟和发展阶段分为新兴市场和发达市场；按区域分为亚太市场和欧美市场。同时，我们还考察了中国投资者在所有考虑的市场上分散投资的情况，因此，我们总共考察了五种不同类型的投资机会集的情形。

为了能更好地理解分散投资利益的来源，我们考察每一种策略所对应的最优组合的构成随时间的变化情况。这个分析可以向投资者展示资金在不同市场上的配置情况，而且可以展示哪些具体的市场在增加收益或降低风险方面贡献最大。

6.3 数据描述

Chiou 等（2009）指出，大量的资金投资于较小的市场会带来组合的流动性问题，而且大量的资本流入/流出一个市场也会导致资产价格发生较大的变化，进而带来资产价值的变化。为了避免这些问题，我们只选择了截至 2008 年底市值高于全球资本市场市值1%以上的市场进行实证分析。根据这个准则，我们一共选择了15个国家和地区市场，包括中国、澳大利亚、巴西、加拿大、法国、德国、中国香港、印度、意大利、日本、韩国、西班牙、瑞士、英国和美国。在这些国家或地区中，中国、巴西、印度和韩国被 MSCI 认定为新兴市场国家，其他11个国家或地区则属于发达市场国家；如果从区域来划分，中国、澳大利亚、中国香港、印度、日本和韩国都属于亚太市场国家或地区，其他的为欧美市场国家或地区。

表 6.1 报道了各个国家资本市场的市值占全球资本市场市值的比重。所有这些数据都来自国际证券交易所联会的网站（https://www.world-exchanges.org/）。从表6.1可以看出，截至2008年底，这些市场的市值占全球资本市场市值的96%，其中欧美市场的市值占全球市场市值的67%，美国市场作为全球最大的资本市场，其市值占全球市场市值的39%。

表 6.1 各个国家或地区资本市场的市值占全球资本市场市值的比重

国家或地区	所属区域	发展阶段	市值占比（%）
中国	亚太市场	新兴市场	5.96
澳大利亚	亚太市场	发达市场	2.29
巴西	美洲市场	新兴市场	1.98
加拿大	美洲市场	发达市场	3.46
法国	欧洲市场	发达市场	5.15
德国	欧洲市场	发达市场	3.72
中国香港	亚太市场	发达市场	4.45
印度	亚太市场	新兴市场	4.18
意大利	欧洲市场	发达市场	1.75
日本	亚太市场	发达市场	10.44

续表

国家或地区	所属区域	发展阶段	市值占比（%）
韩国	亚太市场	新兴市场	1.58
西班牙	欧洲市场	发达市场	3.18
瑞士	欧洲市场	发达市场	2.87
英国	欧洲市场	发达市场	6.26
美国	美洲市场	发达市场	38.86
欧美市场			67.23
亚太市场			28.9
合计			96.13

注：表中各个国家或地区资本市场的市值占全球资本市场市值的比重是截止到2008年底的数据，数据来源于国际证券交易所联合会网站。

所选择的这些国家的市场指数月度数据来自 MSCI 网站，数据选择期间为1992年12月到2011年3月。所有这些国家的市场指数按照中国外汇管理局网站上的汇率都转化为以人民币计价的数据，对于每一个市场指数均有220个观测值。

表6.2报道了不同国家市场的平均收益率、标准差以及不同市场之间的相关系数。从表6.2可以看出，首先，中国市场与其他市场之间的平均相关系数最低，其值为0.13，而对于其他市场而言，平均相关系数介于0.41到0.63之间。因此，中国市场并没有很好地融入到世界其他经济中，这意味着中国投资者进行国际分散投资比其他国家的投资者会获得更多的分散投资利益。此外，我们还发现，中国市场与新兴市场的相关程度要高于与发达市场的相关程度；与亚太市场的相关程度也高于与欧美市场的相关程度。这也意味着中国投资者在不同类型市场上分散投资时，会有不同的分散投资利益。其次，从表6.2还可以看出，新兴市场平均年化收益率和风险均高于发达市场的收益和风险水平。其中，巴西市场平均年化收益率最高，在我们所选择的样本期间内，年化收益率为21.6%，但同时收益率的标准差也高达39.42%；而美国市场收益率的标准差最低，为15.41%；中国市场是所有考察的市场中风险最高的，收益率的标准差为48.73%，但同时市场年化收益率仅次于巴西市场。

图6.1显示了中国市场与其他不同类型市场的平均相关系数的趋势，其中，任何时期的相关系数都是基于过去60个月的数据计算得到。图6.1表明，随着时间的推移，中国市场与其他市场之间的相关系数呈递增趋势，尤其是2008年

表 6.2 各个市场上的风险、收益以及不同市场之间的相关系数

	中国	澳大利亚	巴西	加拿大	法国	德国	中国香港	印度	意大利	日本	韩国	西班牙	瑞士	英国	美国
中国	1.0000														
澳大利亚	0.1212	1.0000													
巴西	0.2279	0.6074	1.0000												
加拿大	0.1892	0.7542	0.6279	1.0000											
法国	0.0980	0.7224	0.5447	0.7053	1.0000										
德国	0.1123	0.7007	0.5557	0.6778	0.8875	1.0000									
中国香港	0.1322	0.6258	0.4968	0.6554	0.5251	0.5284	1.0000								
印度	0.2107	0.5047	0.4819	0.5089	0.4577	0.4386	0.4097	1.0000							
意大利	0.1302	0.5809	0.4787	0.5552	0.7649	0.7142	0.3788	0.4169	1.0000						
日本	0.0585	0.5859	0.3840	0.5289	0.4773	0.4035	0.4237	0.3301	0.4187	1.0000					
韩国	0.1148	0.5577	0.3517	0.4482	0.4315	0.4148	0.4091	0.3648	0.3749	0.5224	1.0000				
西班牙	0.0947	0.6885	0.5423	0.6094	0.8242	0.7750	0.5131	0.4132	0.7510	0.4456	0.4273	1.0000			
瑞士	0.0746	0.6018	0.4535	0.5623	0.7393	0.7049	0.4618	0.3545	0.5846	0.4823	0.4060	0.6804	1.0000		
英国	0.1348	0.7516	0.5708	0.7285	0.8344	0.7750	0.5928	0.4181	0.6551	0.5204	0.4295	0.7602	0.7303	1.0000	
美国	0.1217	0.7053	0.5669	0.7894	0.7658	0.7748	0.5779	0.4198	0.5966	0.4839	0.4883	0.6957	0.6471	0.7823	1.0000
平均相关系数	0.1301	0.6077	0.4922	0.5958	0.6270	0.6045	0.4808	0.4092	0.5286	0.4332	0.4101	0.5872	0.5345	0.6203	0.6011
年化收益率	0.1669	0.0914	0.2160	0.1107	0.0700	0.0836	0.0857	0.1279	0.0657	0.0104	0.1383	0.1071	0.0931	0.0435	0.0619
标准差	0.4873	0.2099	0.3942	0.2082	0.2045	0.2279	0.2722	0.3133	0.2458	0.2004	0.4061	0.2430	0.1684	0.1596	0.1541

注：样本期间从 1992 年 12 月到 2011 年 3 月。

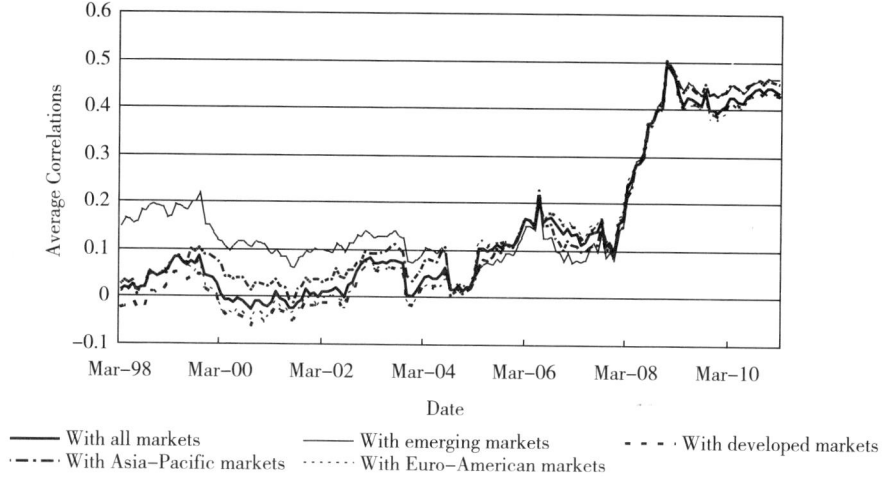

图6.1 中国市场和其他不同类型市场的平均相关系数的趋势

以后,这个趋势更加明显。由于中国市场变得与世界市场更相关,这意味着中国投资者通过国际分散投资获得的投资利益会呈现递减趋势。

6.4 实证结果及其分析

6.4.1 分散投资利益

表6.3是中国投资者分散投资于不同类型市场的情况下的分散投资利益。就κ_1而言,我们发现,当分散投资于新兴市场或欧美市场时,分散投资利益是正的而且较大,而当分散投资于发达市场或亚太市场时,中国投资者几乎不能获得分散投资利益。具体而言,当中国投资者分散投资于新兴市场或欧美市场时,增加的平均月收益率为22个基点,这与分散投资于所有市场增加的平均月收益率相当。这其中的主要原因是新兴市场通常会产生比发达市场更高的收益水平,因此,只要新兴市场被纳入分散投资的机会集,就有利于国际分散投资组合收益的增加。此外,在所有的情景中,κ_1的最小值为0,意味着在对应情景下,投资于本国市场是最优的选择。这个发现与Li等(2003)的研究结果一致,当组合权重被限制为非负的情况下,分散投资利益(类似于κ_1)的最小值就是0。

如果分散投资利益用κ_2衡量,我们发现,中国投资者进行国际分散投资的利益是丰富的,而且不管是在哪类市场上分散投资,κ_2 都显著大于 0。平均而言,当中国投资者在新兴市场、发达市场、亚太市场和欧美市场分散投资时,κ_2 的值分别为 9.71%、13.42%、12.32% 和 13.38%。这个发现印证了国际分散投资能降低风险的一般结论(Solnik,1974;Li et al.,2003)。相对于用 κ_1 来衡量国际分散投资利益的情形而言,分散投资于发达市场和欧美市场在风险降低方面比分散投资于新兴市场和亚太市场更有效。对中国投资者而言,在发达市场和欧美市场上分散投资,平均风险降低程度与在全部市场分散投资时风险降低程度相当。我们的结论背后的原因可能有,首先,如表 6.2 所示,发达市场本身相对于新兴市场波动性更低;其次,中国市场与发达市场之间的相关性比与新兴市场之间的相关性更低。而且,这些分散投资利益看起来足够大,即便考虑额外成本的情况下也非常显著。

当分散投资利益用 κ_3 衡量时,我们观察到,用 κ_2 来衡量分散投资利益时具有相似的结论。这其实并不奇怪,因为中国投资者分散投资于发达市场比分散投资于新兴市场在提升组合的均值方差效率方面更有效。连同我们在 κ_2 上的发现,我们的结论事实上与现有关于将发达市场和新兴市场结合在获取分散投资利益方面更有效的结论是一致的,因为发达市场和新兴市场缺乏很好的协同性(Phylaktis and Ravazzaolo,2005)。从表 6.3 还可以看出,当分散投资于不同类型的市场时,κ_3 的均值在 0.015~0.050 间波动,这实际上也印证了,站在全球分散投资的视角看,中国国内投资组合的非有效性。将一部分投资于中国市场的资金投资于海外市场可以获得一个更好的风险收益权衡,表 6.3 表明,当分散投资于所有考虑的市场时,κ_3 的均值为 0.060。

表 6.3　国际分散投资利益

	所有市场	新兴市场	发达市场	亚太市场	欧美市场
κ_1					
均值	0.0022	0.0022	0.0000	0.0001	0.0022
中位数	0.0016	0.0016	0.0000	0.0000	0.0016
标准差	0.0024	0.0024	0.0001	0.0004	0.0024
最大值	0.0083	0.0083	0.0006	0.0020	0.0083
最小值	0.0000	0.0000	0.0000	0.0000	0.0000
κ_2					
均值	0.1347	0.0971	0.1342	0.1232	0.1338

续表

	所有市场	新兴市场	发达市场	亚太市场	欧美市场
中位数	0.1252	0.0892	0.1245	0.1153	0.1239
标准差	0.0278	0.0261	0.0276	0.0262	0.0278
最大值	0.2057	0.1675	0.2053	0.1889	0.2051
最小值	0.1009	0.0649	0.1009	0.0906	0.1000
κ_3					
均值	0.1899	0.0657	0.1867	0.0638	0.1886
中位数	0.1604	0.0649	0.1598	0.0566	0.1593
标准差	0.1029	0.0299	0.1047	0.0327	0.1032
最大值	0.5110	0.1314	0.5108	0.1333	0.5110
最小值	0.0717	0.0105	0.0612	0.0062	0.0717

注：表中报道了中国投资者分散投资于不同类型市场的情况下，用 κ_1、κ_2 和 κ_3 衡量的国际投资利益的均值、中位数、标准差、最大值和最小值。

Chiou 等（2009）表明，美国投资者分散投资于发达市场的分散投资利益主要表现在降低风险，而在发展中市场分散投资的好处主要表现在增加收益或增加风险调整的收益。我们的结论也表明，中国投资者通过持有其他新兴市场的资产可以获得一个比国内市场更高的收益水平，而通过持有发达市场的资产则可以获得一个比国内市场更低的风险和更高的风险调整收益水平。我们的结论与 Roon 等（2001）的不同，他们发现当施加卖空约束时，分散投资于新兴市场并不能获得分散投资利益。

图 6.2～图 6.6 的左边是代表国际分散投资利益的各指标的趋势图。从这些图可以看出，不管采取什么指标衡量国际分散投资利益，也不管中国投资者分散投资于哪种类型的市场，国际分散投资利益随时间的推移变化非常大。就 κ_1 而言，有时候分散投资利益非常大，有时候几乎没有。例如，中国投资者应该在 1998 年 10 月～2004 年 10 月选择只投资于国内市场，因为在这段期间的 κ_1 值非常小或为 0。其中的原因是中国的股票市场在这一期间经历了暴涨的过程，以至于在所有市场中平均收益率水平是最高的，而标准差却和其他新兴市场收益率的标准差相当。当用 κ_2 衡量国际分散投资利益时，中国投资者分散投资于国际市场在所有期限内均能获得分散投资利益，但 κ_2 呈现递减趋势。这其中的原因在于中国市场与世界其他市场之间的相关性在增加（见图 6.1）。尤其是自 2005 年 7 月有管理的浮动利率制度实行以来，中国投资者国际分散投资利益呈明显的下

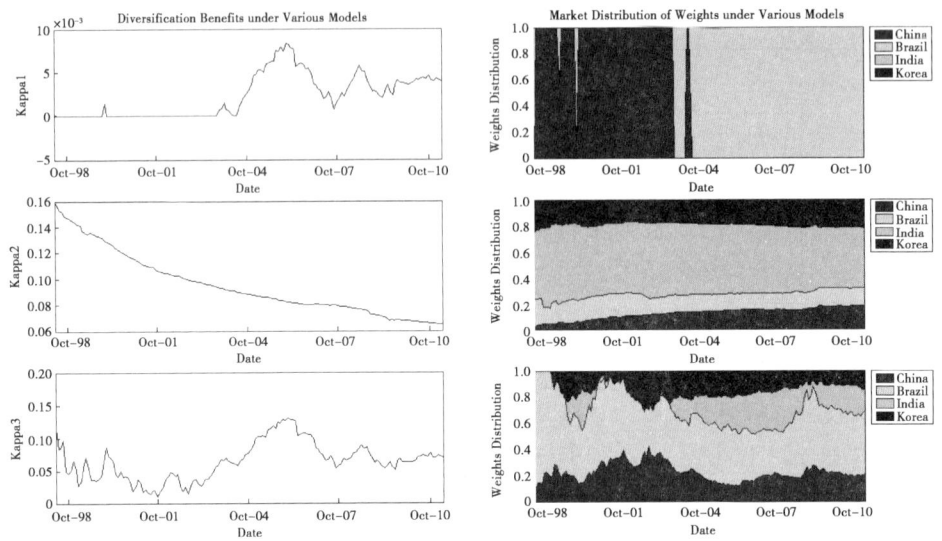

图 6.2　分散投资于新兴市场情况下的国际分散投资利益和组合权重分布

注：图的左边呈现的是代表国际投资利益的 κ_1、κ_2 和 κ_3 随时间的变化趋势，右边则代表的是最优组合的权重分布。

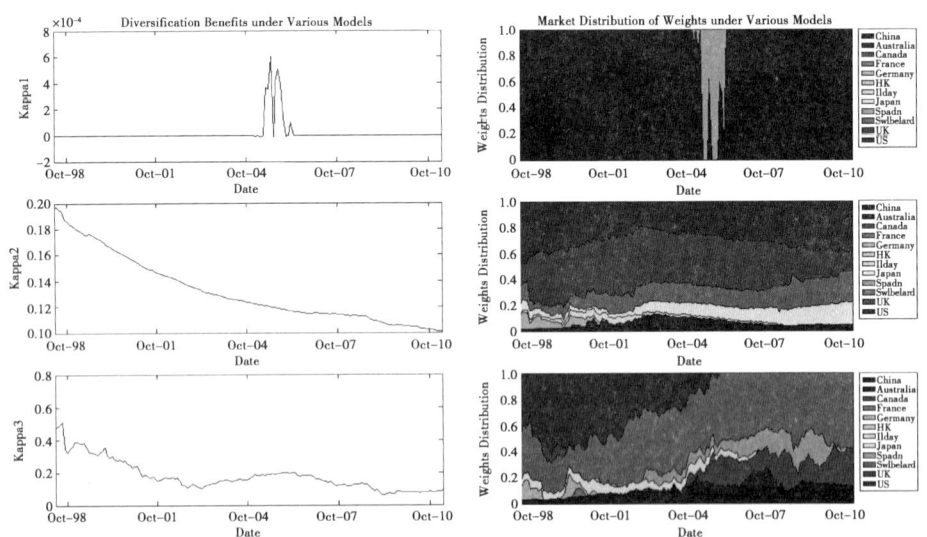

图 6.3　分散投资于发达市场情况下的国际分散投资利益和组合权重分布

注：图的左边呈现的是代表国际投资利益的 κ_1、κ_2 和 κ_3 随时间的变化趋势，右边则代表的是最优组合的权重分布。

第6章 国际分散投资利益：基于中国投资者视角的实证分析

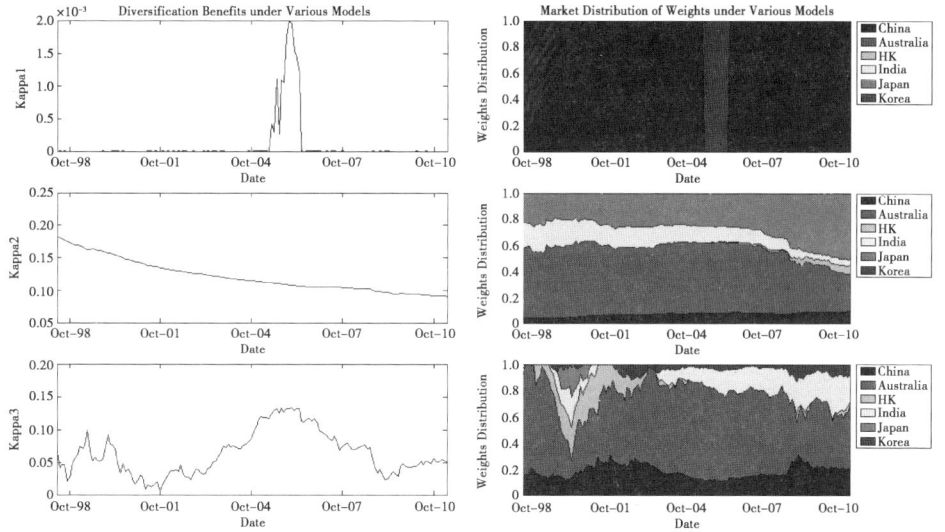

图 6.4　分散投资于亚太市场情况下的国际分散投资利益和组合权重分布

注：图的左边呈现的是代表国际投资利益的 κ_1、κ_2 和 κ_3 随时间的变化趋势，右边则代表的是最优组合的权重分布。

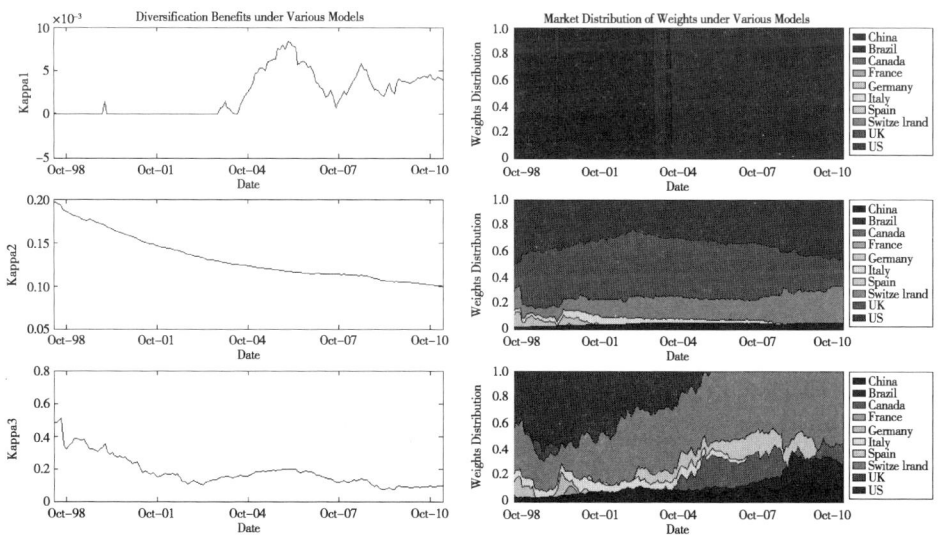

图 6.5　分散投资于欧美市场情况下的国际分散投资利益和组合权重分布

注：图的左边呈现的是代表国际投资利益的 κ_1、κ_2 和 κ_3 随时间的变化趋势，右边则代表的是最优组合的权重分布。

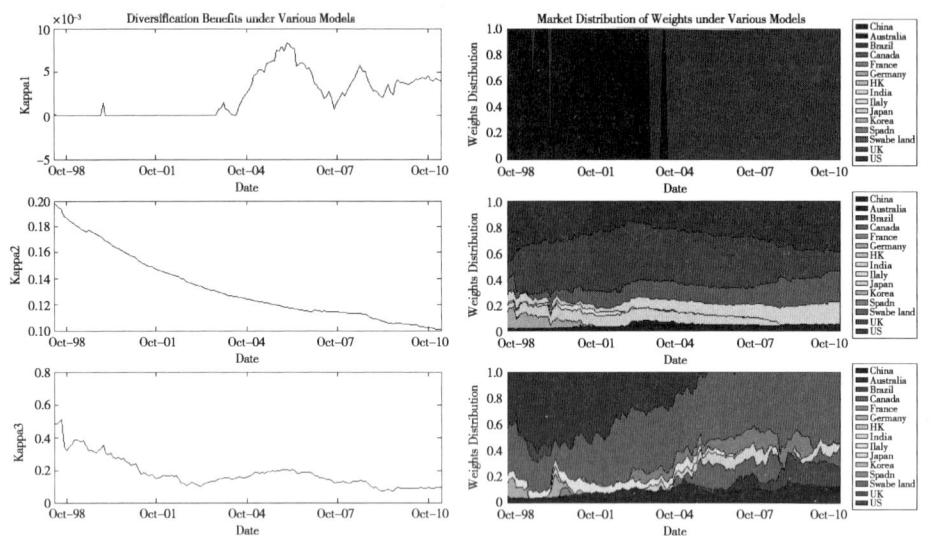

图 6.6　分散投资于所有市场情况下的国际分散投资利益和组合权重分布

注：图的左边呈现的是代表国际投资利益的 κ_1、κ_2 和 κ_3 随时间的变化趋势，右边则代表的是最优组合的权重分布。

降趋势。就 κ_3 而言，当中国投资者分散投资于发达市场和欧美市场时，我们也能观察到一个下降的趋势。然而，我们的发现与已有研究的相关结论还是一致的（Chiou，2009；Driessen and Laeven，2007；Errunza et al.，1999；You and Daigler，2010），即当中国投资者分散投资于新兴市场和亚太市场时，仍然能获得丰富的分散投资利益。

6.4.2　组合成分分析

为了理解中国投资者进行国际分散投资所获得的分散投资利益的来源，我们还分析了组合成分随时间的变化情况。表 6.4 显示了基于不同国际分散投资策略和不同投资机会集的情况下，最优国际投资组合中各个市场权重的平均值和标准差。从表 6.4 可以看出，当以增加收益作为国际分散投资的目标时，最优组合其实并没有很好地分散。比如，当分散投资于新兴市场、欧美市场以及所有市场时，收益的增加主要来自投资巴西市场。而当分散投资于发达市场和亚太市场时，收益的增加几乎很小，因为最优组合中对应有 94%、92% 的资金投资于中国市场。当以风险降低作为国际分散投资的目标时，如果在新兴市场进行分散投资，则最优组合中各个市场的资金权重显得比较分散；然而，如果在发达市场、

第6章 国际分散投资利益：基于中国投资者视角的实证分析

欧美市场以及全部市场进行分散投资，则最优组合中在美国、英国以及瑞士市场配置的资金比例则相对较高；如果在亚太市场分散投资，则最优组合中在澳大利亚、日本以及印度市场配置的资金比例则相对较高。比如说，根据模型（6.2），当中国投资者在所有市场分散投资时，配置在美国、英国以及瑞士市场的资金比例高达78.02%。根据模型（6.3），当中国投资者在发达市场分散投资时，配置在西班牙和瑞士市场的资金比例高达70%；如果中国投资者在欧美市场或所有市场进行分散投资，除了西班牙和瑞士市场之外，巴西市场也被配置较高的权重，这三个市场的资金配置比例总和平均而言高达70%，最高时竟高达80%。基于之前的分析发现，风险降低的好处主要来自在发达市场的投资，而夏普比率的增加则不仅来自向西班牙和瑞士市场的投资，也来自向巴西市场的投资。

表6.4 不同情景下的组合权重分布

	模型（6.1）		模型（6.2）		模型（6.3）	
	均值	标准差	均值	标准差	均值	标准差
分散投资于新兴市场						
中国	0.4169	0.4917	0.1210	0.0441	0.2207	0.0687
巴西	0.5831	0.4917	0.1456	0.0244	0.4911	0.1329
印度	0.0000	0.0000	0.5325	0.0368	0.1362	0.1118
韩国	0.0000	0.0000	0.2009	0.0204	0.1520	0.0693
分散投资于发达市场						
中国	0.9406	0.2229	0.0407	0.0104	0.0881	0.0362
澳大利亚	0.0000	0.0000	0.0222	0.0260	0.0252	0.0420
加拿大	0.0000	0.0000	0.0000	0.0000	0.0891	0.1025
法国	0.0000	0.0000	0.0001	0.0006	0.0018	0.0095
德国	0.0000	0.0000	0.0170	0.0328	0.0142	0.0356
中国香港	0.0000	0.0000	0.0000	0.0000	0.0000	0.0000
意大利	0.0000	0.0000	0.0208	0.0175	0.0427	0.0303
日本	0.0000	0.0000	0.0875	0.0440	0.0000	0.0000
西班牙	0.0594	0.2229	0.0000	0.0000	0.0697	0.0727
瑞士	0.0000	0.0000	0.1436	0.0466	0.4282	0.1029
英国	0.0000	0.0000	0.3480	0.0917	0.0070	0.0236
美国	0.0000	0.0000	0.3202	0.0696	0.2340	0.2257

续表

	模型 (6.1)		模型 (6.2)		模型 (6.3)	
	均值	标准差	均值	标准差	均值	标准差
分散投资于亚太市场						
中国	0.9245	0.2650	0.0673	0.0168	0.1832	0.0502
澳大利亚	0.0000	0.0000	0.4967	0.0756	0.5825	0.1481
中国香港	0.0000	0.0000	0.0107	0.0179	0.0634	0.0876
印度	0.0000	0.0000	0.1322	0.0493	0.1196	0.0921
日本	0.0000	0.0000	0.2929	0.0901	0.0123	0.0412
韩国	0.0755	0.2650	0.0002	0.0028	0.0391	0.0324
分散投资于欧美市场						
中国	0.4174	0.4920	0.0413	0.0108	0.0864	0.0346
巴西	0.5826	0.4920	0.0000	0.0000	0.0464	0.0701
加拿大	0.0000	0.0000	0.0000	0.0000	0.0698	0.0893
法国	0.0000	0.0000	0.0001	0.0012	0.0018	0.0095
德国	0.0000	0.0000	0.0143	0.0278	0.0142	0.0357
意大利	0.0000	0.0000	0.0290	0.0191	0.0418	0.0302
西班牙	0.0000	0.0000	0.0000	0.0000	0.0625	0.0644
瑞士	0.0000	0.0000	0.1670	0.0569	0.4368	0.1077
英国	0.0000	0.0000	0.3953	0.0886	0.0071	0.0236
美国	0.0000	0.0000	0.3530	0.0651	0.2333	0.2254
分散投资于所有市场						
中国	0.4172	0.4919	0.0353	0.0108	0.0831	0.0333
澳大利亚	0.0000	0.0000	0.0049	0.0100	0.0157	0.0308
巴西	0.5828	0.4919	0.0000	0.0000	0.0391	0.0675
加拿大	0.0000	0.0000	0.0000	0.0000	0.0487	0.0686
法国	0.0000	0.0000	0.0000	0.0000	0.0016	0.0090
德国	0.0000	0.0000	0.0217	0.0417	0.0143	0.0358
中国香港	0.0000	0.0000	0.0000	0.0000	0.0000	0.0000
印度	0.0000	0.0000	0.0629	0.0333	0.0357	0.0363
意大利	0.0000	0.0000	0.0095	0.0132	0.0391	0.0298
日本	0.0000	0.0000	0.0849	0.0417	0.0000	0.0000
韩国	0.0000	0.0000	0.0007	0.0036	0.0006	0.0020
西班牙	0.0000	0.0000	0.0000	0.0000	0.0542	0.0560

续表

	模型（6.1）		模型（6.2）		模型（6.3）	
	均值	标准差	均值	标准差	均值	标准差
瑞士	0.0000	0.0000	0.1326	0.0527	0.4282	0.1030
英国	0.0000	0.0000	0.3529	0.0971	0.0071	0.0236
美国	0.0000	0.0000	0.2947	0.0739	0.2326	0.2234

注：表中报道了基于不同模型和不同投资机会集下最优组合权重分布的均值和标准差。

图6.2~图6.6的右边展示了不同情景下最优组合权重随时间的变化情况。在每一个图中，从上到下依次画出的是基于模型（6.1）~模型（6.3）最优组合中各市场权重的分布情况。我们发现，配置在各个市场上的资金比重依赖于对应市场上的风险收益特征，而且随时间的推移变化很大，这个结果是与Eun和Resnick（1997）的发现一致。这意味着投资者需要经常调整国际投资组合以获得收益的增加或风险调整收益的增加。在现实中，这不仅会导致市场的巨幅波动，而且会给投资者带来难以承受的交易成本。然而，由最小方差策略决定的最优组合中各市场权重分布相对比较稳定，不管是分散投资于所有市场还是其他不同类型的局部市场，这个结论都成立。从策略的执行角度看，最小方差策略由于能较好地节约组合调整所带来的交易成本而具有更好的可行性。而且，图6.2~图6.6也表明，最小方差策略比其他两个策略在组合权重分布上显得更平衡一些。

6.4.3 样本外业绩

在这一部分，我们考察了不同情景下基于不同模型的国际分散投资组合的样本外业绩，并与等权组合以及本国投资组合的业绩进行比较。为了实现这个目的，我们计算并记录不同情景下各策略对应最优组合的样本外一个月的收益率。然后，我们基于这些收益率数据，计算各种不同情景下的平均收益率、标准差和夏普比率。

考虑到金融资产期望收益率的估计误差影响最优组合的构成进而影响组合的样本外业绩，我们采取了Bayes-Stein收缩估计方法估计金融资产的期望收益率。用这个方法估计参数的逻辑是，将无偏估计量向低方差目标估计量收缩，以降低估计量的方差，进而提升样本外检验的精确度（De Miguel et al., 2009; Jorion, 1986）。根据这个方法金融资产期望收益率的Bayes-Stein估计量μ_{BSt}可以表示为：

$$\boldsymbol{\mu}_{BSt} = (1-w_t)\boldsymbol{\mu}_{Ht} + w_t \overline{R}_{Gt}\boldsymbol{I} \tag{6.4}$$

式中，$\boldsymbol{\mu}_{Ht}$ 为基于估计窗口的历史收益率数据估计得到的金融资产期望收益率向量，$\overline{R}_{Gt}$ 为最小方差组合的期望收益率。此外，

$$w_t = \frac{\lambda_t}{\lambda_t + k}$$

$$\lambda_t = \frac{(n+2)(k-1)}{((\boldsymbol{\mu}_{Ht} - \overline{R}_{Gt}\boldsymbol{I})^T S^{-1} (\boldsymbol{\mu}_{Ht} - \overline{R}_{Gt}\boldsymbol{I}))(k-n-2)}$$

其中，k 为样本规模，n 为市场的数量，S 是样本协方差矩阵。

表 6.5 显示了在不同情境下各种不同策略所对应组合的样本外业绩。从表 6.5 可以看出，首先，不管在哪种类型的市场上分散投资，所有基于最小方差策略和等权策略的国际投资组合相对于本国市场指数而言均具有较低的风险水平。尤其是在发达市场分散投资时风险降低程度最高，这与之前的样本内分析结果相一致。然而，国际投资组合风险降低的好处是以低于国内市场组合收益率为代价的。其次，如果对应的国际投资策略是基于模型（6.1），我们发现，中国投资者进行国际分散投资基本上不能得到任何好处，而当在发达市场和亚太市场分散投资时，甚至还会带来收益率的下降。最后，如果对应的国际投资策略是基于模型（6.3），所有的国际投资组合的夏普比率均低于本国市场组合的夏普比率。因此，国内投资组合能提供比基于模型（6.3）的最优组合更好的风险调整收益。此外，我们发现，当分散投资于新兴市场、亚太市场，或者所有市场时，等权组合能带来比本国投资组合更高的夏普比率。这实际上说明基于模型（6.3）的最优国际投资组合是由于参数估计误差的原因而导致其较差的业绩。正如我们所知道的，基于模型（6.3）的最优国际投资策略的应用依赖于期望收益率和协方差矩阵的估计，而等权组合既不需要估计资产的期望收益率，也不需要估计协方差矩阵，因而不受任何参数估计误差的影响。因此，理论上最优国际投资策略在效率上的提升大部分被不精确的参数估计所抵消了。

表 6.5 不同情境下各种不同策略所对应组合的样本外业绩

	国内投资组合	等权组合	模型（6.1）	模型（6.2）	模型（6.3）
分散投资于新兴市场					
均值	0.0092	0.0145	0.0093	0.0151	0.0084
标准差	0.0844	0.0760	0.0875	0.0814	0.0868
夏普比率	0.1089	0.1913	0.1067	0.1855	0.0969

续表

	国内投资组合	等权组合	模型 (6.1)	模型 (6.2)	模型 (6.3)
分散投资于发达市场					
均值	0.0092	0.0045	0.0082	0.0021	0.0033
标准差	0.0844	0.0516	0.0837	0.0446	0.0485
夏普比率	0.1089	0.0869	0.0979	0.0468	0.0672
分散投资于亚太市场					
均值	0.0092	0.0096	0.0086	0.0062	0.0061
标准差	0.0844	0.0606	0.0854	0.0536	0.0599
夏普比率	0.1089	0.1585	0.1012	0.1165	0.1023
分散投资于欧美市场					
均值	0.0092	0.0054	0.0093	0.0020	0.0037
标准差	0.0844	0.0565	0.0876	0.0454	0.0491
夏普比率	0.1089	0.0961	0.1063	0.0450	0.0751
分散投资于所有市场					
均值	0.0092	0.0069	0.0093	0.0029	0.0035
标准差	0.0844	0.0568	0.0876	0.0449	0.0497
夏普比率	0.1089	0.1207	0.1066	0.0634	0.0715

注：表中报道了不同情景下各种不同组合的收益率均值、标准差以及夏普比率。

6.5 进一步检验

考虑到用中国市场指数代表中国投资者仅在国内市场投资时的组合选择结果，很显然有降低中国投资者在国内市场投资的效率之险。基于此，我们在本部分考虑以更有效的组合来作为中国投资者进行国际分散投资的始点。即假设中国投资者在国内市场上能获得均值方差有效组合的基础上，再进一步考察国际分散投资是否依然能给投资者带来分散化利益。为了实现这个目的，我们选择五个上证行业指数[①]作为中国市场上风险资产的代表，进而生成由五个行业指数所代表风险资产的有效边界。很显然，由五个行业指数生成的有效边界上的组合比 MS-

---

① 它们分别为工业指数、商业指数、地产指数、公用指数以及综合指数。

CI 网站的中国市场指数所代表的组合更有效。这些行业指数的月收益率数据来自锐思金融研究数据,由于数据库提供数据始于 1994 年 12 月,所以,我们选择的数据时间为 1994 年 12 月至 2011 年 3 月。

根据两基金分离定理,在投资机会集仅包含风险资产的情况下,任何均值方差有效组合是最小方差组合和交点组合①的线性凸组合。由于在投资机会集包含有无风险资产的情况,交点组合对应的就是切点组合。所以,我们考虑用由五个行业组合生成的有效边界上的最小方差组合和切点组合作为中国投资者国内投资组合的代表,在此基础上重新考察中国投资者进行国际分散投资时的投资利益问题。经计算,这两个组合的夏普比率分别为 0.51 和 0.57,而 MSCI 中国市场指数的夏普比率为 0.34,这印证了由五个行业组合生成的有效边界上的最小方差组合和切点组合比 MSCI 中国市场指数有更有效的判断。

表 6.6 显示了在中国投资者能获得国内市场最小方差组合和切点组合的基础上,进一步分散投资于国际市场的分散化利益。从表 6.6 可以看出,代表分散投资利益的各指标的值比表 6.3 中对应的值都要小。而且我们发现,当投资者以国内最小方差组合作为国际分散投资的起点时,投资者通过国际分散投资能进一步获得收益增加和风险调整收益增加的好处;而当投资者以国内切点组合作为国际分散投资的起点时,投资者通过国际分散投资能进一步获得风险降低的好处。

表 6.6 当以国内最小方差组合和切点组合作为基准时的分散投资利益

	所有市场	新兴市场	发达市场	亚太市场	欧美市场
Panel 1 以国内最小方差组合为基准					
κ_1					
均值	0.0011	0.0007	0.0009	0.0002	0.0011
中位数	0.0001	0.0000	0.0000	0.0000	0.0001
标准差	0.0017	0.0011	0.0017	0.0006	0.0017
最大值	0.0057	0.0044	0.0055	0.0024	0.0057
最小值	0.0000	0.0000	0.0000	0.0000	0.0000
κ_2					
均值	0.0524	0.0267	0.0522	0.0445	0.0515

---

① 交点组合指的是均值方差平面上过原点和最小方差组合的直线与有效边界的交点所对应的组合。在投资机会集包含有无风险资产的情况下,交点组合对应的就是切点组合。

续表

	所有市场	新兴市场	发达市场	亚太市场	欧美市场
中位数	0.0516	0.0266	0.0515	0.0440	0.0507
标准差	0.0052	0.0027	0.0050	0.0041	0.0052
最大值	0.0696	0.0357	0.0691	0.0586	0.0691
最小值	0.0460	0.0226	0.0459	0.0391	0.0453
κ_3					
均值	0.0736	0.0295	0.0735	0.0280	0.0735
中位数	0.0656	0.0215	0.0656	0.0254	0.0656
标准差	0.0603	0.0129	0.0604	0.0567	0.0603
最大值	0.2826	0.0725	0.2826	0.0936	0.2826
最小值	0.0000	0.000	0.0000	0.0000	0.0000
Panel 2 以国内切点组合为基准					
κ_1					
均值	0.0003	0.0002	0.0002	0.0000	0.0003
中位数	0.0000	0.0000	0.0000	0.0000	0.0000
标准差	0.0007	0.0005	0.0006	0.0001	0.0007
最大值	0.0029	0.0026	0.0023	0.0010	0.0029
最小值	0.0000	0.0000	0.0000	0.0000	0.0000
κ_2					
均值	0.0569	0.0308	0.0566	0.0487	0.0560
中位数	0.0552	0.0303	0.0551	0.0476	0.0544
标准差	0.0065	0.0037	0.0063	0.0053	0.0065
最大值	0.0775	0.0429	0.0769	0.0659	0.0769
最小值	0.0491	0.0254	0.0490	0.0419	0.0484
κ_3					
均值	0.0431	0.0054	0.0430	0.0052	0.0431
中位数	0.0336	0.0042	0.0336	0.0040	0.0336
标准差	0.0551	0.0105	0.0552	0.0102	0.0551
最大值	0.2621	0.0280	0.2621	0.0257	0.2621
最小值	0.0000	0.0000	0.0000	0.0000	0.0000

注：表中报道了分别以国内最小方差组合和切点组合为基准时，中国投资者进行国际分散投资的分散化利益。

表 6.7 显示了不同情景下最优国际分散投资组合的样本外业绩。表 6.7 的结果基本上印证了我们之前得到的结论。此外，我们发现，当投资者分散投资于新

表 6.7 当以国内最小方差组合和切点组合作为基准时最优国际分散投资组合的样本外业绩

		以国内最小方差组合为基准					以国内切点组合为基准		
	国内投资组合	等权组合	模型 (6.1)	模型 (6.2)	模型 (6.3)	等权组合	模型 (6.1)	模型 (6.2)	模型 (6.3)
分散投资于新兴市场									
均值	0.0098	0.0118	0.0060	0.0108	0.0083	0.0121	0.0063	0.0112	0.0089
标准差	0.0821	0.0675	0.0794	0.0616	0.0602	0.0668	0.0850	0.0614	0.0591
夏普比率	0.1189	0.1754	0.0755	0.1746	0.1377	0.1811	0.0744	0.1819	0.1513
分散投资于发达市场									
均值	0.0098	0.0023	0.0079	0.0010	0.0024	0.0024	0.0087	0.0010	0.0027
标准差	0.0821	0.0500	0.0757	0.0410	0.0458	0.0498	0.0794	0.0409	0.0452
夏普比率	0.1189	0.0463	0.1042	0.0239	0.0516	0.0482	0.1097	0.0233	0.0591
分散投资于亚太市场									
均值	0.0098	0.0065	0.0088	0.0047	0.0059	0.0066	0.0099	0.0050	0.0065
标准差	0.0821	0.0552	0.0795	0.0475	0.0538	0.0546	0.0825	0.0474	0.0525
夏普比率	0.1189	0.1171	0.1112	0.0995	0.1102	0.1214	0.1194	0.1055	0.1239
分散投资于欧美市场									
均值	0.0098	0.0036	0.0053	0.0007	0.0024	0.0037	0.0058	0.0007	0.0027
标准差	0.0821	0.0544	0.0761	0.0419	0.0458	0.0541	0.0830	0.0418	0.0452
夏普比率	0.1189	0.0668	0.0690	0.0155	0.0521	0.0690	0.0700	0.0156	0.0594
分散投资于所有市场									
均值	0.0098	0.0044	0.0050	0.0011	0.0023	0.0044	0.0058	0.0011	0.0026
标准差	0.0821	0.0552	0.0762	0.0413	0.0458	0.0550	0.0830	0.0413	0.0452
夏普比率	0.1189	0.0790	0.0655	0.0278	0.0507	0.0805	0.0699	0.0274	0.0578

注：表中报道了不同情景下最优国际投资组合的样本外业绩。

兴市场时，由模型（6.2）、模型（6.3）确定的最优组合显得比国内对应的组合更有效率。最后，我们发现，当中国投资者以国内切点组合为起点进行国际分散投资时，国际分散投资组合的平均收益率比以国内最小方差组合为起点时对应国际投资组合的平均收益率更高。这主要是因为国内切点组合的收益率高于最小方差组合收益率的原因。

6.6 结 论

本章主要考察了中国投资者进行国际分散投资能否获得分散投资利益，以及分散投资利益主要来自哪些市场的投资。我们从三个方面衡量了国际分散投资利益：相对于国内市场投资而言，国际分散投资能带来收益增加，风险降低以及风险调整的收益增加。此外，我们考察了基于不同策略的最优组合样本外业绩。

我们研究发现，不管是从样本内还是样本外考察，中国投资者进行国际分散投资能够获得丰富的风险降低的分散化利益。而且在不同类型的市场上分散投资，投资者获得的分散化利益也不一样。具体而言，在发达市场上分散投资比在新兴市场上分散投资更能降低风险，同样，在欧美市场上分散投资比在亚太市场上分散投资更能降低风险。从样本内的角度考察，中国投资者进行国际分散投资既能提高收益，也能提高风险调整收益，然而，从样本外考察时，收益和风险调整收益的增加程度变得不再显著，甚至会低于本国市场的收益和风险调整收益水平。

我们还展示了不同情景下最优国际投资组合的权重随时间的分布情况。我们发现，当以收益增加或者风险调整收益增加为目标时，最优组合的权重分布非常不稳定（考虑到组合调整时会带来交易成本），这对国际分散投资利益的实现带来挑战。由于最小方差策略所对应的组合权重分布显得比较稳定，因而更利于国际分散投资利益的实现。

第7章 市场、策略与国际投资利益：基于中国投资者视角的实证分析

7.1 引言

随着中国经济的发展，中国投资者的国际投资需求逐渐增长。截至2011年6月，我国外汇储备余额已达3.19万亿美元，由于人民币继续升值的预期仍然存在，"热钱"流入仍保持高压态势。依据外汇储备管理要坚持多元化投资原则，一方面，部分外汇储备通过中国投资有限责任公司（简称中投公司）投资于海外资本市场（特别是购买美国国债）；另一方面，中国国家外汇管理局宣布，截至2010年9月30日，已对87家QDII投资者核准了669亿美元的全球投资额度。在人民币相对于美元升值的背景下，如何实现外汇储备以及QDII海外投资资产的保值和增值，是国家和机构投资者都面临的一个现实且迫切需要解决的问题，而要实现中国海外投资资产保值增值的目的，最根本的是实现海外资产的本币收益率为正[①]。

关于国际证券投资方面的研究在20世纪70年代已经出现，而且随着各国资本市场的不断开放，国际投资现象越来越普遍，国际投资能否为投资者带来投资利益的问题受到越来越多的关注。Levy和Sarnat（1970）发现，发达国家和新兴市场之间的低相关性能显著降低国际分散投资的风险。Solnik（1974）发现，美国投资者如果在欧洲各国家的市场进行分散投资，能使得其投资风险比仅在国内

---

① 如美国国债的投资收益率（美元计价的收益率）虽然为正，但该投资收益率仍然低于人民币相对于美元升值的幅度，所以导致美国国债投资的本币收益率依然为负，带来外汇资产的缩水。

投资减半。国际投资之所以能有效降低风险,主要在于各个国家资本市场之间的相对独立性。然而,更近的一些研究表明,由于各个国家资本市场之间的相关性增强,使得国际投资利益呈现减弱趋势,最近,You 和 Daigler (2010) 运用动态条件相关系数考察了国际分散化利益问题。前面的研究只是从风险降低的角度证实了国际投资利益的存在,而并没太关心国际投资收益能否保持一个合适的水平。然而,中国投资者进行国际投资最根本的是实现海外投资资产的保值和增值,这不仅需要我们考察国际投资是否能降低风险,更需要关注国际投资的收益水平。

实现海外投资资产保值增值的目标有赖于国际投资市场的选择(Akdogan, 1996)。随着发展中国家资本市场的兴起,引起了很多学者的关注。由于新兴市场的经济发展速度较快,股票市场不发达且有效性差,这就给投资者提供了获得相对较高投资收益的机会,因此,新兴市场逐渐被纳入到国际投资的目标市场中。另外,由于国际投资的本币收益会受到汇率波动的影响,在本币相对于外币升值的背景下,国外投资的收益会被本币升值侵蚀一部分,进而会降低国际投资的本币收益水平,针对这种情况,Qiu 等 (2007) 提出了限制向货币相对于本币贬值的市场进行投资的策略,发现这种投资策略的样本外业绩均好于传统投资策略以及基准组合的样本外业绩。事实上,只要国外市场的预期收益水平可以足够弥补由于本币升值带来的损失,这样的市场仍然值得投资,所以,Qiu 等 (2007) 提出的这种国际投资区域选择策略会缩小投资者的投资空间,进而降低投资组合的效率。本章在考虑国际投资市场选择时,是以国外市场能否带来正的本币收益率为基准,而不像 Qiu 等 (2007) 那样,将所有货币相对于本币贬值的市场排除在外。另外,我们不仅考虑了世界上主要的发达市场,同时也将世界上主要新兴市场包括在内,而且,这些市场分布在全球各个不同的区域,这为我们考察中国投资者在不同类型以及不同区域的市场进行分散投资问题成为可能。值得指出的是,投资者进行国际分散化投资时,不仅会面临汇率风险问题,还会面临由政治风险等因素带来的交易成本过大以及信息不对称等问题,这些因素和汇率风险一样会对投资者选择投资市场造成影响。然而,由于这些因素不易定量描述,所以,本章在选择投资市场时并没有考虑这些因素。

除了投资市场的选择,海外投资资产的保值增值还依赖于投资策略的实施和运用。现有文献主要涉及三种基本的投资策略,包括等权投资组合策略、最小方差组合策略和切点组合策略。需要指出的是,切点组合不仅需要估计资产收益率的协方差矩阵,还需要估计期望收益率向量。相对于最小方差组合而言,切点组合要受到更多估计误差的影响。而且，要准确估计金融资产的期望收益率向量比估计协方差矩阵更加困难（Merton，1980；Best and Grauer，1991）。另外，金融资产收益率的估计误差对组合权重的影响比协方差矩阵的估计误差对组合权重的影响更大，进而影响组合的样本外业绩。由于这个原因，我们只考察了仅依赖协方差矩阵的最小方差组合策略（Jagannathan and Ma，2003；Clarke et al.，2006），而并没有考察基于切点组合的投资策略。同时，中国投资者进行海外投资，意味着投资者放弃了将投资国外的资金在国内市场投资的机会，为了最大程度地降低海外投资者的这种机会损失，我们还考察了让国际投资组合跟踪国内市场，使得跟踪误差方差最小化的投资策略。

本章主要目的是从投资市场的选择以及投资策略的运用两个方面试图为中国投资者国际投资实践提供理论和证据支持。本章的研究与以往研究的不同之处在于：一方面，我们只选择了能带来正的本币收益率的市场进行投资，这样做有利于国际投资收益得到保证，进而实现海外投资资产的保值增值；另一方面，我们基于中国投资者国际投资的现实背景，提出在国际投资中使用国际投资组合跟踪国内市场，使得跟踪误差方差最小化的投资策略，实证结果表明，这种策略对中国投资者具有重要的现实意义。

7.2 研究方法

7.2.1 国际投资策略

7.2.1.1 跟踪误差方差最小化策略

中国投资者投资海外市场，一方面是代表国家的投资行为（如通过中投公司投资海外市场），另一方面是以 QDII 的形式投资海外市场。QDII 投资海外市场实际上放弃了投资国内市场的机会，为了使 QDII 所构建的国际投资组合尽量与国内投资具有相似的收益，我们提出了在国际投资过程中使用跟踪误差方差最小化的投资策略。设投资者拟投资于国外 n 个市场，这 n 个市场的收益率向量为 R，国内市场的收益率为 r_0，设所有市场的收益率均以同一货币计价，如均为美元收益率。令投资者投资于国外 n 个市场的投资比例向量为 q，则国际投资组合跟踪国内市场的跟踪误差，也即国际投资组合相对于国内市场的超额收益率 er 可以表示为：

$$er = \boldsymbol{q}^T \boldsymbol{R} - r_0 \tag{7.1}$$

跟踪误差的方差为：

$$\text{var}(er) = \boldsymbol{q}^T V \boldsymbol{q} - 2\boldsymbol{q}^T \text{cov}(\boldsymbol{R}, r_0) + \sigma_0^2 \tag{7.2}$$

式中，V 为 n 个国外市场收益率的协方差矩阵，假设矩阵 V 可逆。则基于跟踪误差方差最小化的投资策略所构建的投资组合就是下面模型的解：

$$\min \text{var}(er) \quad s.t. \quad \boldsymbol{q}^T \boldsymbol{1} = 1 \tag{7.3}$$

式中，$\boldsymbol{1}$ 即为元素全为 1 的 n 维列向量。运用拉格朗日乘数法可以求得模型 (7.3) 的解为：

$$\boldsymbol{q}^* = \boldsymbol{q}_0 + f(\boldsymbol{q}_f - \boldsymbol{q}_0) \tag{7.4}$$

式中，$\boldsymbol{q}_0$ 即为传统均值方差模型下的最小方差组合，$f = \boldsymbol{1}^T V \text{cov}(\boldsymbol{R}, r_0)$，$\boldsymbol{q}_f = \frac{1}{f} V^{-1} \text{cov}(\boldsymbol{R}, r_0)$。组合 $\boldsymbol{q}_f$ 实际上就是将国内市场收益率对国外市场收益率进行回归后的回归系数向量标准化得到（Jiang et al., 2010）。由于中国投资者投资海外市场通常受到卖空约束，所以，在后文的实证分析中，我们只考虑了不允许卖空的情形，即在求解模型 (7.3) 时还需加入 $\boldsymbol{q} \geq \boldsymbol{0}$ 的约束。

7.2.1.2 等权策略和最小方差策略

除了上述跟踪误差方差最小化的投资策略以外，我们还考虑了其他两种传统的投资策略：等权投资策略以及最小方差策略。所谓等权投资策略是构建的国际投资组合中各国市场的投资比例相等，如果考虑在 n 个市场进行分散投资，则各个市场的投资比例均为 $1/n$。等权投资策略，一方面不需要估计参数，另一方面由于它既不会高估过去业绩好的市场，也不会低估过去业绩差的市场（Kritzman et al., 2010），因而较好地顺应了投资分散化的要求，因此，等权投资策略不论在学术界还是业界，都常被用作其他投资策略的比较基准。最小方差策略意为构建的国际投资组合是所有可能的投资组合中风险最小的投资组合。组合中各个市场的投资比例向量为下面模型的解：

$$\min \boldsymbol{q}^T V \boldsymbol{q} \quad s.t. \quad \boldsymbol{q}^T \boldsymbol{1} = 1, \quad \boldsymbol{q} \geq \boldsymbol{0} \tag{7.5}$$

7.2.2 参数估计

显然，不管是跟踪误差方差最小化的投资策略，还是最小方差策略，国际投资组合中各市场投资比例的确定都依赖于各市场收益率协方差矩阵的估计。最传统且最直接的协方差矩阵的估计量是样本协方差矩阵，记为 $\hat{V}_{\text{samp}}$。然而，已经有研究表明，更好的资产收益率协方差矩阵的估计量是各种收缩估计量和各估计量的组合估计量（Disatnik and Benninga，2007；Fletcher，2009）。因此，本章除了考虑样本协方差矩阵以外，另外还考虑两种协方差矩阵的收缩估计量和一种组合估计量。

在协方差矩阵收缩估计方面，Ledoit 和 Wolf（2003，2004）提出的估计量最受人关注。他们所提出的协方差估计量一般可以表示为：

$$\hat{S} = \alpha \hat{F} + (1-\alpha) \hat{V}_{samp} \tag{7.6}$$

式中，$\hat{S}$ 就是协方差矩阵的收缩估计量，$\hat{F}$ 是假设资产收益率的生成过程服从某一简化模型的情况下（如 Sharpe（1963）的单因素模型，或者 Fama 和 French（1993）的三因素模型），估计得到的协方差矩阵，在收缩估计方法中称为目标协方差矩阵。我们知道，样本协方差矩阵是无偏的，但由于其需要估计的参数多，所以估计误差较大；在因素模型下资产收益率协方差矩阵的估计中，所需估计参数的数量比样本协方差矩阵估计中所需估计参数的数量少，因而具有降低估计误差作用。然而，强行假定资产收益率的生成过程服从某一因素模型会存在模型设定误差（specification error），所以，因素模型下估计得到的协方差矩阵是有偏的。因此，收缩估计量实际上是在估计误差和模型设定误差间权衡的结果。α 是反映权衡结果的关键变量，称为收缩强度（shrinkage intensity），其取值在 0～1，它反映了资产收益率的生成过程在多大程度上服从我们所假定的因素模型。从式（7.6）可以看出，收缩估计量最终偏向目标协方差矩阵 $\hat{F}$ 还是偏向样本协方差矩阵 $\hat{V}_{samp}$ 依赖于收缩强度的大小①。

我们所考虑的第一种协方差矩阵的收缩估计量是将样本协方差矩阵向基于单因素模型的协方差矩阵进行收缩得到（Ledoit and Wolf，2003），记为 $\hat{V}_{sing}$。我们所考虑的第二种协方差矩阵的收缩估计量是将样本协方差矩阵向常相关系数矩阵（constant correlation matrix）收缩得到（Ledoit and Wolf，2004）。这个模型实际上假设各国市场收益率的两两相关系数都相等。因此，估计常相关系数矩阵，需要估计各资产收益率的方差，以及共同的相关系数（common constant correlation）。在实证分析中，我们遵从 Ledoit 和 Wolf（2004）的做法，得到的协方差矩阵的收缩估计量记为 $\hat{V}_{corr}$。

最后一种协方差矩阵的估计量由前面所描述的三种协方差矩阵估计量按照相同的权重进行加权平均得到（Disatnik and Benninga，2007；Fletcher，2009），称

---

① Ledoit 和 Wolf（2003）研究表明，收缩强度会随样本协方差矩阵估计误差的增大而增大，而随资产收益率生成模型设定误差的增大而减小。另外，还随 $\hat{F}$ 和 $\hat{V}_{samp}$ 估计误差之间的协方差的增大而减小。

为组合估计量（portfolio of estimators），记为 $\hat{V}_{port}$，则有：

$$\hat{V}_{port} = \frac{1}{3}(\hat{V}_{samp} + \hat{V}_{sing} + \hat{V}_{corr}) \tag{7.7}$$

组合估计量的基本逻辑是：在不同假设前提下估计得到的协方差矩阵应该有不同性质的误差，而将这些具有不同性质误差的估计量再进行组合时可以分散掉一些误差，进而可以起到降低最终估计量的误差。

7.2.3 业绩评估

和传统的投资组合业绩评估方法类似，在后文的实证分析中，我们通过组合收益率的均值、标准差、偏度以及峰度评估各投资策略的业绩。此外，我们还考察了各种投资策略下投资组合的夏普比率。

7.3 投资市场的选择及数据

中国投资者投资于海外市场的根本目的是实现海外投资资产的保值和增值，即实现海外投资资产的本币收益率为正，因此，投资者应该选择本币收益率为正的市场进行投资。为了确保这个目标得以实现，我们首先来考察投资国外市场收益率的构成。Eun 和 Resnik（1988）表明，投资国外市场的本币收益率 r 可以表示为：

$$r = r_s + r_e + r_s r_e \tag{7.8}$$

式（7.8）表明，投资国外市场的本币收益率由三个部分构成：国外市场本身的投资收益率 r_s，外币相对于本币的升水（或贴水）r_e 以及二者乘积所带来的收益率 $r_s r_e$。当考察的投资期限较短时，r_s 和 r_e 数值均较小，所以二者乘积所带来的收益率 $r_s r_e$ 相对于 r_s 和 r_e 可以忽略，因此，投资者投资于国外市场的本币收益率可以近似地表示为 r_s 与 r_e 之和，即有：

$$r = r_s + r_e \tag{7.9}$$

MSCI 网站（www.msci.com）上为我们提供了分别以美元、欧元，以及当地货币计价的各国市场指数数据，不管选择哪种货币计价的指数数据进行实证分析，都需配以人民币对各种货币的汇率数据，而人民币对世界各国货币的汇率数据并不能完全获取，能获得的人民币对欧元的汇率数据是从 2002 年 4 月开始，这并不能满足我们的需要，所以，我们最终选择以美元计价的各国市场指数数据以及人民币对美元中间价数据进行实证分析，选择时间为 1999 年 12 月至 2011 年 7 月，指数数据类型是月收盘数据，其中人民币对美元中间价数据来自中国人民银行网站。在此期间，人民币对美元中间价的平均年化收益率约为 -2.13%，即人民币相对于美元平均每年升值约 2.13%，尤其是 2005 年 7 月人民币汇率制度改革以后，人民币对美元基本上处于一个升值通道之中，平均每年升值约 4.1%，如图 7.1 所示。由式（7.9），我们最终选取了整个数据选择期间平均年化收益率高于 2.13%，且 2005 年 7 月以后平均年化收益率高于 4.1% 的市场进行实证分析。这些市场包括澳大利亚、加拿大、法国、德国、中国香港、新加坡、西班牙、瑞士、印度、印度尼西亚、韩国、菲律宾、中国台湾、泰国、捷克、以色列、波兰、俄罗斯、土耳其、阿根廷、巴西、智利、哥伦比亚、墨西哥以及秘鲁 25 个国家和地区，美国市场虽然没满足我们投资区域选择的条件，但美国市场是全球第一大市场，市值占全球市场总市值的三分之一以上，所以，我们仍然把美国市场包含在内，共 26 个国家和地区。另外，为了估计跟踪误差方差最小化的投资策略，将以美元计价的中国市场指数也包含进来。在我们所考察的市场中，澳大利亚、加拿大、法国、德国、中国香港、新加坡、西班牙、瑞士和美国 9 个国家和地区属于发达市场，而其余 17 个国家和地区属于新兴市场，另外，根据区域的不同，我们将前述 26 个市场区分为亚太市场和欧美市场，其中澳大利亚、中国香港、新加坡、印度、印度尼西亚、韩国、菲律宾、中国台湾、泰国属于亚太市场，其他则属于欧美市场。各个国家和地区市场收益率的描述性统计如表 7.1 所示。

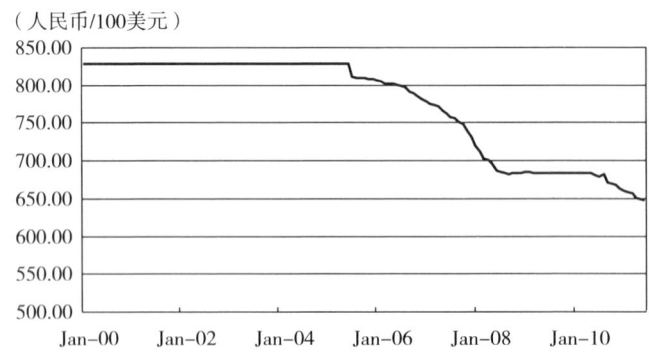

图 7.1 人民币对美元中间价的走势（数据来源于中国人民银行网站）

第7章 市场、策略与国际投资利益：基于中国投资者视角的实证分析

表7.1 各国市场收益率的描述性统计

	澳大利亚	加拿大	法国	德国	中国香港	新加坡	西班牙	瑞士	美国	印度	印度尼西亚	韩国	菲律宾
均值	0.103	0.098	0.023	0.039	0.048	0.066	0.052	0.055	0.000	0.155	0.206	0.144	0.064
标准差	0.225	0.223	0.223	0.255	0.219	0.242	0.254	0.168	0.161	0.319	0.374	0.331	0.272
各市场之间的相关系数													
加拿大	0.789	1.000											
法国	0.806	0.746	1.000										
德国	0.772	0.714	0.944	1.000									
中国香港	0.688	0.728	0.652	0.664	1.000								
新加坡	0.745	0.689	0.654	0.669	0.774	1.000							
西班牙	0.757	0.653	0.899	0.860	0.626	0.612	1.000						
瑞士	0.722	0.625	0.829	0.791	0.591	0.600	0.726	1.000					
美国	0.779	0.808	0.834	0.838	0.659	0.691	0.746	0.732	1.000				
印度	0.665	0.668	0.589	0.606	0.701	0.653	0.561	0.484	0.553	1.000			
印度尼西亚	0.592	0.525	0.467	0.503	0.567	0.649	0.465	0.521	0.471	0.602	1.000		
韩国	0.738	0.647	0.638	0.671	0.635	0.653	0.618	0.588	0.715	0.611	0.576	1.000	
菲律宾	0.492	0.424	0.362	0.389	0.458	0.564	0.384	0.405	0.448	0.539	0.561	0.483	1.000
中国台湾	0.604	0.588	0.563	0.596	0.624	0.593	0.531	0.440	0.585	0.544	0.414	0.727	0.394
泰国	0.626	0.552	0.430	0.458	0.499	0.619	0.459	0.456	0.515	0.563	0.592	0.634	0.568
捷克	0.628	0.598	0.644	0.633	0.571	0.468	0.653	0.551	0.536	0.478	0.450	0.543	0.255
以色列	0.527	0.590	0.557	0.572	0.517	0.416	0.490	0.418	0.566	0.459	0.257	0.421	0.288
波兰	0.714	0.616	0.736	0.717	0.587	0.569	0.726	0.663	0.653	0.573	0.438	0.611	0.394
俄罗斯	0.593	0.700	0.547	0.516	0.580	0.567	0.500	0.483	0.622	0.425	0.475	0.583	0.298
土耳其	0.571	0.542	0.574	0.600	0.542	0.552	0.542	0.420	0.610	0.489	0.342	0.580	0.354
阿根廷	0.483	0.472	0.445	0.434	0.404	0.413	0.448	0.317	0.382	0.399	0.319	0.369	0.266
巴西	0.737	0.762	0.716	0.718	0.651	0.623	0.684	0.598	0.689	0.615	0.425	0.583	0.363

续表

	澳大利亚	加拿大	法国	德国	中国香港	新加坡	西班牙	瑞士	美国	印度	印度尼西亚	韩国	菲律宾
智利	0.574	0.586	0.571	0.591	0.584	0.568	0.559	0.479	0.587	0.578	0.451	0.559	0.466
哥伦比亚	0.474	0.434	0.427	0.463	0.510	0.535	0.444	0.418	0.447	0.511	0.524	0.488	0.420
墨西哥	0.725	0.739	0.721	0.745	0.639	0.710	0.682	0.616	0.787	0.609	0.584	0.675	0.479
秘鲁	0.619	0.610	0.471	0.486	0.479	0.523	0.467	0.407	0.428	0.551	0.487	0.487	0.343
	中国台湾	泰国	捷克	以色列	波兰	俄罗斯	土耳其	阿根廷	巴西	智利	哥伦比亚	墨西哥	秘鲁
均值	0.028	0.144	0.216	0.071	0.123	0.205	0.147	0.139	0.186	0.138	0.292	0.138	0.235
标准差	0.291	0.329	0.294	0.247	0.349	0.378	0.513	0.415	0.364	0.217	0.319	0.250	0.316

各市场之间的相关系数

	澳大利亚	加拿大	法国	德国	中国香港	新加坡	西班牙	瑞士	美国
泰国	0.571	1.000							
捷克	0.507	0.347	1.000						
以色列	0.386	0.251	0.436	1.000					
波兰	0.523	0.410	0.742	0.420	1.000				
俄罗斯	0.559	0.492	0.574	0.351	0.504	1.000			
土耳其	0.465	0.440	0.545	0.484	0.533	0.502	1.000		
阿根廷	0.453	0.360	0.463	0.360	0.420	0.411	0.418	1.000	
巴西	0.557	0.512	0.536	0.465	0.625	0.599	0.499	0.548	1.000
智利	0.564	0.512	0.436	0.393	0.522	0.455	0.544	0.473	0.631
哥伦比亚	0.462	0.465	0.459	0.237	0.437	0.450	0.455	0.342	0.423
墨西哥	0.571	0.496	0.575	0.519	0.674	0.652	0.551	0.545	0.687
秘鲁	0.497	0.538	0.472	0.290	0.469	0.481	0.332	0.435	0.605

	印度	印度尼西亚	韩国	菲律宾
智利	1.000			
哥伦比亚	0.472	1.000		
墨西哥	0.593	0.503	1.000	
秘鲁	0.423	0.387	0.572	1.000

注：各市场收益率均为美元收益率，均值和标准差为年化后的结果。

第7章　市场、策略与国际投资利益：基于中国投资者视角的实证分析

从表7.1可以看出，首先，除美国以外，其他市场的平均年化收益率均高于2.13%，这表明我们所选择的投资市场有利于中国投资者海外投资资产的保值和增值目标的实现；而且，新兴市场的平均年化收益率普遍高于发达市场；在我们所考察的市场中，哥伦比亚市场平均年化收益率最高，高达29%以上，收益率在两位数以上的市场共15个，其中新兴市场占14个，这与国际投资者热衷于向新兴市场投资的现实完全吻合，这也暗示中国投资者要实现海外投资资产的保值增值应该把投资重点放在新兴市场上。其次，虽然新兴市场给投资者提供了获得相对较高投资收益的机会，但是，新兴市场收益率的波动性也普遍高于发达市场。所幸的是，从各市场之间的相关性看，新兴市场之间的相关性普遍较低，为0.23～0.75，平均约为0.48，而发达市场虽然波动性较低，但他们之间的相关性却普遍较高，为0.59～0.90，平均约为0.74，这为投资者在新兴市场获得较高投资收益的同时最大程度地降低风险奠定基础。

7.4　实证结果及其分析

基于前面所选择的数据，我们考虑用过去5年的月收益率数据（共60个月收益率）估计参数和各种策略所对应的投资组合（这相当于从2005年1月开始构建组合，考察组合的业绩），计算并记录投资组合样本外1个月的收益率，之后，每过1个月重新估计参数和投资组合，计算并记录对应投资组合的收益率，以此类推，直到样本期满。这样我们会得到基于各种投资策略及估计方法的一系列时间滚动的收益率，我们的实证分析正是基于这些收益率数据。

7.4.1　投资业绩分析

表7.2显示了在不同类型，不同区域市场进行分散投资时的各投资策略样本外收益率的均值、标准差、夏普比率、偏度以及峰度。从表7.2可以看出，不管投资者分散投资于什么类型、什么区域的市场，也不管投资者采取什么投资策略，投资组合的平均年化收益率均高于4.8%，即便在2005年7月以后人民币相对于美元平均每年升值为4.1%的情况下，4.8%的美元收益率仍然可以弥补人民币升值所带来的损失，因此海外投资资产的保值目标仍然可以实现。另外，我们发现，在不同类型市场进行分散投资的平均收益水平具有明显差异。具体而言，在新兴市场进行分散投资比在发达市场进行分散投资能获得更

高的收益水平。就采取等权投资策略而言，新兴市场投资能给投资者带来18.56%的收益水平，而在发达市场投资的平均收益水平要比新兴市场投资的收益水平低约10个百分点，为8.02%；当投资者运用最小方差策略和跟踪误差方差最小化的投资策略时，新兴市场投资能给投资者带来的收益水平分别在14%、17%以上，而发达市场投资给投资者带来的收益水平分别在7%、12%以下。上述结果主要是由于新兴市场的平均收益水平普遍比发达市场的收益水平高所致。当在不同区域市场进行分散投资时，由于不同的区域中既包含新兴市场又包含发达市场，所以在不同区域市场进行分散投资的收益水平差异较小，即便如此，当采取最小方差策略时，在亚太市场投资的收益水平要高于在欧美市场投资的收益水平。当投资机会包含所有我们考虑的市场时，各种投资策略给投资者带来的收益水平介于单独在新兴市场和发达市场（亚太市场和欧美市场）上投资时获得的平均收益之间。

表7.2 在不同类型和不同区域市场分散投资时的投资组合业绩

投资策略	参数估计方法	均值	标准差	夏普比率	偏度	峰度
Panel 1：分散投资于发达市场						
等权投资策略		0.0802	0.2067	0.3878	−0.8250	6.1765
最小方差策略	V_{samp}	0.0656	0.1644	0.3988	−0.8752	4.1311
	V_{sing}	0.0656	0.1637	0.4004	−0.8804	4.1622
	V_{corr}	0.0601	0.1619	0.3714	−0.8950	4.2952
	V_{port}	0.0638	0.1633	0.3910	−0.8852	4.2004
跟踪误差方差最小化策略	V_{samp}	0.1138	0.2157	0.5277	−0.7302	6.6978
	V_{sing}	0.1160	0.2154	0.5387	−0.7743	6.7526
	V_{corr}	0.1011	0.2251	0.4490	−0.7633	6.2404
	V_{port}	0.1185	0.2377	0.4985	−0.5779	6.7337
Panel 2：分散投资于新兴市场						
等权投资策略		0.1856	0.2507	0.7404	−1.1137	6.5758
最小方差策略	V_{samp}	0.1582	0.1868	0.8469	−1.0331	6.0685
	V_{sing}	0.1509	0.1858	0.8120	−1.0857	6.4723
	V_{corr}	0.1408	0.1871	0.7526	−1.1740	6.6255
	V_{port}	0.1513	0.1856	0.8152	−1.1083	6.5219
跟踪误差方差最小化策略	V_{samp}	0.1847	0.2663	0.6937	−0.6123	4.8252
	V_{sing}	0.1741	0.2551	0.6826	−0.7997	6.5396
	V_{corr}	0.1709	0.2430	0.7033	−1.1959	7.0379
	V_{port}	0.1865	0.2644	0.7055	−0.6002	4.7186

续表

投资策略	参数估计方法	均值	标准差	夏普比率	偏度	峰度
Panel 3：分散投资于欧美市场						
等权投资策略		0.1448	0.2326	0.6227	-1.0837	6.1982
最小方差策略	V_{samp}	0.0533	0.1629	0.3273	-0.8366	4.1800
	V_{sing}	0.0513	0.1600	0.3207	-0.8506	4.3229
	V_{corr}	0.0480	0.1597	0.3003	-0.8720	4.3142
	V_{port}	0.0487	0.1606	0.3030	-0.8594	4.2792
跟踪误差方差最小化策略	V_{samp}	0.1412	0.2507	0.5631	-0.8739	6.4923
	V_{sing}	0.1286	0.2411	0.5335	-0.9853	6.1698
	V_{corr}	0.1361	0.2362	0.5762	-1.2644	7.5425
	V_{port}	0.1206	0.2324	0.5191	-0.6216	4.9936
Panel 4：分散投资于亚太市场						
等权投资策略		0.1572	0.2432	0.6463	-0.7638	6.6619
最小方差策略	V_{samp}	0.1197	0.2213	0.5407	-0.7877	6.6723
	V_{sing}	0.1190	0.2211	0.5383	-0.7898	6.7319
	V_{corr}	0.1172	0.2273	0.5157	-0.7123	6.3846
	V_{port}	0.1180	0.2217	0.5324	-0.7563	6.6223
跟踪误差方差最小化策略	V_{samp}	0.1232	0.2256	0.5460	-0.7167	6.7173
	V_{sing}	0.1253	0.2325	0.5388	-0.6888	6.4298
	V_{corr}	0.1469	0.2439	0.6022	-0.6538	6.3219
	V_{port}	0.1184	0.2264	0.5230	-0.6751	6.4279
Panel 5：分散投资于所有市场						
等权投资策略		0.1491	0.2321	0.6425	-1.0386	6.2936
最小方差策略	V_{samp}	0.0733	0.1663	0.4410	-0.8603	4.0468
	V_{sing}	0.0675	0.1621	0.4166	-0.8903	4.2602
	V_{corr}	0.0623	0.1622	0.3841	-0.8778	4.2068
	V_{port}	0.0660	0.1632	0.4047	-0.8858	4.1818
跟踪误差方差最小化策略	V_{samp}	0.1492	0.2369	0.6299	-0.7816	6.8892
	V_{sing}	0.1422	0.2380	0.5974	-0.8606	6.0567
	V_{corr}	0.1475	0.2429	0.6073	-1.0206	6.4273
	V_{port}	0.1324	0.2412	0.5491	-0.4564	4.8720

注：表中各组合收益率均为美元收益率，其中均值、标准差、夏普比率均为年化后的结果。

从上面的分析可以看出，在不同类型、不同区域市场上进行分散投资会给投资者带来不同的收益水平。除此之外，即便在同一类型、同一区域市场进行分散投资，不同的投资策略也会给投资者带来不同的收益水平。具体而言，相对于最小方差策略，跟踪误差方差最小化的投资策略能为投资者带来更高的投资收益水平，尤其是在发达市场、欧美市场以及所有市场进行分散投资时，这种策略的优势更为明显。即便与等权策略相比，当在不同类型市场投资时，跟踪误差方差最小化的投资策略也能获得与等权策略具有可比性的收益水平。特别地，当在发达市场进行分散投资时，这种策略给投资者带来的收益水平比等权策略给投资者带来的收益水平高出 3 个百分点。跟踪误差方差最小化的投资策略之所以能为投资者带来更高的收益水平，究其原因我们发现：不管是等权策略还是最小方差策略，它们在构建投资组合时并没有考虑中国市场的实际情况，而根据跟踪误差方差最小化的投资策略所构建的投资组合是紧密跟踪中国市场的，因此，该策略所构建的投资组合应该具有与中国市场相似的业绩表现，虽然在 2005～2011 年，中国市场经历过大牛市和大熊市的行情，但整个期间的收益仍然较高，平均年收益达到 10% 以上，这才导致跟踪误差方差最小化的投资策略比最小方差策略能为投资者带来更高的收益。

从投资组合样本外收益率的标准差看，同样存在不同类型的市场上分散投资给投资者带来的风险水平有明显差异的现象。不管采取什么投资策略，发达市场投资的风险水平要低于在新兴市场投资的风险水平，主要是由于发达市场的波动性普遍比新兴市场波动性低所致。另外，不管是在新兴市场还是在发达市场投资，也不管是在欧美市场、亚太市场还是在所有市场投资，最小方差策略给投资者带来的风险水平最低，这一点与已有的研究具有一致性（Jagannathan and Ma, 2003；Clarke et al., 2006）。

从投资组合样本外的夏普比率看，呈现出与收益水平相似的规律。在新兴市场进行分散投资比在发达市场进行分散投资能获得更高的夏普比率，但与已有研究结论不同的是，投资者在新兴市场和发达市场投资时，等权策略的夏普比率均不是最高的。具体而言，当在发达市场进行分散投资时，能为投资者带来最高夏普比率的是跟踪误差方差最小化的投资策略。究其原因，我们发现：跟踪误差方差最小化的投资策略相对于等权策略和最小方差策略能给投资者带来更高的收益水平，而风险水平却没有显著地提高。而在新兴市场进行分散投资时，最小方差策略能给投资者带来最高的夏普比率，其原因在于：新兴市场之间的相关性较低，最小方差策略能让投资组合的风险水平得到最大程度的降低。另外，新兴市场的平均收益水平普遍较高,所以在最大程度地降低风险的同时并没有带来较多的收益损失。与在不同类型市场上进行分散投资不同,当在不同区域市场以及所有市场上进行分散投资时,不论从组合的平均收益还是组合的夏普比率看,能为投资者带来最好投资业绩的是等权策略,这一点与已有的研究结论具有一致性(DeMiguel et al.,2009),根据我们的分析,这其中有两方面的原因:其一,不同的区域或所有市场中既包含有新兴市场又包含有发达市场,新兴市场可以认为是业绩较好的市场,发达市场可以认为是业绩相对较差的市场;其二,由于等权策略既不会高估业绩好的市场,也不会低估业绩较差的市场,因而较好地顺应了投资分散化的要求,正是由于这两方面原因的存在,才呈现前面的结果。另外,从表7.2还可以看出,各种策略下组合收益率的偏度为负,以及峰度大于3的结果表明国际投资组合的收益率呈现尖峰厚尾的特征。最后,就跟踪误差方差最小化策略和最小方差策略而言,参数估计方法对投资组合的业绩的影响均较小,主要是由协方差矩阵的估计误差对组合权重的影响较小所致。

基于前面的分析,中国投资者至少可以从中得到以下两个方面的启示:首先,选择投资市场是中国投资者实现海外投资资产保值增值的基础,由于新兴市场的收益水平普遍高于发达市场,所以将国际投资的重点放在新兴市场上,更有利于实现海外投资资产保值增值的目标。其次,针对不同类型、不同区域的投资市场,选择合适的投资策略可以在实现海外资产保值增值的基础上最大程度地降低风险,进而提高投资组合的效率。由于发达市场的波动性本身就较低,所以在发达市场进行投资时,投资者应该充分利用发达市场的波动以获得更高的投资收益,而跟踪误差方差最小化的投资策略能满足投资者的这种需要。相反,由于新兴市场的收益水平和波动性均较高,所以在新兴市场进行投资时,投资者应该将风险控制放在最重要的位置,以便在获得较高收益的同时,让投资风险降低到最低的程度,此时,最小方差策略能满足投资者的这种需要。如果投资者所选择的投资市场中既包含有新兴市场又包含有发达市场,这种情况下,等权投资策略可以为投资者带来最为满意的投资业绩。

7.4.2 业绩来源分析

为了进一步了解中国投资者在不同类型、不同区域市场进行投资时所获得的投资业绩主要来自哪些市场,我们还考察了各种投资策略下投资组合权重的分布情况。表7.3显示了在不同类型和不同区域市场分散投资时投资组合中各市场权重分布情况。从表7.3可以看出,不管在不同类型的市场投资,还是在不同区域的市场投资，也不管采取哪种方法估计协方差矩阵，基于最小方差策略所构建的组合中总有一些市场的配置比例为0，说明由跟踪误差方差最小化策略所构建的投资组合比最小方差策略所构建的投资组合更为分散。另外，各市场在组合中权重的标准差相对于其均值均较小，说明获得对应的投资业绩并不需要频繁且大幅度调整组合中各市场的权重，因而，我们所考察的国际投资策略相对于那些需要频繁且大幅度调整组合中各市场的权重的投资策略更具有可实施性。

表7.3 在不同类型和不同区域市场分散投资时的投资组合中各市场权重分布

	跟踪误差方差最小化策略				最小方差策略			
	V_{sing}		V_{corr}		V_{sing}		V_{corr}	
	平均权重	标准差	平均权重	标准差	平均权重	标准差	平均权重	标准差
Panel 1：分散投资于发达市场								
澳大利亚	0.2664	0.0932	0.1865	0.0371	0.0406	0.0554	0.0568	0.0707
加拿大	0.1581	0.1811	0.2084	0.0714	0.0046	0.0175	0.0067	0.0155
法国	0.0000	0.0000	0.0337	0.0405	0.0000	0.0000	0.0000	0.0000
德国	0.0479	0.0480	0.1446	0.0350	0.0000	0.0000	0.0000	0.0000
中国香港	0.4659	0.1393	0.2180	0.1056	0.0234	0.0393	0.0060	0.0134
新加坡	0.0540	0.0589	0.1129	0.0784	0.0496	0.0590	0.0207	0.0341
西班牙	0.0012	0.0054	0.0867	0.0685	0.0000	0.0000	0.0000	0.0000
瑞士	0.0009	0.0084	0.0011	0.0082	0.3327	0.1105	0.3439	0.0884
美国	0.0056	0.0318	0.0081	0.0261	0.5491	0.1838	0.5660	0.1439
Panel 2：分散投资于新兴市场								
印度	0.1325	0.0269	0.0802	0.0303	0.0199	0.0298	0.0332	0.0429
印度尼西亚	0.0054	0.0081	0.0300	0.0211	0.0063	0.0124	0.0000	0.0000
韩国	0.0790	0.0273	0.0628	0.0135	0.0000	0.0000	0.0013	0.0038
菲律宾	0.0489	0.0271	0.0621	0.0139	0.1556	0.0689	0.0737	0.0583
中国台湾	0.1486	0.0550	0.0846	0.0300	0.0314	0.0496	0.0337	0.0448
泰国	0.0427	0.0399	0.0631	0.0145	0.0000	0.0002	0.0025	0.0062
捷克	0.1017	0.0469	0.0892	0.0361	0.0616	0.0718	0.0596	0.0656
以色列	0.0330	0.0387	0.0723	0.0328	0.3884	0.2096	0.3964	0.2721
波兰	0.0116	0.0160	0.0400	0.0112	0.0001	0.0006	0.0002	0.0015
俄罗斯	0.0035	0.0067	0.0333	0.0160	0.0004	0.0020	0.0000	0.0000
土耳其	0.0411	0.0322	0.0281	0.0200	0.0000	0.0000	0.0000	0.0000

续表

	跟踪误差方差最小化策略				最小方差策略			
	V_{sing}		V_{corr}		V_{sing}		V_{corr}	
	平均权重	标准差	平均权重	标准差	平均权重	标准差	平均权重	标准差
阿根廷	0.0104	0.0110	0.0299	0.0173	0.0000	0.0000	0.0000	0.0000
巴西	0.1081	0.0711	0.0480	0.0234	0.0000	0.0000	0.0000	0.0000
智利	0.0919	0.0523	0.1017	0.0277	0.2295	0.0619	0.2435	0.0375
哥伦比亚	0.0227	0.0187	0.0401	0.0155	0.0094	0.0211	0.0022	0.0062
墨西哥	0.0134	0.0233	0.0601	0.0245	0.0253	0.0526	0.1061	0.0881
秘鲁	0.1055	0.0238	0.0747	0.0266	0.0722	0.1034	0.0477	0.0785
Panel 3：分散投资于欧美市场								
加拿大	0.2240	0.1433	0.1459	0.0923	0.0143	0.0322	0.0374	0.0627
法国	0.0379	0.0476	0.0483	0.0230	0.0000	0.0000	0.0032	0.0114
德国	0.1228	0.0657	0.0664	0.0204	0.0000	0.0000	0.0000	0.0000
西班牙	0.0569	0.0544	0.0461	0.0289	0.0000	0.0000	0.0006	0.0031
瑞士	0.0209	0.0380	0.0473	0.0398	0.3195	0.1006	0.3676	0.0682
美国	0.0726	0.0942	0.0734	0.0724	0.4920	0.1250	0.5138	0.0925
捷克	0.0699	0.0609	0.0944	0.0395	0.0137	0.0261	0.0023	0.0065
以色列	0.0106	0.0266	0.0248	0.0218	0.1058	0.1232	0.0572	0.0864
波兰	0.0097	0.0201	0.0433	0.0271	0.0000	0.0000	0.0000	0.0000
俄罗斯	0.0012	0.0041	0.0373	0.0296	0.0000	0.0000	0.0000	0.0000
土耳其	0.0593	0.0440	0.0474	0.0240	0.0000	0.0000	0.0000	0.0000
阿根廷	0.0121	0.0160	0.0490	0.0163	0.0000	0.0000	0.0000	0.0000
巴西	0.1254	0.0977	0.0551	0.0289	0.0000	0.0000	0.0000	0.0000
智利	0.0544	0.0428	0.0604	0.0262	0.0246	0.0413	0.0011	0.0065
哥伦比亚	0.0242	0.0203	0.0509	0.0199	0.0020	0.0073	0.0000	0.0000
墨西哥	0.0000	0.0000	0.0329	0.0315	0.0000	0.0000	0.0000	0.0000
秘鲁	0.0981	0.0415	0.0770	0.0150	0.0282	0.0550	0.0168	0.0359
Panel 4：分散投资于亚太市场								
澳大利亚	0.2506	0.1010	0.1789	0.0766	0.2720	0.2011	0.3118	0.1572
中国香港	0.3817	0.0737	0.1941	0.0838	0.3055	0.1070	0.3267	0.1243
新加坡	0.0327	0.0377	0.0793	0.0428	0.1271	0.1477	0.2268	0.1212
印度	0.1308	0.0422	0.1197	0.0230	0.0000	0.0000	0.0003	0.0014

续表

	跟踪误差方差最小化策略				最小方差策略			
	V_{sing}		V_{corr}		V_{sing}		V_{corr}	
	平均权重	标准差	平均权重	标准差	平均权重	标准差	平均权重	标准差
印度尼西亚	0.0017	0.0040	0.0523	0.0527	0.0004	0.0018	0.0000	0.0000
韩国	0.0720	0.0348	0.0990	0.0249	0.0000	0.0000	0.0000	0.0000
菲律宾	0.0003	0.0013	0.0637	0.0447	0.2284	0.1101	0.1117	0.0886
中国台湾	0.0724	0.0385	0.1041	0.0253	0.0604	0.0730	0.0227	0.0323
泰国	0.0578	0.0594	0.1090	0.0286	0.0063	0.0140	0.0000	0.0000

注：为节约空间，表7.3只报道了协方差矩阵估计方法为 V_{sing} 和 V_{corr} 时分散投资于不同类型和不同区域市场的情形，而并没有报道分散投资于所有市场的情形。

以 V_{sing} 作为协方差矩阵的估计量为例，当在发达市场进行投资时，跟踪误差方差最小化策略会将较高的投资权重配置在中国香港（约为46.59%）、澳大利亚（约为26.64%）以及加拿大（约为16.81%）市场，因而采取这种策略在发达市场进行投资，投资业绩主要来源于中国香港、澳大利亚和加拿大市场；而最小方差策略所构建的组合则主要集中配置在美国（约为54.91%）和瑞士（约为33.27%）市场，所以投资业绩主要来源于美国和瑞士市场，在我们考察的所有市场中，由于美国市场的收益水平最低，最终导致最小方差策略只能实现最低的收益水平。

当在新兴市场进行投资时，采用跟踪误差方差最小化策略的投资业绩主要来源于印度、中国台湾、捷克、巴西以及秘鲁市场，而采取最小方差策略所获得的投资业绩主要来源于以色列、智利和菲律宾市场。当将所有市场区分为欧美市场和亚太市场时，欧美市场中加拿大、德国和巴西市场对跟踪误差方差最小化策略的业绩贡献最大，而美国和瑞士市场依然对最小方差策略的业绩贡献最大；亚太市场中中国香港、澳大利亚和印度市场不仅对跟踪误差方差最小化策略的业绩贡献最大，对最小方差策略的业绩贡献也最大，正是因为这个原因，才导致了在亚太市场投资时，基于不同的投资策略的投资业绩差异并不大。

7.5 结论

国际证券投资是实现我国外汇储备以及QDII海外投资资产保值和增值的重

要途径。基于中国投资者国际投资的背景,本章通过考察并分析采取不同的投资策略,在不同类型以及不同区域市场投资的投资业绩,为中国投资者在国际投资过程中选择投资市场和运用投资策略提供证据支持,进而为实现外汇储备以及QDII海外投资资产保值和增值的目标提供思路和方法上的指导。研究结论表明:相对于在发达市场投资,由于新兴市场的收益水平普遍高于发达市场,所以新兴市场投资能为投资者带来更高的收益水平,因而更有利于外汇储备以及QDII海外投资资产保值和增值目标的实现;即便是选择在发达市场投资,跟踪误差方差最小化的投资策略较最小方差策略和等权投资策略更能帮助投资者实现投资资产保值和增值的目标;与在欧美市场投资不同,在亚太市场投资时,中国香港、澳大利亚和印度市场对不同投资策略的业绩贡献均最大,所以,在亚太市场投资的业绩相对于投资策略的敏感性不高。

第8章 基于 (α, H) 的投资策略的有效性：来自国际投资的证据

8.1 引言

早在20世纪60年代，国际分散投资方面的研究就已经出现（Grubel, 1968）。随着各国资本市场的不断开放，国际投资现象越来越普遍，国际投资能否为投资者带来投资利益的问题受到越来越多的关注[①]。在这些研究中，涉及的国际投资策略主要有三种，包括等权策略、最小方差策略和切点组合策略。在早期，由于发达市场和新兴市场之间的一体化程度较低，所以，当投资空间同时包含有发达市场和新兴市场时，最小方差策略能显著降低投资风险（Levy and Sarnat, 1970）；不仅如此，还有研究发现，美国投资者在欧洲发达市场进行分散投资，也能使得其投资风险比仅在国内投资减半（Solnik, 1974）。国际投资之所以能有效降低风险，主要在于各个国家资本市场之间的相对独立性。然而，更近的一些研究表明，由于各个国家资本市场之间的相关性增强，使得国际投资利益呈现减弱趋势（Jankus, 1998; Longin and Solnik, 1995）。出于此，为了最大程度地挖掘国际投资的利益，You 和 Daigler（2010）运用 DCC（Dynamic Conditional Correlation）模型考察了国际投资利益问题。显然，在经济一体化和金融全球化的今天，投资者要想在国际投资中最大程度地获取投资利益，很大程度上依赖于国际投资策略的实施和运用（Eun and Resnick, 1988; Griffin and Karolyi, 1998;

[①] 相关的研究文献包括：Levy and Sarnat (1970); Solnik (1974, 1982); Black and Litterman (1992); Jankus (1998); Longin and Solnik (1995); Errunza, Hogan and Hung (1999); Eun and Resnick (1988); Cosset and Suret (1995); Griffin and Karolyi (1998); Lagoarde – Segot and Lucey (2007); 等等。

Michaud et al. ,1996)。

对投资者而言,其投资于国际市场的基本目标是实现资产组合的保值和增值。保值暗含着对资产组合风险控制的要求,而增值意味着要最大程度地提高投资收益。然而,不管是等权策略还是基于 Markowitz (1952) 资产组合选择理论的最小方差策略和切点组合策略,均不能体现资产组合保值增值的目标。蒋崇辉等 (2012) 提出了让国际投资组合跟踪国内市场,使得跟踪误差方差最小化的投资策略,然而,这种投资策略是国内市场业绩依赖型的,当国内市场表现很差时,必然会带来较差的投资业绩。随着以 VaR、CVaR 为代表的下方风险管理工具的引入,基于下方风险的资产组合选择模型已被大量提出①,这类模型虽然能够反映投资者对资产组合保值和增值的目标,然而,现有文献对其实际投资效果的考察却很少。究其原因我们发现,这类模型的最优解并不总是存在 (Alexander, Baptista and Yan, 2007),而取决于置信水平和 VaR 的估计和选择。更重要的是,VaR 的估计和选择又依赖于置信水平的选取,因此,对这类模型最优解存在性的讨论变得比较困难。事实上,一个组合的 VaR 指的是该组合在一定置信水平下的损失不会超过的那个值,而这个损失是相对于一段时间后组合的期望价值而言的,在考察时间较短(如 1 天)的情况下,这个损失通常是相对于组合的现值而言的,如截止到明天交易结束,价值为 1 亿元的某资产组合在 95% 的置信水平下损失不会超过 300 万元,则该资产组合在 95% 的置信水平下的 VaR 就是 300 万元。这相当于说,截止到明天交易结束,资产组合收益率低于 -3% 的概率不会超过 5%。一般地,如果把前面例子中 -3% 的收益率记为 H,而把 5% 的概率记为 α,则与组合 VaR 等价的一种说法就是组合收益率低于 H 的概率不超过 α,这里的 H 称为门槛收益率 (threshold return), α 称为失败概率 (failing probability)。正基于此,本章提出了基于 (α, H) 的投资决策模型,就是在资产组合的收益率低于 H 的概率不超过 α 的条件下使得组合期望收益率最大的投资策略。之所以要提出基于 (α, H) 的投资策略,一方面,该投资策略与以 VaR 为代表的现代风险管理工具吻合;另一方面,相对于基于 VaR 的投资决策模型,投资者选择门槛收益率 H 比选择 VaR 更直接,因而更有利于我们讨论模型最优解的存在性以及投资策略的有效性。

事实上,基于 (α, H) 的投资策略与 Das 等 (2010)、Baptista (2012) 以

---

① 相关的研究文献包括:Grossman and Zhou (1993);Bertsimas, Lauprete and Samarov (2004);Rockafellar and Uryasev (2000);Alexander and Baptista (2002, 2006);Krokhmal, Palmquist and Uryasev (2002);Chekhlov, Uryasev and Zabarankin (2005);等等。

及 Jiang 等（2013）所研究的投资决策模型具有相似之处，但他们的研究主要是在行为组合理论框架下考察投资者资产组合选择的性质以及背景风险对投资者资产组合选择的影响，而本章的主要目的是，通过分析给出模型存在最优解的充分条件以及模型的最优解的表达式，并将这种投资策略应用于国际投资过程，通过模拟和实证分析考察这种投资策略在国际投资中的有效性。结果表明，相对于传统的国际投资策略，本策略能为投资者带来更好的业绩，因而，更有利于投资者国际投资目标的实现。

8.2 基于 (α, H) 的国际投资策略

8.2.1 模型

设投资者拟投资于国外 n 个市场，这 n 个市场的收益率向量为 $\boldsymbol{R}$（后文中所有向量均为列向量），设所有市场的收益率均以同一货币计价，如均为美元收益率。令投资者投资于国外 n 个市场的投资比例向量为 $\boldsymbol{q}$，$\boldsymbol{q}^T \boldsymbol{1} = 1$，其中 $\boldsymbol{1}$ 即为元素全为 1 的 n 维列向量，则国际投资组合的收益率 r_p 可以表示为：

$$r_p = \boldsymbol{q}^T \boldsymbol{R} \tag{8.1}$$

国际投资组合的期望收益率和风险分别可以表示为：

$$E(r_p) = \boldsymbol{q}^T E(\boldsymbol{R}) \tag{8.2}$$

$$\sigma_p^2 = \boldsymbol{q}^T \boldsymbol{V} \boldsymbol{q} \tag{8.3}$$

式中，V 代表各个市场收益率的协方差矩阵，假设 V 可逆。基于 (α, H) 的投资策略就是在资产组合的收益率低于 H 的概率不超过 α 的条件下使得组合期望收益率最大。因此，基于 (α, H) 的投资策略所对应的投资决策模型为：

$$\max E(r_p) = \boldsymbol{q}^T E(\boldsymbol{R})$$
$$s.t. \Pr(r_p \leq H) \leq \alpha \tag{8.4}$$

通常 $\alpha \in (0, 0.5)$。显然，模型（8.4）的约束条件定义了投资组合的安全性，反映了投资者对组合风险控制的态度，就国际投资而言，该约束条件表明国际投资组合收益率低于门槛收益率 H 的概率不要超过投资者能容忍的最大失败概率 α；模型（8.4）的目标函数则体现了投资者最大程度地提高投资收益（增值）的目标。

我们知道，在组合收益率 r_p 服从正态分布①的情况下，国际投资组合在置信水平 $1-\alpha$ 下的 var 为：

$$\text{var}(1-\alpha, r_p) = Z_\alpha \sigma_p - E(r_p) \tag{8.5}$$

式中，$Z_\alpha = -\Phi^{-1}(\alpha)$，$\Phi(\cdot)$ 为标准正态分布的累计概率函数，由于 $\alpha \in (0, 0.5)$，所以，$Z_\alpha > 0$。在组合收益率服从正态分布的情况下，模型（8.4）中的约束条件等价于一个 var 约束：$\text{var}(1-\alpha, r_p) \leqslant -H$，由式（8.5）可知，这个 var 约束可以表示为，$Z_\alpha \sigma_p - E(r_p) \leqslant -H$，因此，前面的模型（8.4）就转化为下面的模型（8.6）。

$$\begin{aligned}&\max E(r_p) = \boldsymbol{q}^T \boldsymbol{E}(\boldsymbol{R}) \\ &s.t. \quad E(r_p) \geqslant H + Z_\alpha \sigma_p\end{aligned} \tag{8.6}$$

8.2.2 模型求解

在求解模型（8.6）之前，我们先给出下面的引理 1。

引理 1：如果模型（8.6）的最优解存在，则最优解对应的组合一定是均值方差有效组合。

证明：设模型（8.6）所确定的资产组合为 $\boldsymbol{q}'$，该资产组合的期望收益率和用收益率标准差表示的风险分别为 $E'(r_p)$ 和 σ'_p。如果 $\boldsymbol{q}'$ 不是均值方差有效组合，则存在另外一个与 $\boldsymbol{q}'$ 风险相同的组合 $\boldsymbol{q}''$，而这个组合的期望收益率比 $E'(r_p)$ 大。显然，组合 $\boldsymbol{q}''$ 是模型（8.6）的可行解，但能实现比 $\boldsymbol{q}'$ 更高的期望收益率，所以，$\boldsymbol{q}'$ 不是模型（8.6）的最优解。因此，模型（8.6）的最优解一定是均值方差有效组合。

证毕。

引理 1 背后的直观意义在于，在资产组合收益率服从正态分布的情况下，投资者的决策模型（8.6）显示，投资者的最优投资决策只取决于资产组合的期望收益率和收益率的标准差，而并不依赖于其他参数；而当投资者的最优投资决策只依赖于资产组合的期望收益率和收益率的标准差时，投资者所面临的资产组合的生产边界就是均值方差有效边界，所以，如果模型（8.6）的最优解存在，则

---

① 通过风险—收益权衡来选择最优资产组合的理论模型通常都带有资产收益率服从正态分布的假设，或投资者具有二次效用函数，一方面，是为了模型求解的方便，而且能得到封闭的解析解，进而可以增强模型的应用性，如 Das 等（2010）、Baptista（2012）；另一方面，即使资产组合的收益率不服从正态分布，只要资产组合收益率的一阶矩阵、二阶矩是有限的，基于正态性假设的结果也是一般分布假设下结果近似。

最优解一定是均值方差有效组合。

既然模型（8.6）的最优解是均值方差有效组合，接下来，我们以较少的篇幅来描述均值方差有效组合和有效边界。令 $a = E(\boldsymbol{R})^T \boldsymbol{V}^{-1} E(\boldsymbol{R})$，$b = \boldsymbol{1}^T \boldsymbol{V}^{-1} E(\boldsymbol{R})$，$c = \boldsymbol{1}^T \boldsymbol{V}^{-1} \boldsymbol{1}$，$d = ac - b^2 > 0$，在上述符号定义的基础上，由 n 个市场所构成的有效边界为：

$$\sigma_p^2 = \frac{c}{d}\left(E(r_p) - \frac{b}{c}\right)^2 + \frac{1}{c} \tag{8.7}$$

设有效边界上期望收益率为 μ 的有效组合为 $\boldsymbol{q}_\mu$，则由两基金分离定理有：

$$\boldsymbol{q}_\mu = \frac{r_1 - \mu}{r_1 - r_0}\boldsymbol{q}_0 + \frac{\mu - r_0}{r_1 - r_0}\boldsymbol{q}_1 \tag{8.8}$$

式中，$\boldsymbol{q}_0 = \frac{1}{c}\boldsymbol{V}^{-1}\boldsymbol{1}$，代表的是最小方差组合；$\boldsymbol{q}_1 = \frac{1}{b}\boldsymbol{V}^{-1}E(\boldsymbol{R})$，代表的是均值方差平面上过原点和最小方差组合的直线与有效边界的交点所对应的组合（Roll，1992；Jiang et al.，2010）。组合 $\boldsymbol{q}_0$ 和 $\boldsymbol{q}_1$ 分别是两基金分离定理中的两"基金"。$r_0 = \frac{b}{c}$，即为最小方差组合的期望收益率，$r_1 = \frac{a}{b}$，为组合 $\boldsymbol{q}_1$ 的期望收益率。

在均值标准差平面上，模型（8.6）的约束条件代表直线 $E(r_p) = H + Z_\alpha \sigma_p$ 及其以上的区域。引理 1 告诉我们，如果模型（8.6）的最优解存在，最优解对应的组合必定为直线 $E(r_p) = H + Z_\alpha \sigma_p$ 与有效边界的交点中能提供较高期望收益的交点所对应的组合，如图 8.1 所示。然而，在有些情况下，模型（8.6）的解并不存在，下面的定理 1 描述了模型（8.6）最优解存在的条件以及最优解的表达式。

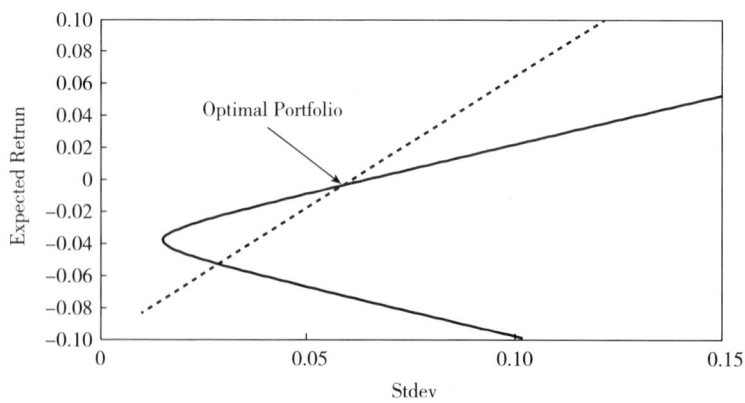

图 8.1　最优资产组合的选择

定理1： 当 $Z_\alpha > \sqrt{\dfrac{d}{c}}$ 且 $H \leq \dfrac{b}{c} - \sqrt{\dfrac{1}{c}\left(Z_\alpha^2 - \dfrac{d}{c}\right)}$ 时，模型（8.6）才存在最优解，最优解所对应的投资组合为：

$$\boldsymbol{q}_{opt} = \dfrac{r_1 - \mu_{opt}}{r_1 - r_0}\boldsymbol{q}_0 + \dfrac{\mu_{opt} - r_0}{r_1 - r_0}\boldsymbol{q}_1 \tag{8.9}$$

其中，$\mu_{opt} = \dfrac{Z_\alpha^2 \dfrac{b}{c} - \dfrac{d}{c}H + Z_\alpha \sqrt{\dfrac{d}{c}\left(\left(\dfrac{b}{c} - H\right)^2 - \left(Z_\alpha^2 - \dfrac{d}{c}\right)\dfrac{1}{c}\right)}}{Z_\alpha^2 - \dfrac{d}{c}}$。

证明：式（8.7）所确定的有效边界在均值标准差平面上是一双曲线，且双曲线的一条渐近线的斜率为 $\sqrt{\dfrac{d}{c}}$。

如果 $Z_\alpha < \sqrt{\dfrac{d}{c}}$，即直线 $E(r_D) = H + Z_\alpha \sigma_D$ 的斜率低于双曲线的斜率，在这种情况下，对于任意的 H 值，模型（8.6）都有可行解，但模型的目标函数值可以为无限大。

如果 $Z_\alpha = \sqrt{\dfrac{d}{c}}$，当 $H < \dfrac{b}{c}$ 时，模型（8.6）总有可行解，但目标函数依然可能会无限大；而当 $H \geq \dfrac{b}{c}$ 时，模型（8.6）根本没有可行解。

所以在 $Z_\alpha \leq \sqrt{\dfrac{d}{c}}$ 的情况下，模型（8.6）不存在最优解。

如果 $Z_\alpha > \sqrt{\dfrac{d}{c}}$，模型是否存在最优解依赖于 H 的取值。由于模型（8.4）的约束条件本质上是一个 VaR 约束，$VaR(1-\alpha, r_p) \leq -H$。对于给定一个满足 $Z_\alpha > \sqrt{\dfrac{d}{c}}$ 的 α，令有效边界上 VaR 最小的组合的 VaR 为 $VaR_{\min}$，则 H 必须满足 $VaR_{\min} \leq -H$，经计算我们得到（姚海祥和李仲飞，2009）

$$VaR_{\min} = \sqrt{\dfrac{1}{c}\left(Z_\alpha^2 - \dfrac{d}{c}\right)} - \dfrac{b}{c} \tag{8.10}$$

因此，如果 $H \leq \dfrac{b}{c} - \sqrt{\dfrac{1}{c}\left(Z_\alpha^2 - \dfrac{d}{c}\right)}$，则模型（8.6）就存在最优解，否则，没有可行解，当然也没有最优解。

由引理1可知，如果模型（8.6）的最优解存在，则最优解所对应的组合的期望收益率和风险应该满足下面方程组：

$$\begin{cases} \sigma_p^2 = \dfrac{c}{d}\left(E(r_p) - \dfrac{b}{c}\right)^2 + \dfrac{1}{c} \\ E(r_p) = H + Z_\alpha \sigma_p \end{cases}$$

求解上面方程组得到最优组合的期望收益率为 μ_{opt}，进而代入式（8.8）即可得到式（8.9）。

证毕。

从前面的建模和模型的求解过程可以看出，首先，基于 (α, H) 的投资策略符合国际投资者的直觉，有利于国际投资者在控制投资风险的基础上最大程度地提高投资收益；其次，相对于基于 VaR 的资产组合选择模型而言，基于 (α, H) 的投资策略需要投资者选择的参数分别是 α 和 H，很显然，对参数 α 和 H 选择的讨论比 VaR 的讨论更为容易，而且这两个参数最终决定了组合的 VaR；最后，模型的求解过程向我们展示，基于 (α, H) 的投资策略所确定的投资组合是一个有效组合，进而在理论上确保了这种投策略的有效性，因而，对国际投资者具有重要的应用价值。

8.3 数据

为了进一步说明基于 (α, H) 的投资策略在国际投资中的有效性，我们试图通过模拟和实证分析加以验证。为了实现这个目的，我们首先通过模拟分析比较基于 (α, H) 的投资策略与传统的国际投资策略的业绩，在这个过程中，我们将基于 (α, H) 的投资策略与等权策略、最小方差策略进行比较[①]。其次，我们还考察了投资组合不允许卖空的情况。最后，我们通过考察基于实际数据的组合样本外业绩来比较基于 (α, H) 的投资策略与传统国际投资策略的业绩。

用于模拟和实证分析的数据和第 7 章中所使用的数据完全一致，读者可以参考第 7 章中关于数据选取的说明和描述性统计分析，这里不再重复。

---

① 这里我们并没有将切点组合策略纳入比较分析，其原因主要在于：我们知道，切点组合本质上是夏普比率最大的组合，当投资机会集中不包含无风险资产（或将无风险收益率视为 0）时，切点组合就是均值标准差平面上从原点出发的直线与有效边界相切时，切点对应的组合。然而，在后面的实证分析中，当估计得到的最小方差组合的期望收益率为负时，切点组合根本就不存在，正因为如此，我们才没有将切点组合纳入比较分析。

第8章 基于（α，H）的投资策略的有效性：来自国际投资的证据

8.4 模拟分析

模拟分析的好处在于它可以回避参数估计的不确定性，进而可以较为公平地比较各种投资策略理论上的相对优劣。同时，也可以帮助我们分析不允许卖空的情形，进而可以弥补理论模型的不足。

8.4.1 （α，H）组合的选择

定理1表明，要应用基于（α，H）的国际投资策略，需要选择合适的（α，H）组合。由前文表7.1的数据我们可以计算得到，在允许（不允许）卖空的情况下，当 $\alpha < 0.3758$（$\alpha < 0.4153$），且 $H \leq \frac{b}{c} - \sqrt{\frac{1}{c}\left(Z_\alpha^2 - \frac{d}{c}\right)}$ 时，基于（α，H）的国际投资策略才存在最优解。图8.2展示了允许卖空和不允许卖空情况下，对于给定的最大失败概率 α，使得模型存在最优解的最大门槛收益率 H。从图8.2可以看出，不允许卖空情况下的 H-α 曲线位于允许卖空情况下 H-α 曲线的右下方，这表明，对于给定的一个 α，要使得不允许卖空情况下的模型存在最优解，其允许的最大门槛收益率 H 较允许卖空的情况低。这其中的主要原因在于：首先，相对于允许卖空的情况，不允许卖空情况下的有效边界必然位于允许卖空

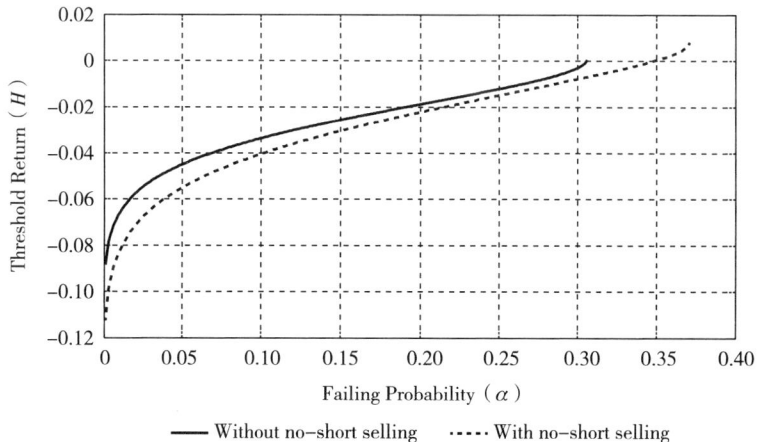

图8.2 α 和 H 的关系

情况下有效边界的内部;其次,给定 α 即确定了均值标准差平面上直线 $E(r_D) = H + Z_\alpha \sigma_D$ 的斜率 Z_α,而 H 恰恰代表了直线的截距,既然不允许卖空情况下的有效边界位于允许卖空情况下有效边界的内部,那么,要使不允许卖空情况下模型存在最优解的 H 的临界值最大不会超过使允许卖空情况下模型存在最优解的 H 的临界值。

另外,根据定理 1,当且仅当投资者选择的 (α, H) 组合位于 $H - \alpha$ 曲线及其以下的区域时,对应的模型才存在最优解。从图 8.2 可以看出,不管是允许卖空还是不允许卖空的情况,当 α 取 0.05 时,H 取 -0.06、-0.08、-0.10,模型均会存在最优解。另外,当 α 取 0.10 和 0.15 时,H 取 -0.06、-0.08 以及 -0.10,模型也会存在最优解。所以,在模拟分析中,我们考察了 9 种 (α, H) 组合的情况,这样不仅可以让我们全面了解基于 (α, H) 的国际投资策略,也为我们分析该策略的投资业绩相对于参数选取的敏感性成为可能。

8.4.2 模拟结果及其分析

基于表 7.1 的数据我们可以得到各个市场收益率的均值向量以及协方差矩阵,分别记为 μ,Σ。基于这些参数,我们可以得到允许卖空和不允许卖空情况下与各种投资策略对应的组合权重向量。假设所考察的这 26 个市场收益率服从 $N = (\mu, \Sigma)$,则每模拟一次我们就可以得到这 26 个市场的一个收益率向量,进而可以得到各种投资策略所对应组合的一个收益率,模拟 50000 次,得到各种投资策略下 50000 个组合的收益率,各种投资策略下组合收益率的均值、标准差以及夏普比率如表 8.1 所示。

表 8.1 模拟结果

	允许卖空			不允许卖空		
	均值	标准差	夏普比率	均值	标准差	夏普比率
等权策略	0.1104	0.2147	0.5142	0.1104	0.2147	0.5142
最小方差策略	0.0088	0.1016	0.0864	0.0371	0.1496	0.2478
基于 (α, H) 的国际投资策略						
$(\alpha, H) = (0.05, -0.06)$	0.2448	0.1701	2.2130	0.1876	0.2011	0.9331
$(\alpha, H) = (0.05, -0.08)$	0.3764	0.2357	1.5974	0.2883	0.3245	0.8884
$(\alpha, H) = (0.05, -0.10)$	0.4946	0.2988	1.6551	0.3542	0.4001	0.8854

第8章 基于 (α, H) 的投资策略的有效性：来自国际投资的证据

续表

	允许卖空			不允许卖空		
	均值	标准差	夏普比率	均值	标准差	夏普比率
(α, H) = (0.10, -0.06)	0.4196	0.2584	1.6237	0.3038	0.3414	0.8898
(α, H) = (0.10, -0.08)	0.5906	0.3516	1.6798	0.3924	0.4471	0.8777
(α, H) = (0.10, -0.10)	0.7541	0.4430	1.7021	0.4733	0.5513	0.8586
(α, H) = (0.15, -0.06)	0.6508	0.3851	1.6900	0.4035	0.4610	0.8752
(α, H) = (0.15, -0.08)	0.8889	0.5193	1.7118	0.5119	0.6024	0.8497
(α, H) = (0.15, -0.10)	1.1217	0.6520	1.7205	0.6155	0.7426	0.8288

注：这个表报道了各种投资策略下模拟组合的收益率均值、标准差以及夏普比率，共模拟50000次。

从表8.1可以看出，不管是允许卖空还是不允许卖空的情形，最小方差组合的风险总是最低的，但组合的平均收益水平和夏普比率也是最低的。等权策略虽然较最小方差策略能为投资者带来更高的平均收益和夏普比率，然而，与基于 (α, H) 的投资策略相比，等权策略的业绩都不如基于 (α, H) 的投资策略。就基于 (α, H) 的投资策略而言，不同的 (α, H) 组合对其投资业绩产生重要的影响。具体而言，不管是允许卖空还是不允许卖空，在给定门槛收益率 H 的情况下，α 越小，该策略为投资者带来的平均收益水平和风险就越低；同样，在给定最大失败概率 α 的情况下，H 越大，该策略为投资者带来的平均收益水平风险越低。这是因为，在 α 越小或者 H 越大的情况下，投资者对组合风险的控制程度就越高，进而作出的投资决策越趋向保守，这种情况下组合的风险和收益水平当然较低。就组合的夏普比率而言，在允许卖空的情况下，除 (α, H) = (0.05, -0.06) 的情况外，夏普比率相对于 α 或者 H 的敏感性与风险收益相对于 α 或者 H 的敏感性基本相同，其原因当然也类似。然而，在不允许卖空的情况下，夏普比率相对于 α 或者 H 的敏感性与风险收益相对于 α 或者 H 的敏感性变得相反。这其中有两方面的原因：首先，我们计算各组合夏普比率时假定无风险利率为0，因此，在均值标准差平面上，各组合的夏普比率实际上就是该组合与坐标原点所确定直线的斜率；其次，从表8.2可以看出，与允许卖空的情况不同，不允许卖空的情况下，最小方差组合的平均收益水平较高，虽然，随着 α 的增大或者 H 的减小，基于 (α, H) 的投资策略所确定的组合的风险收益水平在增大，但组合与坐标原点所确定直线的斜率在下降，这才出现前面的结果。

8.5 实证分析

为了进一步验证基于 (α, H) 的投资策略在国际分散投资过程中的有效性,接下来我们分析并比较各种投资策略的样本外业绩。

8.5.1 实证设计

为了构建各种投资策略下所对应的投资组合,需要估计各市场收益率的期望收益率向量和协方差矩阵,本章采取 Jorion(1985,1986)所提出的 Bayes – Stein 估计量来构建相应的组合。具体的参数估计方法如下:

$$\hat{\boldsymbol{\mu}}^{\text{PJ}} = (1 - \hat{v})\hat{\boldsymbol{\mu}} + \hat{v}\hat{\mu}_g \boldsymbol{1} \tag{8.11}$$

$$\hat{\boldsymbol{V}}^{\text{PJ}} = \left(1 + \frac{1}{T + \hat{\lambda}}\right)\overline{\boldsymbol{V}} + \frac{\hat{\lambda}}{T(T + 1 + \hat{\lambda})} \frac{\boldsymbol{1}\boldsymbol{1}^T}{\boldsymbol{1}^T \overline{\boldsymbol{V}}^{-1} \boldsymbol{1}} \tag{8.12}$$

其中,$\hat{\boldsymbol{\mu}}$ 为各市场样本收益率的均值向量,$\overline{\boldsymbol{V}} = \frac{T}{T - N - 2}\hat{\boldsymbol{V}}$,$\hat{\boldsymbol{V}}$ 为各市场样本收益率的协方差矩阵,$\hat{\mu}_g$ 为基于 $\overline{\boldsymbol{V}}$ 的最小方差组合的期望收益率,即 $\hat{\mu}_g = \frac{\boldsymbol{1}^T \overline{\boldsymbol{V}}^{-1} \hat{\boldsymbol{\mu}}}{\boldsymbol{1}^T \overline{\boldsymbol{V}}^{-1} \boldsymbol{1}}$,除此之外,

$$\hat{v} = \frac{N + 2}{(N + 2) + T(\hat{\boldsymbol{\mu}} - \hat{\mu}_g \boldsymbol{1})^T \overline{\boldsymbol{V}}^{-1}(\hat{\boldsymbol{\mu}} - \hat{\mu}_g \boldsymbol{1})}$$

$$\hat{\lambda} = \frac{N + 2}{(\hat{\boldsymbol{\mu}} - \hat{\mu}_g \boldsymbol{1})^T \overline{\boldsymbol{V}}^{-1}(\hat{\boldsymbol{\mu}} - \hat{\mu}_g \boldsymbol{1})}$$

Jorion(1986)发现,基于 $\hat{\boldsymbol{\mu}}^{\text{PJ}}$ 和 $\hat{\boldsymbol{V}}^{\text{PJ}}$ 的资产组合比基于各参数样本估计量的资产组合更能提高组合的样本外业绩。

先进参数的估计方法有利于降低参数的估计误差,除此之外,用来估计参数的样本规模也会对参数的估计误差产生影响,进而影响组合的样本外业绩。出于此,我们首先考虑用过去 5 年的月收益率数据(共 60 个月收益率)估计参数和各种策略所对应的投资组合(这相当于从 2005 年 1 月开始构建组合,考察组合的业绩),然后计算并记录投资组合样本外 1 个月的收益率。之后,每过 1 个月,用于估计参数的样本在前面的基础上再增加一个,重新估计参数和投资组合,计算并记录对应投资组合的收益率,依次类推,直到样本期满。这样,我

们会得到基于各种投资策略的一系列收益率,我们的实证分析正是基于这些收益率数据。

8.5.2 (α, H) 组合的选择

与模拟分析中的 (α, H) 组合的选择不同,当我们考察各种投资策略样本外业绩时,每估计一次参数就会得到一个使基于 (α, H) 投资策略有解的最大 α,图 8.3 是允许卖空和不允许卖空情况下,使得对应的基于 (α, H) 投资策略有解的最大 α 序列。从图 8.3 可以看出,不管是允许卖空还是不允许卖空的情形,只要投资者选择的最大失败概率低于 0.36,基于 (α, H) 的投资策略都可能存在最优解,除此之外,基于 (α, H) 的投资策略最终是否存在最优解还依赖于 H 的选择。图 8.4 是允许卖空和不允许卖空情况下,对于每次参数估计,在给定 α 的情况下,使得模型存在最优解的最大门槛收益率 H。由于每次参数估计都对应一组 H-α 曲线(允许和不允许卖空的情况),所以,当经历多次参数估计时,就会有多组 H-α 曲线。从图 8.4 同样可以看出,不允许卖空情况下的 H-α 曲线位于允许卖空情况下的 H-α 曲线的右下方。另外,我们还可以看出,不管是允许卖空还是不允许卖空的情况,当 α 取 0.05 时,H 取 -0.10、-0.12,模型总会存在最优解。另外,当 α 取 0.10 和 0.15 时,H 取 -0.08、-0.10 以及 -0.12,模型也会存在最优解。所以,在实证分析中,我们考察了八种 (α, H) 组合的情况。

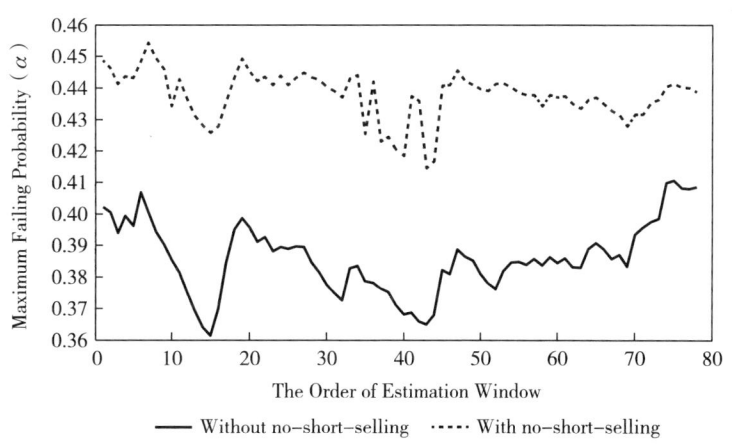

图 8.3 每次参数估计下得到的 α 的临界值

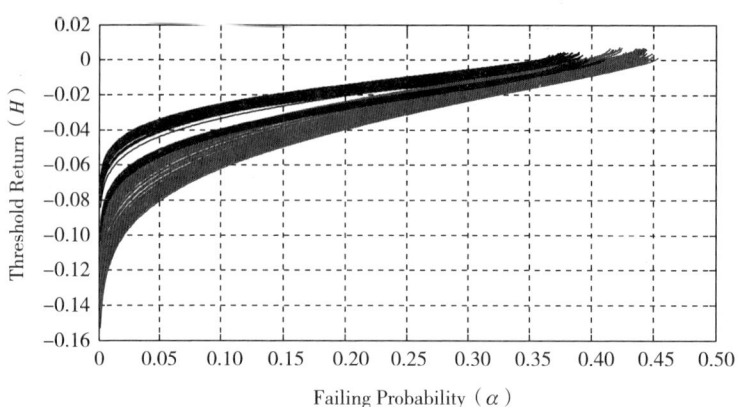

图 8.4 每次参数估计下 α 和 H 的关系

注:图中的深色曲线族代表允许卖空的情况,而浅色曲线族代表不允许卖空的情况。

8.5.3 实证结果及其分析

基于前面的实证设计,我们可以得到基于各种投资策略的一系列收益率,进而可以计算代表各种投资策略业绩的指标,包括收益率的均值、标准差、偏度和峰度。另外,我们还考察了组合的夏普比率,如表 8.2 所示。可以看出:首先,与模拟结果类似,不管是允许卖空还是不允许卖空的情形,最小方差组合的风险是最低的,组合的平均收益水平和夏普比率也是最低的。其次,将等权策略与基于 (α, H) 的投资策略相比,不管是否允许卖空,基于 (α, H) 的投资策略样本外收益率的均值均高于等权策略样本外收益率的均值。然而,在允许卖空的情况下,基于 (α, H) 的投资策略样本外收益率的标准差却都高于等权策略样本外收益率的标准差,进而导致夏普比率并没有等权策略的夏普比率高。在不允许卖空的情况下,基于 (α, H) 投资策略的风险水平与等权策略的风险水平相当,但由于 (α, H) 投资策略能获得更高的收益水平,最终导致其夏普比率普遍高于等权策略的夏普比率。另外,就组合收益率的偏度和峰度而言,不管是否允许卖空,基于 (α, H) 投资策略所带来收益率的偏度较等权策略高,这意味着该策略较等权策略具有更好的上方获利能力,尤其是在不允许卖空的情况下,该策略所带来收益率的峰度也更低。

就基于 (α, H) 的投资策略而言,在允许卖空的情况下,样本外收益率的均值、标准差以及夏普比率相对于 α 和 H 的敏感性规律与模拟结果类似。在不允

第8章 基于 (α, H) 的投资策略的有效性：来自国际投资的证据

许卖空的情况下，样本外收益率的均值、标准差以及夏普比率相对于H的敏感性规律依然与模拟结果类似，而相对于α所呈现出的敏感性规律却变得比较模糊。与允许卖空的情况相比，不允许卖空虽然降低了基于（α, H）投资策略所对应组合的收益水平，但更重要地也将风险水平控制在一个合理的水平，进而导致不允许卖空情况下该策略的夏普比率比允许卖空的情形高。限制卖空之所以能有效控制组合的风险，其原因主要在于两个方面：首先，直观上，限制卖空能有效地将组合中各资产的权重控制在 0~1，进而使组合中风险过大的资产的权重得到有效控制；其次，限制卖空还有利于降低参数的估计误差，进而可以提高组合的样本外业绩，当然包括降低风险（Jagannathan and Ma, 2003）。

表8.2 实证结果

	允许卖空					不允许卖空				
	均值	标准差	夏普比率	偏度	峰度	均值	标准差	夏普比率	偏度	峰度
等权策略	0.1491	0.2321	0.6425	-1.0386	6.2936	0.1491	0.2321	0.6425	-1.0386	6.2936
最小方差策略	0.0295	0.1449	0.2038	-0.6593	3.8950	0.0876	0.1670	0.5245	-0.9099	4.6316
基于(α, H)的投资策略										
(α, H) = (0.05, -0.10)	0.2031	0.3192	0.6365	0.8248	7.6287	0.2033	0.2675	0.7601	-1.0818	5.7103
(α, H) = (0.05, -0.12)	0.2429	0.3798	0.6395	0.9161	7.7377	0.1879	0.3098	0.6066	-0.6587	3.8229
(α, H) = (0.10, -0.08)	0.2197	0.3462	0.6346	0.8481	7.5936	0.1529	0.2136	0.7157	-0.8958	5.1640
(α, H) = (0.10, -0.10)	0.2733	0.4296	0.6361	0.9333	7.6601	0.1778	0.2370	0.7504	-0.9355	5.3331
(α, H) = (0.10, -0.12)	0.3259	0.5131	0.6353	0.9642	7.6014	0.1997	0.2612	0.7646	-0.9998	5.4227
(α, H) = (0.15, -0.08)	0.2872	0.4552	0.6311	0.9235	7.5689	0.1429	0.2006	0.7127	-0.8040	4.9002
(α, H) = (0.15, -0.10)	0.3565	0.5666	0.6293	0.9551	7.4958	0.1582	0.2164	0.7310	-0.8387	5.0402
(α, H) = (0.15, -0.12)	0.4251	0.6779	0.6271	0.9624	7.3913	0.1746	0.2345	0.7447	-0.8522	5.1347

注：各市场收益率均为美元收益率、均值、标准差和夏普比率均为年化后的结果。

综上所述，与传统的投资策略相比，基于（α, H）的投资策略更能帮助投资者获得更高的收益水平，尤其在不允许卖空的情况下，该策略不仅能获得比等权策略更高的收益水平，而且还能有效地控制组合的风险，最终获得比等权策略更高的夏普比率。另外，基于（α, H）投资策略的业绩还依赖于参数α和H的选择，通常而言，投资者所选择的α越低或H越高，投资组合的收益和风险水平就较低。

8.6 结 论

对投资者而言,一种具有吸引力的投资策略应该具备两方面的特征:首先,该投资策略应该能灵活体现投资者的投资目标,进而可以满足不同风险偏好投资者的需求;其次,该策略应该能实现与投资目标相一致的投资业绩。基于下方风险的资产组合选择模型虽然顺应了现代风险管理的要求,也能灵活体现投资者目标,满足不同偏好投资者的需求,但现有文献对这类模型实际投资效果的考察仍然鲜见。在探究其中原因的基础上,本章提出了基于 (α, H) 的投资策略,并将这种策略纳入国际投资过程,分别通过模拟和实证的方法考察了这种投资策略在国际投资过程中的有效性。模拟结果表明,不管是否允许卖空,相对于传统的等权策略和最小方差策略,基于 (α, H) 的国际投资策略能为投资者带来更高的收益水平和夏普比率。实证结果表明,不管是否允许卖空,基于 (α, H) 的投资策略也能为投资者带来更高收益水平,在不允许卖空的情况下,基于 (α, H) 的投资策略由于能有效地控制组合的风险水平,最终能为投资者带来比等权策略更高的夏普比率。此外,不管是模拟分析还是实证分析,其结果都表明,(α, H) 组合的选择对这种投资策略的业绩产生重要影响。

第9章 最小方差组合和等权组合的结合：组合业绩能得到提升吗？

9.1 引言

自从 Markowitz（1952）的资产组合选择理论诞生以来，均值方差分析不管在学术界还是在业界都已经成为一个非常重要的组合管理方法。然而，均值方差方法的应用需要准确估计各资产收益率的均值、方差以及不同资产收益率之间的协方差。由于参数估计误差的存在，基于估计得到的参数而求得的均值方差有效组合可能与真正的有效组合相差很大；另外，对于高频调整组合的动态交易策略而言，参数估计误差的影响就更为严重（Zhang et al.，2017）。此外，大量的文献也已表明估计得到的均值方差有效组合会带来较差的样本外业绩（Broadie，1993；Chopra and Ziemba，1993；Jorion，1985；Kan and Smith，2008；Klein and Bawa，1976；Michaud，1989），以至于这些组合比等权组合表现还差（DeMiguel et al.，2009a）。

资产组合选择的标准做法通常是忽略参数的估计风险，将样本均值和样本协方差矩阵代入均值方差模型，进而求得组合的权重。此外，贝叶斯方法将参数估计的不确定性纳入资产组合选择过程，进而相对于标准方法可以提升样本外组合业绩。在贝叶斯方法下，待估计的参数被假设服从一个事前分布，然后得到资产收益率的预期分布，进而通过最大化基于参数预期分布的效用函数得到贝叶斯最优组合权重（Barry，1974；Jobson and Korkie，1980；Jorion，1986；Pastor，2000；Pastor and Stambaugh，2000）。

虽然贝叶斯组合分析能有效降低参数估计风险，但该方法仍然需要估计资产收益率的均值向量和协方差矩阵。一方面,资产收益率的均值向量比协方差矩阵的估计更加困难;另一方面,资产收益率均值向量的估计误差对组合权重的影响比协方差矩阵的估计误差对组合权重的影响更大(Merton,1980;Best and Grauer,1992;Black and Litterman,1992)。正是因为这个原因,许多研究考虑避开资产收益率均值向量的估计误差,而把精力集中在仅依赖协方差矩阵估计的最小方差组合上。然而,虽然最小方差组合能带来较低的风险,但同时实证证据表明最小方差组合也会带来较差的样本外收益率(Fletcher,2009)。

等权组合既不需要估计任何参数,也不需要任何优化技术,而简单地将资金平均配置到各个资产,因此,等权组合在养老基金的投资管理中得到广泛应用(Benartzi and Thaler,2001),而且在与其他投资组合策略比较过程中充当比较基准的作用(Duchin and Levy,2009;DeMiguel et al.,2009b;Fletcher,2009;Jiang et al.,2013)。许多之前的实证研究表明,等权组合比各种基于组合选择模型得到的最优组合能带来更高的样本外夏普比率,但比最小方差组合带来更高的用方差衡量的风险(Disatnik and Benninga,2007;Clarke et al.,2006;Fletcher,2009;Duchin and Levy,2009)。

为了降低参数估计误差的影响进而提升组合的样本外业绩,本章中我们提出通过将最小方差组合和等权组合进行组合的投资策略。这个组合策略之所以能提升投资组合的业绩,有至少以下三个方面的原因:首先,最小方差组合的构建仅依赖于资产收益率协方差矩阵的估计,而其他任何均值方差有效组合既依赖于资产收益率协方差矩阵的估计又依赖于资产收益率均值向量的估计。因此,将最小方差组合而不是其他任何均值方差有效组合与等权组合进行组合可以有效规避资产收益率均值向量的估计,进而降低资产收益率均值向量的估计误差对组合样本外业绩的影响。其次,就这个组合策略而言,最小方差组合仅依赖于资产收益率协方差矩阵的估计,而等权组合不需要估计任何参数,因此,只要组合系数ϖ为$0\sim1$,即$\varpi\in(0,1)$,组合策略相对于最小方差组合而言更少受协方差矩阵估计误差的影响。最后,就投资组合的样本外收益、风险以及夏普比率而言,组合策略更可能带来比最小方差组合更好的业绩。其中的原因在于:对于给定的组合系数$\varpi\in(0,1)$,组合策略的样本外收益率就是最小方差组合和等权组合样本外收益率的加权平均,考虑到等权组合的样本外收益水平高于最小方差组合样本外收益水平的事实,组合策略的样本外收益率要高于最小方差组合的样本外收益率。另外,考虑到最小方差组合和等权组合样本外收益率的相关系数总会小于1,因此,组合策略的风险也一定会低于等权组合的风险水平。如果最小方差组

第9章 最小方差组合和等权组合的结合：组合业绩能得到提升吗？

合和等权组合的收益率之间的相关系数较小，则组合策略的风险水平会低于最小方差组合和等权组合中任意一个组合的风险水平。所以，组合策略可以带来比最小方差组合和等权组合更高的夏普比率。

考虑到最小方差组合依赖于资产收益率协方差矩阵的估计，而且文献研究表明协方差矩阵的收缩估计量通常表现更好（Disatnik and Benninga, 2007; Fletcher, 2009），所以，我们考察了基于不同协方差矩阵估计量的最小方差组合，包括样本协方差矩阵，Ledoit 和 Wolf（2003）提出的协方差矩阵的收缩估计量，Ledoit 和 Wolf（2004）提出的协方差矩阵的收缩估计量，以及以上三个协方差矩阵估计量的组合估计量（由三个估计量的等权平均得到）。除了用来估计协方差矩阵的方法外，用于估计协方差矩阵的样本规模也会影响参数的估计误差。出于这个考虑，我们考察了用过去 5 年（60 个月收益率数据）、10 年（120 个月收益率数据）以及 15 年（180 个月收益率数据）的月收益率数据来估计资产收益率的协方差矩阵的情形。此外，考虑到在组合优化过程中纳入组合权重约束可以在样本误差和样本信息损失之间起到很好的权衡效果（Behr et al., 2013; Jagannathan and Ma, 2003），我们在构建最小方差组合时分别考察了带有卖空约束和没有卖空约束的情形。

在本章的研究中，首先，计算不同情景下组合策略 $[\varpi \in (0,1)]$ 的样本外业绩，并考察组合策略是否在风险降低和夏普比率提升方面比单个的等权组合和最小方差组合表现更好。其次，为了挖掘组合策略业绩最大可能的提升程度，我们求解了能使组合业绩最大化的最优组合系数。图 9.1 是本章研究的一个基本流程图。从图 9.1 可以看出，组合策略可以兼顾到等权组合能产生较高的样本外收益的优势与最小方差组合较少受到估计误差影响且能带来较低风险的优势，同时最小化了等权组合的高风险和最小方差组合低收益的特征，因而可以获得更好的组合业绩。在组合策略中，最小方差组合所占的比重为 $1-\varpi$，所以，组合系数反映了投资者对最小方差组合的信任程度。参数的估计误差越小，最小方差组合越值得信任，最小方差组合越应该被赋予更高的权重。因此，所有影响参数估计误差的因素都会对组合系数产生影响。这些因素包括用于估计参数的样本规模、参数估计方法以及组合优化过程中是否有卖空约束等。

本章的研究贡献主要表现在以下几个方面：

首先，我们提出了通过将最小方差组合和等权组合进行组合以提升组合业绩的投资策略。将不同投资策略进行组合的思想在最近的研究中都有出现（Brandt et al., 2009; DeMiguel et al., 2009a; Kan and Zhou, 2007）。我们的研究主要受

Tu 和 Zhou（2011）的启发，他们在研究中提出将等权组合与各种 Markowitz 组合进行组合。然而，他们的研究主要考察通过最小化期望损失函数的最优组合系数，相反，我们主要通过考察不同情景下组合策略的样本外业绩，并与单个的最小方差组合和等权组合的业绩进行比较。而且，Tu 和 Zhou（2011）考察的是等权组合和切点组合的组合，而我们的研究主要考察等权组合和最小方差组合的组合问题。正如我们所知道的一样，切点组合同时受到资产收益率均值向量和协方差矩阵估计误差的影响，而最小方差组合仅受到协方差矩阵估计误差的影响，而不受资产收益率均值向量的影响。

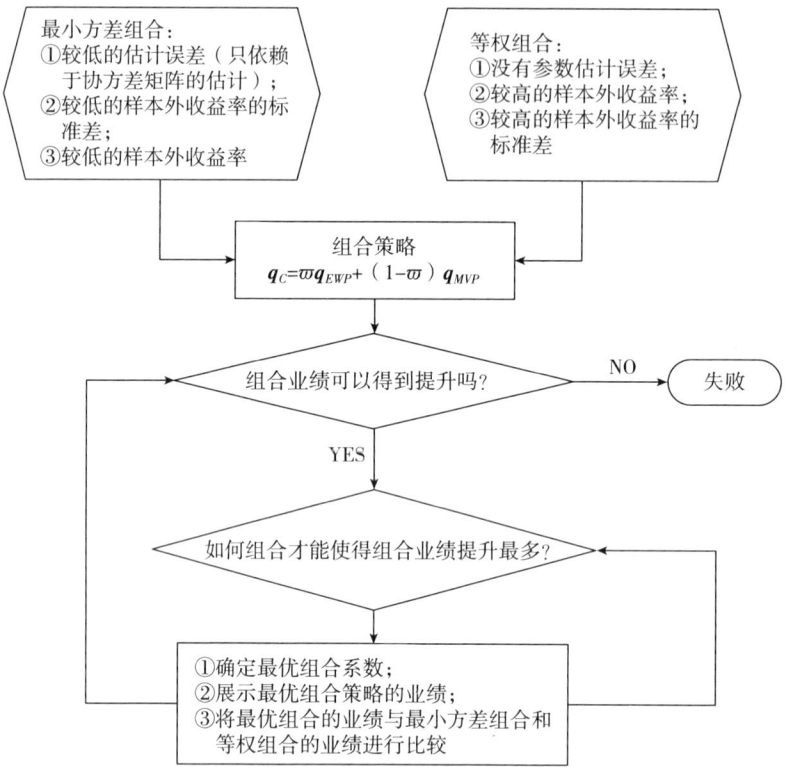

图 9.1　本章的主要逻辑思路和动机

注：这个流程图主要展示了本研究的动机和两个主要的研究问题。考虑到最小方差组合和等权组合的优势和劣势，我们提出了将两个组合进行结合的策略。主要的研究问题有：①将最小方差组合和等权组合进行组合是否能提升组合业绩？②如何确定最好的方法将这两个组合进行组合，进而最大程度地提升组合业绩。

其次,我们通过实证的方法得到组合策略的最优的组合系数,且进一步考察了最优组合策略的样本外业绩。为了通过实证方法得到最优组合系数,我们考察了影响最小方差组合估计误差的因素,并建立了最优组合系数和这些因素之间的关系,包括样本规模、估计方法、卖空约束等。在 Tu 和 Zhou(2011)的研究中,最优组合系数通过最小化期望损失函数获得。应用最优化技术会带来额外的估计误差,而且也不能分析对最优组合系数产生影响的因素。我们的方法可以规避资产收益率均值向量的估计,且可以将是否具有卖空约束的情景考虑进来,这在实际的投资管理过程中具有重要的现实意义。

我们的研究结论表明,组合策略可以提升夏普比率,同时在最小方差组合允许卖空的情况下降低风险。然而,在最小方差组合不允许卖空的情况下,组合策略并不能带来比最小方差组合更低的风险水平。此外,我们还发现,当用来估计参数的样本规模增加、采用收缩估计方法估计协方差矩阵以及施加卖空约束时,最小方差组合与等权组合进行组合的必要性下降,而当考虑样本外业绩的期限增加时,最小方差组合与等权组合进行组合的必要性上升。

9.2 研究方法

9.2.1 最小方差组合和等权组合

我们假设市场上有 n 种不同的风险资产可供投资者选择,且这 n 种风险资产的收益率向量为 R。进一步假设投资者投资于这 n 种风险资产的投资比例向量为 $q = (q_1, q_2, \cdots, q_n)^T$,其中 q_i($i = 1, 2, \cdots, n$)为投资者投资于第 i 种风险资产的投资比例,T 代表的是转置运算。因而,组合的收益率就可以表示为 $r_p = q^T R$。最小方差组合就是下面模型的解。

$$\min q^T V q \quad s.t. \; q^T \mathbf{1} = 1 \tag{9.1}$$

式中,V 代表的是风险资产收益率的协方差矩阵,且假设 V 是可逆的。$\mathbf{1}$ 为元素全为 1 的 n 维列向量。在不允许卖空的情况下,我们还应在式(9.1)所代表的模型中加入额外的约束条件 $q \geq \mathbf{0}$,$\mathbf{0}$ 为元素全为 0 的 n 维列向量。在后面的实证分析中,我们分别考察了允许卖空和不允许卖空情况下的最小方差组合与等权组合的组合策略的业绩。

模型 (9.1) 的解就是：

$$q_{MVP} = \frac{V^{-1} \mathbf{1}}{\mathbf{1}^T V^{-1} \mathbf{1}} \tag{9.2}$$

从式 (9.2) 可以看出，不管是否有施加卖空约束，最小方差组合的构建仅依赖于资产收益率协方差矩阵 V 的估计。

等权组合就是指配置到各个风险资产上的资金比例都一样的组合，即有 $q_i = 1/n$ ($i = 1, 2, \cdots, n$)。不像最小方差组合，等权组合既不需要估计任何参数，也不依赖任何的优化技术。

9.2.2 协方差矩阵的估计

在资产组合选择问题中，协方差矩阵估计是非常重要的环节，尤其是当投资机会集中资产的数量大于用于估计参数的样本数量时，协方差矩阵的估计就变得非常困难。通常而言，资产收益率协方差矩阵就用样本协方差矩阵来代表，具体计算如下：

$$\hat{V}_{samp} = \frac{1}{K-1} \sum_{j=1}^{K} (\mathbf{R}_j - \overline{\mathbf{R}})(\mathbf{R}_j - \overline{\mathbf{R}})^T \tag{9.3}$$

其中，$\overline{\mathbf{R}}$ 代表的是各风险资产收益率向量观测值 $\mathbf{R}_j$ ($j = 1, 2, \cdots, K$) 的算术平均值向量，K 代表的是样本观测值的数量。样本协方差矩阵比较容易计算而且是自协方差矩阵的无偏估计量。然而，样本协方差矩阵包含估计误差，以至于基于该估计量的有效组合样本外业绩通常表现很差 (Jobson and Korkie, 1980)。为了提高协方差矩阵的估计精度，研究者们提出将样本协方差矩阵向另一个低方差目标 (Lower variance target) 收缩，进而起到降低估计误差的效果。相关的研究也已经表明，协方差矩阵的收缩估计量比样本协方差估计量表现要好 (Disatnik and Benninga, 2007; Fletcher, 2009)。也正是因为这个原因，除了样本外协方差矩阵的估计量以外，我们在本章中也考察了另外两个协方差矩阵的收缩估计量和各个估计量的组合估计量。

我们考察的第一个协方差矩阵的收缩估计量是将基于单因素模型的协方差矩阵作为低方差目标收缩估计得到 (Ledoit and Wolf, 2003)。假设资产收益率在单因素模型生产的基础上，估计得到的协方差矩阵为 $\hat{F}_{sing}$，由于 $\hat{F}_{sing}$ 所需估计的参数数量较少，进而带有较低估计误差。然而，假设资产收益率的生成服从单因素模型，又会带来模型的设定误差 (misspecification error)，因而估计量 $\hat{F}_{sing}$ 是有偏的。Ledoit 和 Wolf (2003) 提出将 $\hat{V}_{samp}$ 向 $\hat{F}_{sing}$ 收缩进而降低参数的估

计误差:

$$\hat{V}_{sing} = \alpha \hat{F}_{sing} + (1-\alpha) \hat{V}_{samp} \tag{9.4}$$

式中,α 称为收缩强度,且 $\alpha \in [0,1]$,$\hat{F}_{sing}$ 则称为收缩目标。

我们考察的第二个协方差矩阵的收缩估计量为 $\hat{V}_{corr}$,是将 $\hat{V}_{samp}$ 向常相关系数矩阵收缩估计得到(Ledoit and Wolf,2004):

$$\hat{V}_{corr} = \alpha \hat{F}_{ccm} + (1-\alpha) \hat{V}_{samp} \tag{9.5}$$

在这个模型中,协方差矩阵的收缩目标为 $\hat{F}_{ccm}$,$\hat{F}_{ccm}$ 是在假设资产收益率之间的两两相关系数都相等的基础上估计得到的协方差矩阵。这个相等的相关系数被称为一般常相关系数(common constant correlation)。因此,收缩目标 $\hat{F}_{ccm}$ 就是根据各个资产的样本方差和一般常相关系数计算得到。α 和式(9.4)中的定义一致,也是收缩强度。在后面的实证分析中,我们将所有资产收益率两两之间的相关系数取平均得到一般常相关系数。

最后一个协方差矩阵的估计量叫组合估计量,$\hat{V}_{port}$ 是之前三个协方差矩阵估计量的简单平均,即:

$$\hat{V}_{port} = \frac{1}{3}(\hat{V}_{samp} + \hat{V}_{sing} + \hat{V}_{corr}) \tag{9.6}$$

通过取三个协方差估计量的平均,组合估计量可以抵消掉部分基于各个不同模型所估计得到估计量的估计误差,进而降低组合估计量的估计误差。

9.2.3 将最小方差组合和等权组合进行组合

记等权组合中各资产的权重向量为 q_{EWP},最小方差组合和等权组合进行组合后的组合策略可以表示为:

$$q_C = \varpi q_{EWP} + (1-\varpi) q_{MVP} \tag{9.7}$$

式中,ϖ 是组合系数,且 $0 \leq \varpi \leq 1$。在 DeMiguel 等(2009a)和 Tu 和 Zhou(2011)的研究中,最优组合系数通过最大化期望效用函数得到。然而,在通过优化技术得到最优组合系数时,必须获得资产收益率的均值向量,因而,最优组合系数的获得也不可避免地受到额外参数估计误差的影响。

在本章中,我们首先基于最优化投资目标导出一个理论上的最优组合系数。在一定程度上,这个方法与 DeMiguel 等(2009a)及 Tu 和 Zhou(2011)的方法类似,最优组合系数的获得也会受到资产收益率均值和协方差矩阵估计误差的影响。为了规避参数估计误差的影响,我们提出了一个因子模型(factor approach),进而通过实证的方法获得最优组合系数。为了实现这个目的,我们考虑让ϖ在 0~1 按照 0.01 的步长变动，进而计算ϖ取不同值时组合策略的业绩，在此基础上评价对最优组合系数产生影响的主要因素。在后面的实证分析中我们发现，基于这个方法的组合策略在样本外业绩方面表现得比最小方差组合和等权组合更好。

9.2.4 业绩评价

我们从样本外收益率的标准差和夏普比率来衡量组合策略的样本外业绩。夏普比率是组合收益率相对于无风险收益率的超额收益率与组合收益率标准差的比值。具体而言，如果组合收益率为 r_p，无风险收益率为 r_f，则夏普比率 S_p 可以表示为：

$$S_p = \frac{E(r_p - r_f)}{\sigma(r_p - r_f)} \tag{9.8}$$

夏普比率衡量了组合收益和风险的权衡，该指标反映了组合的均值方差效率。

9.3 数据和实证设计

本章中用于实证分析的数据是来自美国市场上 40 个行业组合价值加权的月度收益率数据①，数据选择时间是为 1926 年 7 月至 2017 年 12 月，数据来自 Kenneth R. French 的个人网页。每个行业组合的收益率序列包含有 1098 个观测值。无风险利率数据同样也来自 Kenneth R. French 的个人网页。在数据选择期间，航天器行业组合呈现最高的平均年化收益率，约 17.1%；而"其他"行业组合的平均年化收益率最低，为 8.72%。从风险角度看，电话通信行业组合的风险最低，收益率的标准差为 15.9%，而煤炭行业组合的风险最高，标准差为 37.5%。各行业组合收益率之间的相关系数为 0.35~0.88②。

为了计算组合策略样本外收益率的标准差和夏普比率，我们需要分别得到最小方差组合和等权组合样本外收益率的序列。为了实现这个目的，我们首先用过去 60 个月（5 年）、120 个月（10 年）以及 180 个月（15 年）收益率数据估计资产收益率的协方差矩阵，并求解最小方差组合的权重向量。其次构建并计算最

---

① 原始的数据是包括 48 个行业组合的收益率数据，我们将有数据缺失的其他 8 个行业组合排除在分析之外。

② 由于包含行业组合的数量较多，我们并没有将各行业组合收益率的描述性统计结果报道在文中。

第9章 最小方差组合和等权组合的结合：组合业绩能得到提升吗？

小方差组合的样本外1个月、6个月以及1年的收益率，如式（9.9）～式（9.11）所示。最后，我们将参数估计窗口向前移动1个月，重新估计最小方差组合的权重向量，计算最小方差组合样本外的收益率。这样，我们可以得到各种情景下最小方差组合一系列样本外收益率。对于等权组合我们运用同样的过程计算并记录各种情景下样本外收益率序列。

组合样本外1个月、6个月以及12个月的收益率计算如下：

$$r_{p1} = \sum_{i=1}^{N} q_i r_{i1} \tag{9.9}$$

$$r_{p6} = \sum_{i=1}^{N} q_i \left(\prod_{k=1}^{6} (1+r_{ik}) - 1 \right) \tag{9.10}$$

$$r_{p12} = \sum_{i=1}^{N} q_i \left(\prod_{k=1}^{12} (1+r_{ik}) - 1 \right) \tag{9.11}$$

式（9.9）～式（9.11）中，r_{p1}、r_{p6}、r_{p12}分别代表的是组合样本外1个月、6个月以及12个月的收益率。q_i代表的是组合中第i种资产的比重。就最小方差组合而言，q_i（$i=1, 2, \cdots, n$）是基于不同的参数估计方法以及用不同数量的样本数据估计得到的。而对于等权组合而言，$q_i = 1/n$（$i=1, 2, \cdots, n$）。式（9.9）中，r_{i1}代表的是第i种资产在参数估计窗口之后样本外1个月的收益率；式（9.10）中，$\prod_{k=1}^{6}(1+r_{ik})-1$代表的是第$i$种资产在参数估计窗口之后样本外6个月的收益率；式（9.11）中，$\prod_{k=1}^{12}(1+r_{ik})-1$代表的是第$i$种资产在参数估计窗口之后样本外12个月的收益率。因此，对应不同情况下的超额收益率分别可以表示为：

$$er_{p1} = \sum_{i=1}^{N} q_i r_{i1} - r_{f1} \tag{9.12}$$

$$er_{p6} = \sum_{i=1}^{N} q_i \prod_{k=1}^{6}(1+r_{ik}) - \prod_{j=1}^{6}(1+r_{fj}) \tag{9.13}$$

$$er_{p12} = \sum_{i=1}^{N} q_i \prod_{k=1}^{12}(1+r_{ik}) - \prod_{j=1}^{12}(1+r_{fj}) \tag{9.14}$$

由式（9.12）～式（9.14）我们可以计算得到各种情景下组合策略样本外一系列的超额收益率序列。

为了确保不同情景下各业绩指标具有可比性，我们考虑从1941年7月开始构建组合，计算不同情景下样本外收益率，然后每过1个月将参数估计窗口向前移动1个月，再估计参数，构建组合，计算组合样本外收益率，依次类推，直到样本结束。这样，我们就可以得到最小方差组合和等权组合 917 个样本外 1 个月收益率，912 个样本外 6 个月收益率以及 906 个样本外 12 个月收益率。后面的实证分析就是基于这些收益率数据。

9.4 实证结果

9.4.1 最小方差组合、等权组合以及组合策略的业绩

为了从风险降低和夏普比率提升的角度评价将最小方差组合和等权组合进行组合的好处，我们在图 9.2 和图 9.3 中分别画出了组合策略的风险水平和组合系数之间的曲线以及组合策略的夏普比率和组合系数之间的曲线。式（9.7）表明当 $\varpi=0$ 时，组合策略对应的是最小方差组合，而当 $\varpi=1$ 时，组合策略对应的是等权组合。

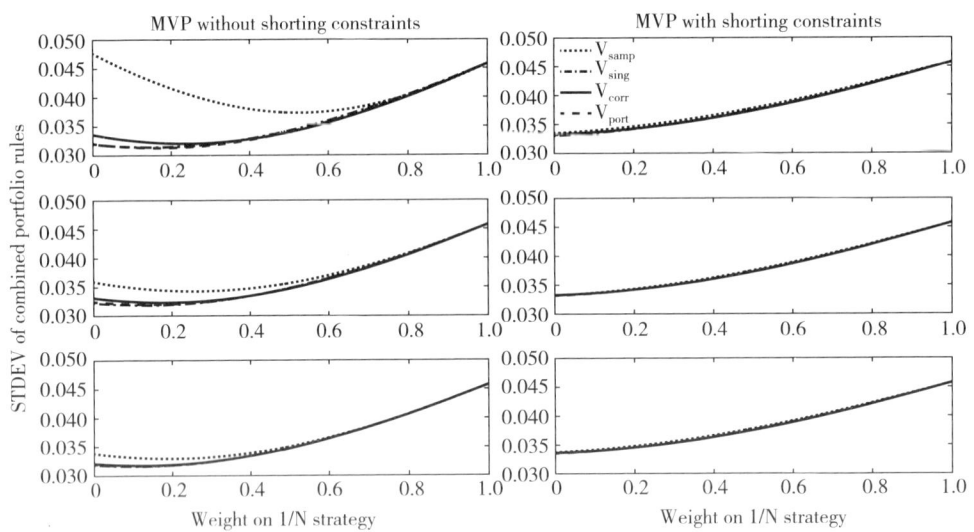

图 9.2　不同情景下组合策略的标准差与组合系数之间的关系

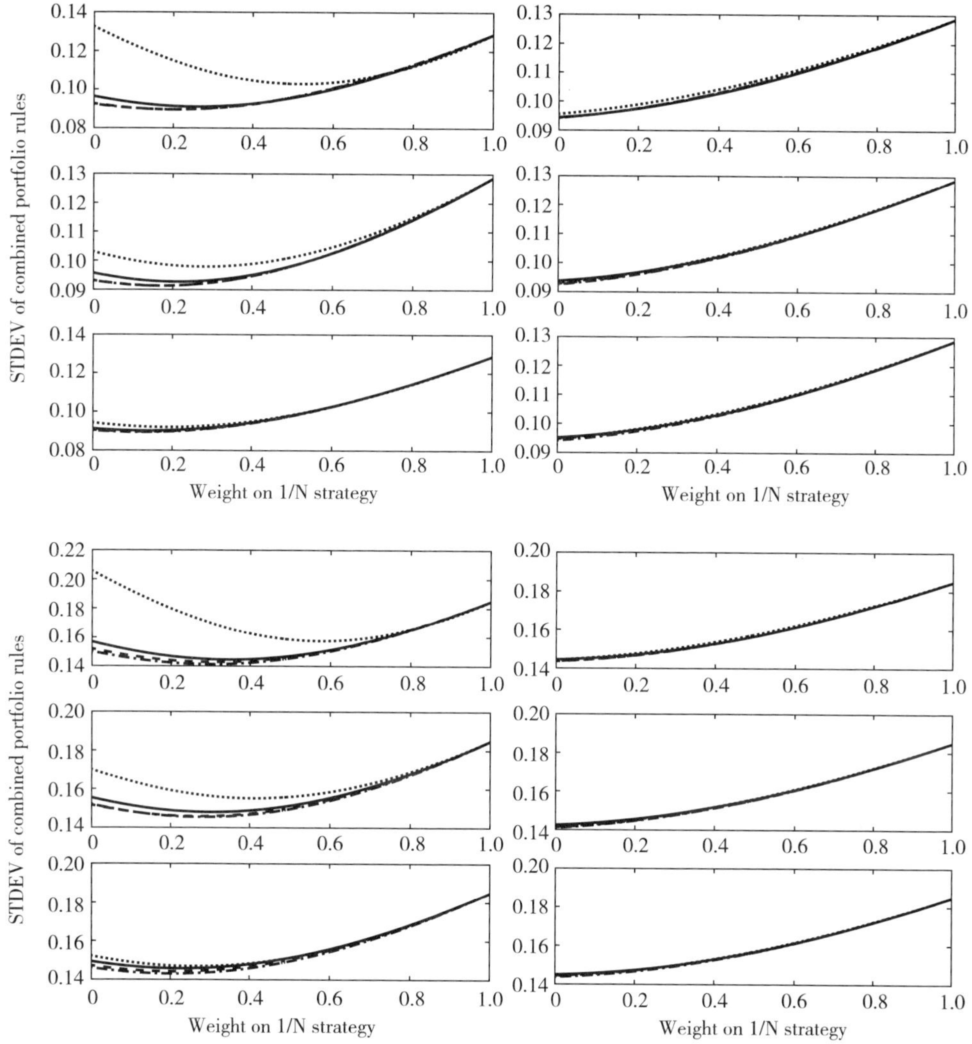

第9章 最小方差组合和等权组合的结合：组合业绩能得到提升吗？

图 9.2　不同情景下组合策略的标准差与组合系数之间的关系（续）

注：左边的图展示的是允许卖空情况下，组合策略的标准差与组合系数之间的关系，而右边的图展示的是不允许卖空情况下组合策略的标准差与组合系数之间的关系。此外，最上面的6个子图对应的是基于各组合样本外1个月收益率的计算结果；中间和下面的6个子图分别对应的是基于各组合样本外6个月、12个月收益率的计算结果。上、中、下每6个子图中，上面一行、中间一行以及下面一行对应的是参数估计期间分别为5年、10年以及15年的情形。

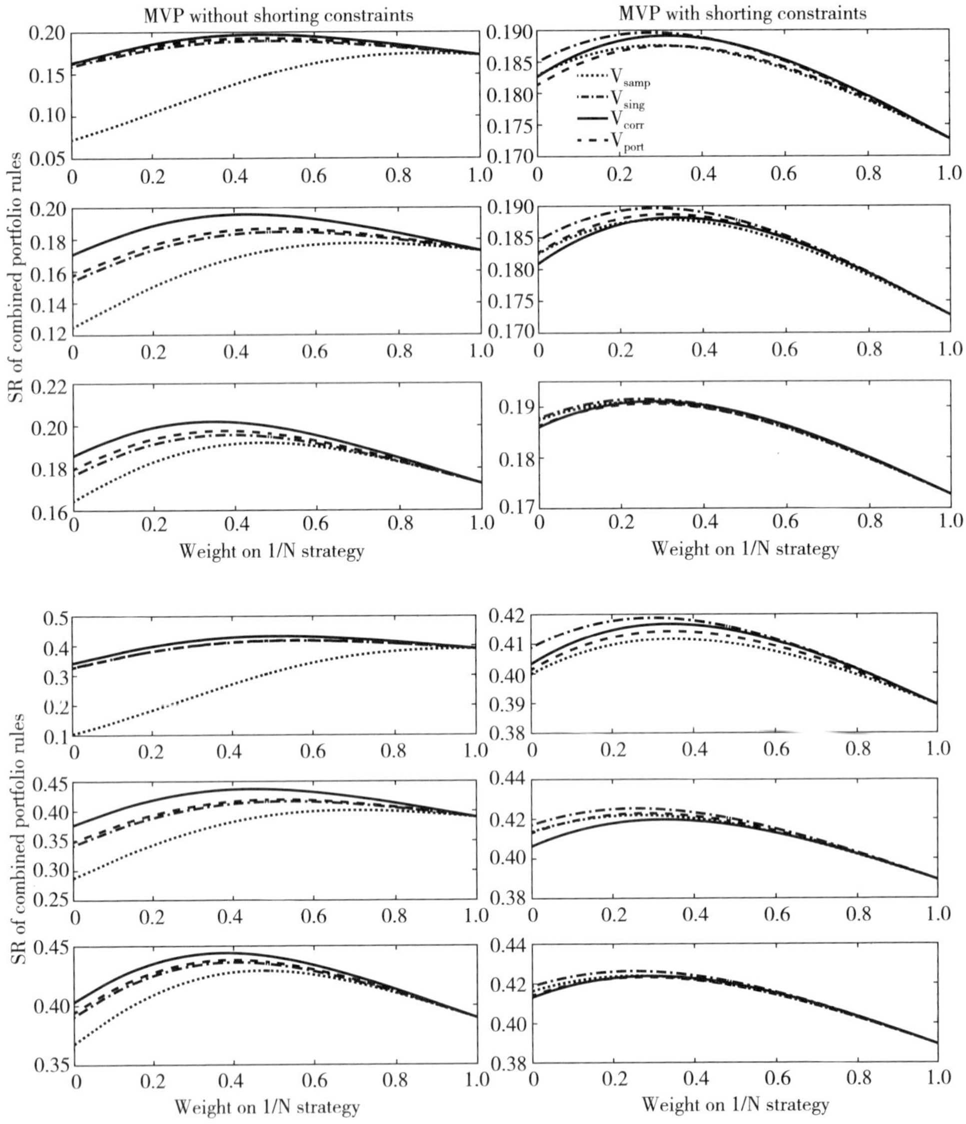

图 9.3 不同情景下组合策略的夏普比率与组合系数之间的关系

第 9 章 最小方差组合和等权组合的结合：组合业绩能得到提升吗？

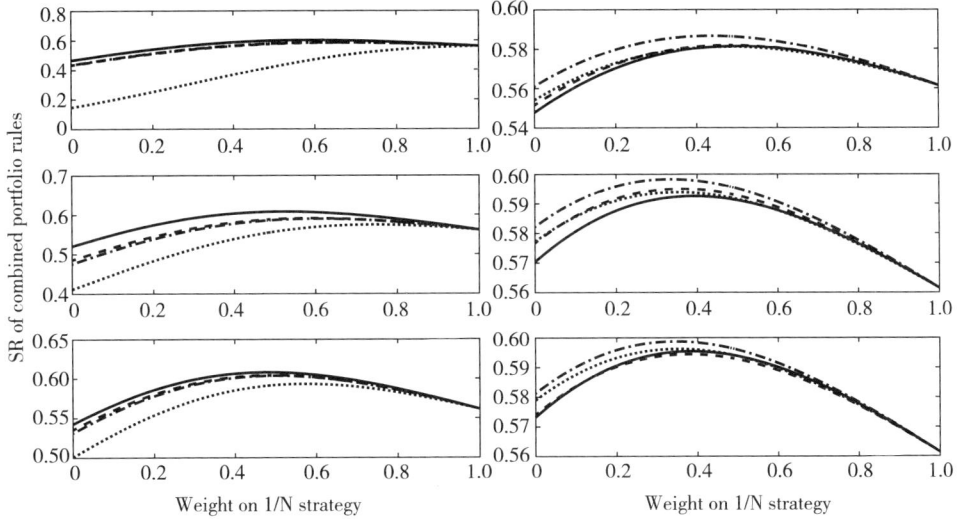

图 9.3 不同情景下组合策略的夏普比率与组合系数之间的关系（续）

注：左边的图展示的是允许卖空情况下，组合策略的标准差与组合系数之间的关系，而右边的图展示的是不允许卖空情况下组合策略的标准差与组合系数之间的关系。此外，最上面的 6 个子图对应的是基于各组合样本外 1 个月收益率的计算结果；中间和下面的 6 个子图分别对应的是基于各组合样本外 6 个月、12 个月收益率的计算结果。上、中、下每 6 个子图中，上面一行、中间一行以及下面一行对应的是参数估计期间分别为 5 年、10 年以及 15 年的情形。

9.4.1.1 最小方差组合和等权组合

我们先比较最小方差组合和等权组合的业绩。首先，从图 9.2 可以看出，在允许卖空的情况下，基于收缩方法估计得到的最小方差组合的标准差低于基于样本协方差矩阵的最小方差组合的标准差，尤其在参数估计窗口是 5 年的情况下更为显著。这其中的原因主要在于，基于收缩方法或较长估计期间得到的估计量具有较小的参数估计误差。然而，在不允许卖空的条件下，这些差异消失了。这是因为施加卖空约束，等价于将样本协方差矩阵向一个特定的目标收缩，因而也可以起到降低参数估计误差的作用（Jagannathan and Ma, 2003）。具体而言，在不允许卖空的情况下，基于 $\hat{V}_{samp}$ 的最小方差组合等价于没有卖空约束情况下基于 $\hat{V}_{samp} - (\boldsymbol{\lambda}\boldsymbol{1}^T + \boldsymbol{1}\boldsymbol{\lambda}^T)$ 的最小方差组合，而 $\hat{V}_{samp} - (\boldsymbol{\lambda}\boldsymbol{1}^T + \boldsymbol{1}\boldsymbol{\lambda}^T)$ 可以被解释为协方差矩阵的收缩估计量。同时，在不允许卖空的情况下，基于收缩估计量的最小方差组合就相当于将收缩估计量向另一个新的目标收缩，这会增加最小方差组合的估计误差。这两个方面的效果解释了在不允许卖空的情况下，基于样本协方差矩阵和基于收缩估计量的最小方差组合具有相当的样本外标准差。图9.2同时表明，在不允许卖空的条件下，最小方差组合的标准差在所有的情景下都低于等权组合的标准差。这个结论在允许卖空且参数估计将在10年和15年的情况下仍然成立。因此，我们的结果表明，只要用于估计参数的样本期间足够长，最小方差组合在降低风险方面会优于等权组合。

从图9.3可以看出，基于收缩估计方法估计协方差矩阵和相对于基于样本协方差矩阵的最小方差组合更能提升夏普比率，尤其在参数估计期间较短的情况下更是如此。但不管怎样，在我们考虑的72个情景下，有34种情景下的最小方差组合的夏普比率低于等权组合的夏普比率。即便是在最小方差组合的夏普比率高于等权组合夏普比率的情况下，夏普比率的差异也并不显著。

9.4.1.2 组合策略与最小方差组合/等权组合的比较

图9.2和图9.3分别呈现的是不同组合系数下组合策略的标准差和夏普比率。

首先，图9.2表明，在不允许卖空的条件下，组合策略的标准差随组合系数的增加呈递增趋势，意味着在这种情况下将最小方差组合和等权组合进行组合不能带来风险降低的好处，即，最小方差组合能带来最低风险水平。而且，基于不同参数估计方法的4条曲线几乎重合，这意味着在不允许卖空的情况下，使用收缩估计方法并不能帮助降低组合策略的风险。究其原因主要在于两个方面：一是在不允许卖空的条件下，基于样本协方差矩阵的最小方差组合和基于收缩估计量的最小方差组合具有相似的标准差；二是各种情景下最小方差组合和等权组合收益率之间的相关系数也相似，为0.77~0.83，如表9.1所示。

表9.1 最小方差组合和等权组合的样本外收益率的相关系数

估计期间	允许卖空				不允许卖空			
	V_samp	V_sing	V_corr	V_port	V_samp	V_sing	V_corr	V_port
基于样本外1个月收益率								
60	0.2799	0.5369	0.4519	0.5126	0.8084	0.7956	0.7741	0.7890
120	0.5169	0.5794	0.5346	0.5693	0.7966	0.7882	0.7706	0.7818
180	0.5415	0.5915	0.5804	0.5876	0.8036	0.7961	0.7799	0.7932
基于样本外6个月收益率								
60	0.2438	0.4990	0.4366	0.4893	0.8345	0.8200	0.8066	0.8187
120	0.5215	0.5580	0.5258	0.5560	0.8203	0.8104	0.7968	0.8080
180	0.5464	0.5862	0.5807	0.5861	0.8203	0.8130	0.8001	0.8119

第9章 最小方差组合和等权组合的结合：组合业绩能得到提升吗？

续表

估计期间	允许卖空				不允许卖空			
	V_samp	V_sing	V_corr	V_port	V_samp	V_sing	V_corr	V_port
基于样本外12个月收益率								
60	0.3152	0.5038	0.4794	0.5091	0.8323	0.8187	0.8105	0.8190
120	0.5436	0.5738	0.5798	0.5883	0.8305	0.8213	0.8131	0.8208
180	0.6089	0.6274	0.6353	0.6364	0.8222	0.8151	0.8054	0.8150

注：这个表报道了各种不同情景下最小方差组合和等权组合的样本外收益率的相关系数。V_samp、V_sing、V_corr 和 V_port 分别代表样本协方差矩阵、基于单因素模型的协方差矩阵的收缩估计量、以常相关系数矩阵为目标的协方差矩阵的收缩估计量以及协方差矩阵的组合估计量。

其次，在允许卖空的情况下，组合策略的风险水平与组合系数之间呈现的 U 形曲线，这表明，存在一个最优的组合系数 $0<\varpi<1$ 可以使得组合策略的风险最小化。这个结果背后的原因在于，允许卖空情况下最小方差组合和等权组合样本外收益率的相关系数介于 0.24~0.64 之间。很显然，与不允许卖空的情况相比，组合策略更能降低风险水平。而且，基于样本协方差矩阵的最小方差组合在与等权组合进行组合时更能有效降低风险。这主要是因为基于样本协方差矩阵的最小方差组合本身具有较高的风险水平，而且基于样本协方差矩阵的最小方差组合的收益率与等权组合收益率的相关系数也较低。

图9.3 也表明，不管是否允许卖空，都存在一个最优组合系数使得组合策略的夏普比率最大，而且最大的夏普比率高于最小方差组合或等权组合的夏普比率。直观上，组合策略的收益率是最小方差组合和等权组合收益率的加权平均，而组合策略收益率的标准差总是小于最小方差组合和等权组合收益率标准差的加权平均。因此，这让组合策略有更大的机会使得其具有更高的夏普比率。

我们也注意到，在允许卖空的条件下，基于样本协方差矩阵的最小方差组合与等权组合进行组合时，组合策略的夏普比率曲线总位于其他曲线的下方，而在不允许卖空的情况下，情况却不是如此。这主要是因为，在允许卖空的条件下，基于协方差矩阵收缩估计量的最小方差组合比基于样本协方差矩阵的最小方差组合具有更低的收益率标准差，进而有更高的夏普比率。另外，在不允许卖空的条件下，基于样本协方差矩阵的最小方差组合的估计误差也能得到有效降低，因此，基于不同协方差矩阵估计量的最小方差组合的夏普比率差异变得非常小了。

9.4.2 最小方差组合和等权组合的组合

9.4.2.1 最优组合系数

接下来我们考察如何将最小方差组合和等权组合进行组合才能获得更好的业绩。为了实现这个目的，我们分析了各种不同情景下使得组合策略风险最小化以及夏普比率最大化的最优组合系数。表9.2是这些最优组合系数。

表9.2 最优组合系数

估计期间	基于样本外1个月收益率			基于样本外6个月收益率			基于样本外12个月收益率		
	60	120	180	60	120	180	60	120	180
Panel A：最小化样本外收益率的标准差									
允许卖空									
V_ samp	0.53	0.26	0.20	0.52	0.28	0.19	0.58	0.41	0.26
V_ sing	0.15	0.13	0.11	0.20	0.17	0.12	0.30	0.28	0.20
V_ corr	0.24	0.18	0.13	0.26	0.21	0.13	0.35	0.30	0.22
V_ port	0.17	0.14	0.12	0.20	0.17	0.12	0.31	0.27	0.21
不允许卖空									
V_ samp	0.00	0.00	0.00	0.00	0.00	0.00	0.00	0.00	0.00
V_ sing	0.00	0.00	0.00	0.00	0.00	0.00	0.00	0.00	0.00
V_ corr	0.00	0.00	0.00	0.00	0.00	0.00	0.00	0.00	0.00
V_ port	0.00	0.00	0.00	0.00	0.00	0.00	0.00	0.00	0.00
Panel B：最大化夏普比率									
允许卖空									
V_ samp	0.87	0.71	0.47	0.99	0.70	0.47	1.00	0.75	0.57
V_ sing	0.48	0.52	0.39	0.55	0.53	0.41	0.65	0.61	0.50
V_ corr	0.46	0.43	0.35	0.51	0.45	0.38	0.59	0.52	0.48
V_ port	0.46	0.50	0.37	0.55	0.52	0.40	0.66	0.59	0.49
不允许卖空									
V_ samp	0.29	0.30	0.25	0.35	0.27	0.26	0.47	0.35	0.35
V_ sing	0.28	0.29	0.25	0.30	0.26	0.25	0.44	0.33	0.34
V_ corr	0.32	0.33	0.28	0.34	0.33	0.29	0.50	0.39	0.38
V_ port	0.32	0.31	0.27	0.35	0.28	0.28	0.48	0.36	0.38

注：这个表报道了使组合策略收益率标准差最小化以及夏普比率最大化的最优组合系数。V_ samp、V_ sing、V_ corr 和 V_ port 分别代表样本协方差矩阵、基于单因素模型的协方差矩阵的收缩估计量、以常相关系数矩阵为目标的协方差矩阵的收缩估计量以及协方差矩阵的组合估计量。

第9章 最小方差组合和等权组合的结合：组合业绩能得到提升吗？

从表9.2的Panel A可以看出：

首先，在允许卖空的情况下，除了参数估计期间是5年，且用样本协方差矩阵来估计最小方差组合的情况以外，最优组合系数均低于0.5。这意味着，组合策略中应包含更多比例的最小方差组合才能使得组合策略的风险最小化。此外，随着参数估计期间的增长，或者参数估计方法有样本协方差矩阵转变为协方差矩阵的收缩/组合估计量时，最优组合系数呈现下降趋势。直观上，最优组合系数反映了投资者对最小方差组合在实现目标的信赖程度，估计得到的最小方差组合越精确，越值得投资者信赖，组合策略中最小方差组合的比重也应越高。用于估计参数的样本期越长，收缩估计方法的使用越有效降低参数估计误差，这才导致了前面的结果。此外，我们还发现，当考察样本外收益率的期限越长时，最优组合系数呈递增趋势。这主要是因为，我们是基于月收益率数据估计最小方差组合，而当考察组合样本外收益率的期限越长时，最小方差组合样本外业绩也会越差。

其次，在不允许卖空的情况下，最优组合系数总是0。表明在不允许卖空的情况下，最小方差组合总能带来最低的风险。

从表9.2的Panel B可以看出，不管是允许卖空还是不允许卖空的情形，将最小方差组合和等权组合进行组合都能有效提高夏普比率。最优组合系数呈现出与Panel A中的最优组合系数相似的特征。此外，不允许卖空情况下的最优组合系数要低于允许卖空情况下的最优组合系数。因而，施加卖空约束可以使得最小方差组合在提升组合策略的夏普比率方面成为更为可靠的构成部分。

将表9.2中的Panel A和Panel B的最优组合系数进行比较，我们发现，当以最小化风险为目标时，最优组合系数要低于以夏普比率最大化为目标时的最优组合系数。这实际上也表明，最小方差组合在降低组合风险方面比等权组合更好，而等权组合在提高夏普比率方面比最小方差组合更好。

9.4.2.2 估计最优组合系数的新方法

理论上，在构建最小方差组合和等权组合后，我们可以通过将最小方差组合和等权组合进行组合以实现最低的风险和最高的夏普比率。然而，这个过程需要估计资产收益率的均值向量。为了进一步说明这一点，我们考虑使得夏普比率最大化的最优组合问题。假设最小方差组合的权重向量为 $\boldsymbol{q}_{MVP} = \dfrac{\boldsymbol{V}^{-1}\boldsymbol{1}}{\boldsymbol{1}^T\boldsymbol{V}^{-1}\boldsymbol{1}}$，等权组合的权重向量为 $\boldsymbol{q}_{EWP} = \dfrac{1}{n}\boldsymbol{1}$。那么最小方差组合和等权组合的收益率可以分别表示为：

$$r_{MVP} = \frac{\boldsymbol{r}^T \boldsymbol{V}^{-1} \boldsymbol{1}}{\boldsymbol{1}^T \boldsymbol{V}^{-1} \boldsymbol{1}} \tag{9.15}$$

$$r_{EWP} = \frac{\boldsymbol{r}^T \boldsymbol{1}}{N} \tag{9.16}$$

那么，将最小方差组合和等权组合进行组合的收益率可以表示为：

$$r_p = \varpi \, r_{EWP} + (1-\varpi) r_{MVP} = \varpi \frac{\boldsymbol{r}^T \boldsymbol{1}}{N} + (1-\varpi) \frac{\boldsymbol{r}^T \boldsymbol{V}^{-1} \boldsymbol{1}}{\boldsymbol{1}^T \boldsymbol{V}^{-1} \boldsymbol{1}} \tag{9.17}$$

期望超额收益率可以表示为：

$$\begin{aligned} E(r_p) - r_f &= \varpi \frac{E(\boldsymbol{r})^T \boldsymbol{1}}{N} + (1-\varpi) \frac{E(\boldsymbol{r})^T \boldsymbol{V}^{-1} \boldsymbol{1}}{\boldsymbol{1}^T \boldsymbol{V}^{-1} \boldsymbol{1}} - r_f \\ &= \varpi \frac{a}{N} + (1-\varpi) \frac{b}{c} - r_f \end{aligned} \tag{9.18}$$

式中，$a = E(\boldsymbol{r})^T \boldsymbol{1}$，$b = E(\boldsymbol{r})^T \boldsymbol{V}^{-1} \boldsymbol{1}$，$c = \boldsymbol{1}^T \boldsymbol{V}^{-1} \boldsymbol{1}$。组合策略超额收益率的方差可以表示为：

$$\begin{aligned} \sigma^2(r_p - r_f) &= \varpi^2 \frac{\boldsymbol{1}^T \boldsymbol{V} \boldsymbol{1}}{N^2} + (1-\varpi)^2 \frac{\boldsymbol{1}^T \boldsymbol{V}^{-1} \boldsymbol{1}}{(\boldsymbol{1}^T \boldsymbol{V}^{-1} \boldsymbol{1})^2} + 2\varpi(1-\varpi) \frac{N}{N(\boldsymbol{1}^T \boldsymbol{V}^{-1} \boldsymbol{1})} \\ &= \varpi^2 \frac{d}{N^2} + (1-\varpi)^2 \frac{1}{c} + 2\varpi(1-\varpi) \frac{1}{c} \end{aligned} \tag{9.19}$$

其中，$d = \boldsymbol{1}^T \boldsymbol{V} \boldsymbol{1}$。因而，组合策略的夏普比率可以表示为：

$$SR = \frac{\varpi \frac{a}{N} + (1-\varpi) \frac{b}{c} - r_f}{\sqrt{\varpi^2 \frac{d}{N^2} + (1-\varpi)^2 \frac{1}{c} + 2\varpi(1-\varpi) \frac{1}{c}}} \tag{9.20}$$

最大化夏普比率可以得到最优组合系数为：

$$\varpi^* = \frac{\frac{1}{c}\left(\frac{a}{N} - \frac{b}{c}\right)}{\left(\frac{b}{c} - r_f\right)\left(\frac{d}{N^2} - \frac{1}{c}\right)} = \frac{\dfrac{E(r_{EWP}) - E(r_{MVP})}{E(r_{MVP}) - r_f}}{\dfrac{\sigma^2(r_{EWP}) - \sigma^2(r_{MVP})}{\sigma^2(r_{MVP})}} \tag{9.21}$$

式（9.21）表明，最优组合系数依赖于资产收益率均值向量的估计。考虑到准确估计资产收益率均值向量会非常困难，因此由该方法确定的最优组合系数很难带来令投资者满意的业绩。

为了规避风险资产收益率均值向量和协方差矩阵的估计，我们使用回归分析的方法建立最优组合系数和各种影响参数估计误差因素之间的关系，如用于估计

第9章 最小方差组合和等权组合的结合：组合业绩能得到提升吗？

参数的样本数量、参数估计方法、卖空约束以及考察样本外业绩的时间长度等。具体而言，我们抛出下面回归方程：

$$CE_i = \alpha_i + \beta_{i1}(T/n) + \beta_{i2}D_1 + \beta_{i3}D_2 + \beta_{i4}D_1 \times D_2 + \beta_{i5}out\_term + \zeta_i \quad (9.22)$$

其中，CE_i（$i=1,2$）是最优组合系数，当 $i=1$ 时，CE_1 代表的是使得组合策略样本外收益率标准差最小化的最优组合系数，而 $i=2$ 时，CE_2 代表的是使得组合策略样本外夏普比率最大化的最优组合系数。T 代表用于估计参数的样本观测量值数量，n 代表资产的数量。因此，T/n 则衡量与样本观测值多少有关的估计误差。D_1 是一个虚拟变量，如果参数估计采取收缩估计法或组合估计法，即当协方差矩阵的估计量为 $\hat{V}_{sing}$、$\hat{V}_{corr}$ 或 $\hat{V}_{port}$ 时，则 $D_1=1$，否则 $D_1=0$。D_1 前面的回归系数则衡量的是当协方差的矩阵的估计量由样本协方差矩阵转换为其他收缩估计量或组合估计量时对最优组合系数的增量效应。D_2 也是一个虚拟变量，如果对应的是最小方差组合不允许卖空的情况，则 $D_2=1$，否则 $D_2=0$。D_2 前面的回归系数则衡量的是当在估计最小方差组合时从允许卖空转换到不允许卖空时对最优组合系数的增量效应。$D_1 \times D_2$ 则对应的是用于估计最小方差组合的协方差矩阵是收缩估计量或组合估计量，且施加了卖空约束的情形。最后，为了控制考察样本外业绩的时间长度所带来的影响，我们在回归分析中还包含了 out_term 这个变量，当我们考察样本外1个月、6个月以及12个月的业绩时，out_term 的取值分别为 $\sqrt{1/12}$、$\sqrt{1/2}$ 和 $\sqrt{1}$。

各因素对最优组合系数影响的回归结果如表9.3所示。从表9.3可以看出，所有我们考虑的因素对最优组合系数均产生显著的影响。一方面，调整的 R^2 高于77%，表明最优组合系数能够很好地被这些因素所解释；另一方面，所有估计得到的回归系数均在1%的水平下显著。

表9.3 各因素对最优组合系数的影响

解释变量	被解释变量			
	CE_1		CE_2	
	回归系数	P-value	回归系数	P-value
Constant	0.4104	0.0000	0.7655	0.0000
T/n	-0.0500	0.0000	-0.0465	0.0000
D_1	-0.1593	0.0000	-0.2311	0.0000
D_2			-0.4044	0.0000
$D_1 \times D_2$			0.2407	0.0000

续表

解释变量	被解释变量			
	CE_1		CE_2	
	回归系数	P-value	回归系数	P-value
out_term	0.1480	0.0001	0.1498	0.0000
Adj R Square	0.7773		0.8554	
Observations	36		72	

注：这个表是式（9.22）的回归结果。CE_1 和 CE_2 分别代表的是使组合策略风险最小化和夏普比率最大化的最优组合系数。T/n 则衡量与样本观测值多少有关的估计误差。D_1 是一个虚拟变量，如果参数估计采取收缩估计法或组合估计法，即当协方差矩阵的估计量为 $\hat{V}_{sing}$、$\hat{V}_{corr}$ 或 $\hat{V}_{port}$ 时，则 $D_1 = 1$，否则 $D_1 = 0$。D_2 也是一个虚拟变量，如果对应的是不允许卖空的情况，则 $D_2 = 1$，否则 $D_2 = 0$。out_term 代表的是考察组合样本外业绩的时间长度，当我们考察样本外 1 个月、6 个月以及 12 个月的业绩时，out_term 的取值分别为 $\sqrt{1/12}$、$\sqrt{1/2}$ 和 $\sqrt{1}$。

具体而言，不管是对最优组合系数 CE_1 还是 CE_2，变量 T/n、D_1、D_2 均对最优组合系数产生显著的负向影响。这意味着使用更多的样本观测值估计参数，在估计最小方差组合时使用协方差矩阵的收缩估计量或组合估计量，以及施加卖空约束均能显著降低最优组合系数。在这种情况下，最小方差组合需要与等权组合进行组合的意愿下降。我们也注意到，就各因素对 CE_2 的回归而言，D_2 的系数的绝对值比 D_1 的系数的绝对值大，这说明，施加卖空约束对降低最优组合系数比使用收缩估计量或组合估计量时的效果更显著。

然而，就对 CE_2 的回归而言，$D_1 \times D_2$ 的回归系数是正的，而且大于 D_1 的系数的绝对值，但小于 D_2 的系数的绝对值。这意味着在使用协方差矩阵收缩估计量或组合估计量估计最小方差组合的情况下，施加卖空约束的效果比在使用样本协方差矩阵估计最小方差组合时施加卖空约束的效果要弱很多。这也说明，在不允许卖空的情况下，使用协方差矩阵的收缩估计量或组合估计量估计的最小方差组合比基于样本协方差矩阵的最小方差组合更需要与等权组合进行组合。

之所以会出现以上结果，我们预期影响最优组合系数的这些因素也会对最小方差组合的业绩产生类似的影响。为了证明这点，我们考虑了下面类似的回归：

$$U_i = \alpha_i + \beta_{i1}(T/n) + \beta_{i2}D_1 + \beta_{i3}D_2 + \beta_{i4}D_1 \times D_2 + \beta_{i5}out\_term + \zeta_i \quad (9.23)$$

式中，U_i（$i = 1, 2, 3$）代表的是最小方差组合的样本外收益率的标准差（$i = 1$）、夏普比率（$i = 2$）以及累计收益率（$i = 3$）。表 9.4 报道了相关的回归结果。与表 9.3 的回归结果类似，调整的 R^2 均高于 90%，表明模型中的这些因

第9章 最小方差组合和等权组合的结合：组合业绩能得到提升吗？

素能很好地解释最小方差组合的业绩。

当考察各因素对最小方差组合样本外收益率的标准差的影响时，变量T/n、D_1、D_2的回归系数均为负，而当最小方差组合样本外业绩用夏普比率和组合总收益率衡量时，这些变量的回归系数均为正。表明增加用于估计参数的样本区间，使用协方差矩阵的收缩估计量或组合估计量，或者施加卖空约束，能显著降低最小方差组合的风险和提升其夏普比率。这是因为，当用于估计参数的样本区间较长，使用协方差矩阵的收缩估计量或组合估计量，或者施加卖空约束时，能使得最小方差组合更少受到参数估计误差的影响。因而，在组合策略中最小方差组合被分配较高的权重（从表9.3可以观察到），进而有助于提升组合策略的业绩。此外，我们也注意到，从风险降低和夏普比率提升角度看，在估计最小方差组合时施加卖空约束比使用收缩估计量或组合估计量估计最小方差组合的效果更显著。这解释了为什么施加卖空约束对最优组合系数影响比使用收缩估计量或组合估计量具有更高的边际效应。

当被解释变量是最小方法组合的标准差时，$D_1 \times D_2$的回归系数为正，而当被解释变量是最小方法组合的总收益率或夏普比率时，$D_1 \times D_2$的回归系数为负，这说明，在使用收缩估计量或组合估计量估计最小方差组合的情况下，再增加卖空约束以提升组合业绩的边际贡献就会下降；同样，在估计最小方差组合时已经使用卖空约束的情况下，再使用收缩估计量或组合估计量以提升组合业绩的边际贡献也会下降。

由于各个因素和最优组合系数之间的关系主要由最小方差组合相对于等权组合的业绩决定，我们使用模型（9.22）估计最优组合系数。结果我们发现，通过回归方法确定组合系数时，组合策略的样本外业绩优于最小方差组合和等权组合的样本外业绩。

表9.4 各因素对最小方差组合业绩的影响

解释变量	被解释变量					
	标准差		夏普比率		总收益率	
	回归系数	P-value	回归系数	P-value	回归系数	P-value
Constant	0.0054	0.1782	-0.1370	0.0000	-0.0532	0.0000
T/n	-0.0018	0.0181	0.0194	0.0000	0.0019	0.0528
D_1	-0.0162	0.0000	0.0981	0.0000	0.0079	0.0451
D_2	-0.0179	0.0000	0.1461	0.0000	0.0129	0.0084
$D_1 \times D_2$	0.0160	0.0003	-0.0984	0.0001	-0.0081	0.1451

续表

解释变量	被解释变量					
	标准差		夏普比率		总收益率	
	回归系数	P-value	回归系数	P-value	回归系数	P-value
out_term	0.1629	0.0000	0.4824	0.0000	0.1463	0.0000
Adj R Square	0.9769		0.9292		0.9522	
Observations	72		72		72	

注：这个表是式（9.23）的回归结果。CE_1 和 CE_2 分别代表的是使组合策略风险最小化和夏普比率最大化的最优组合系数。T/n 则衡量与样本观测值多少有关的估计误差。D_1 是一个虚拟变量，如果参数估计采取收缩估计法或组合估计法，即当协方差矩阵的估计量为 $\hat{V}_{sing}$、$\hat{V}_{corr}$ 或 $\hat{V}_{port}$ 时，则 $D_1 = 1$，否则 $D_1 = 0$。D_2 也是一个虚拟变量，如果对应是不允许卖空的情况，则 $D_2 = 1$，否则 $D_2 = 0$。out_term 代表的是考察组合样本外业绩的时间长度，当我们考察样本外 1 个月、6 个月以及 12 个月的业绩时，out_term 的取值分别为 $\sqrt{1/12}$、$\sqrt{1/2}$ 和 $\sqrt{1}$。

表 9.5 显示，当最优组合系数由式（9.22）决定时，组合策略的夏普比率高于最小方差组合/等权组合的夏普比率，表明将最小方差组合和等权组合进行组合能进一步提升夏普比率。

表 9.5　等权组合、最小方差组合以及组合策略的夏普比率

估计期间	基于样本外 1 个月收益率			基于样本外 6 个月收益率			基于样本外 12 个月收益率		
	60	120	180	60	120	180	60	120	180
Panel A：等权组合和最小方差组合的夏普比率									
等权组合	0.1727	0.1727	0.1727	0.3894	0.3894	0.3894	0.5614	0.5614	0.5614
最小方差组合（允许卖空）									
V_samp	0.0720	0.1248	0.1645	0.1037	0.2876	0.3674	0.1462	0.4112	0.5007
V_sing	0.1589	0.1538	0.1767	0.3269	0.3422	0.3908	0.4357	0.4757	0.5312
V_corr	0.1629	0.1706	0.1859	0.3414	0.3764	0.4030	0.4665	0.5203	0.5426
V_port	0.1621	0.1572	0.1796	0.3259	0.3486	0.3942	0.4337	0.4853	0.5354
最小方差组合（不允许卖空）									
V_samp	0.1829	0.1825	0.1875	0.3999	0.4136	0.4164	0.5541	0.5772	0.5790
V_sing	0.1850	0.1846	0.1878	0.4088	0.4170	0.4188	0.5610	0.5822	0.5813
V_corr	0.1827	0.1809	0.1861	0.4033	0.4063	0.4132	0.5477	0.5703	0.5732
V_port	0.1813	0.1826	0.1863	0.4014	0.4063	0.4142	0.5515	0.5767	0.5741

第 9 章 最小方差组合和等权组合的结合：组合业绩能得到提升吗？

续表

估计期间	基于样本外 1 个月收益率			基于样本外 6 个月收益率			基于样本外 12 个月收益率		
	60	120	180	60	120	180	60	120	180
Panel B：组合策略的夏普比率：回归方法确定组合系数									
最小方差组合允许卖空时的组合策略									
V_samp	0.1744	0.1775	0.1920	0.3894	0.4010	0.4292	0.5614	0.5743	0.5931
V_sing	0.1895	0.1847	0.1957	0.4167	0.4161	0.4363	0.5858	0.5895	0.6035
V_corr	0.1969	0.1958	0.2020	0.4317	0.4370	0.4442	0.6021	0.6077	0.6080
V_port	0.1925	0.1868	0.1977	0.4174	0.4191	0.4382	0.5844	0.5908	0.6041
最小方差组合不允许卖空时的组合策略									
V_samp	0.1876	0.1879	0.1910	0.4117	0.4220	0.4239	0.5812	0.5938	0.5962
V_sing	0.1896	0.1897	0.1916	0.4188	0.4253	0.4263	0.5867	0.5983	0.5987
V_corr	0.1891	0.1882	0.1911	0.4167	0.4197	0.4238	0.5815	0.5925	0.5954
V_port	0.1875	0.1887	0.1907	0.4143	0.4228	0.4232	0.5819	0.5950	0.5944

注：本表报道了等权组合、最小方差组合以及各种情景下组合策略的夏普比率。

表 9.6 显示，当以风险最小化为目标的情况下，通过回归方法得到组合系数时组合策略、最小方差组合、等权组合收益率的标准差。和我们之前观察到的结果一致，在最小方差组合不允许卖空的情况下，组合策略样本外收益率的标准差和最小方差组合的标准差一致，这表明，最小方差组合没有必要与等权组合进行组合来进一步降低风险。然而，在最小方差组合允许卖空的条件下，将最小方差组合与等权组合进行组合来进一步降低风险是有必要的。

表 9.6 等权组合、最小方差组合以及组合策略的标准差

估计期间	基于样本外 1 个月收益率			基于样本外 6 个月收益率			基于样本外 12 个月收益率		
	60	120	180	60	120	180	60	120	180
Panel A：等权组合或最小方差组合的标准差									
等权组合	0.0458	0.0458	0.0458	0.1286	0.1286	0.1286	0.1848	0.1848	0.1848
最小方差组合（允许卖空）									
V_samp	0.0476	0.0359	0.0339	0.1325	0.1031	0.0943	0.2057	0.1701	0.1522
V_sing	0.0320	0.0323	0.0319	0.0924	0.0931	0.0903	0.1500	0.1520	0.1461
V_corr	0.0336	0.0332	0.0321	0.0964	0.0957	0.0913	0.1568	0.1555	0.1494
V_port	0.0320	0.0325	0.0320	0.0926	0.0932	0.0905	0.1519	0.1517	0.1472

续表

估计期间	基于样本外1个月收益率			基于样本外6个月收益率			基于样本外12个月收益率		
	60	120	180	60	120	180	60	120	180
最小方差组合（不允许卖空）									
V_samp	0.0335	0.0332	0.0338	0.0956	0.0931	0.0949	0.1444	0.1414	0.1442
V_sing	0.0331	0.0330	0.0335	0.0942	0.0925	0.0941	0.1437	0.1410	0.1438
V_corr	0.0333	0.0333	0.0337	0.0944	0.0938	0.0952	0.1445	0.1425	0.1450
V_port	0.0332	0.0332	0.0336	0.0943	0.0928	0.0947	0.1436	0.1413	0.1444
Panel B：组合策略的标准差：回归方法确定组合系数									
最小方差组合允许卖空时的组合策略									
V_samp	0.0373	0.0343	0.0330	0.1029	0.0979	0.0920	0.1575	0.1552	0.1469
V_sing	0.0314	0.0319	0.0316	0.0896	0.0913	0.0894	0.1413	0.1454	0.1430
V_corr	0.0320	0.0324	0.0318	0.0911	0.0927	0.0901	0.1445	0.1480	0.1458
V_port	0.0313	0.0320	0.0317	0.0895	0.0913	0.0896	0.1428	0.1458	0.1441
最小方差组合不允许卖空时的组合策略									
V_samp	0.0335	0.0332	0.0338	0.0956	0.0931	0.0949	0.1444	0.1414	0.1442
V_sing	0.0331	0.0330	0.0335	0.0942	0.0925	0.0941	0.1437	0.1410	0.1438
V_corr	0.0333	0.0333	0.0337	0.0944	0.0938	0.0952	0.1445	0.1425	0.1450
V_port	0.0332	0.0332	0.0336	0.0943	0.0928	0.0947	0.1436	0.1413	0.1444

注：本表报道了等权组合、最小方差组合以及各种情景下组合策略的标准差。

9.5 稳健性检验

考虑到在之前的实证分析中我们的样本选择期间为1926年7月至2017年12月，而且将美国市场40个行业组合作为风险资产的代表。为了确保我们的实证结果相对于样本选择期间和风险资产数量是稳健的，我们还考察了4个数据集以进行稳健性检验。表9.7是这些数据集的详细信息。数据集#1和#2包含了和之前风险资产数量相似但更近的数据期间（从1963年7月到2017年12月）。因此，这两个数据集用来检验样本选择期间对实证结果的影响。之所以用更近的样本数据检验实证结果的稳健性，是因为最近的相关研究所选择的数据都是从1963年7月开始的。数据集#3和#4包含更少的风险资产，但和之前的数据期间一致。

第9章 最小方差组合和等权组合的结合：组合业绩能得到提升吗？

因此，这两个数据集用于检验实证结果相对于投资空间中风险资产数量的稳健性。直观上，使用更少的风险资产构建组合时，所需要估计的参数的数量更少，因而使得结果更少受参数估计误差的影响，进而减少最小方差组合和等权组合进行组合的必要性。所有的数据均属于月收益率数据类型，而且数据来源于French的个人网页。

表9.7 稳健性检验中所用数据集的描述

#	数据集的描述	N	样本选择期间	观测值
1	40 industry portfolios	40	from July 1963 to December 2017	654
2	32 Size/BM/INV portfolios	32	from July 1963 to December 2017	654
3	25 Size/BM portfolios	25	from July 1926 to December 2017	1098
4	10 industry portfolios	10	from July 1926 to December 2017	1098

注：本表列出了用于稳健性检验的4个数据集。每个数据集中包括N种风险资产，所有的数据集都来自Ken French的个人网页（http：//mba.tuck.dartmouth.edu/pages/faculty/ken.french/）。

9.5.1 组合策略的业绩

运用和前面实证分析一样的方法，我们画出基于不同数据集时，组合策略在各种情景下的标准差和夏普比率相对于组合系数的曲线。我们发现，所有情景下各曲线的形状表现出和图9.2和图9.3相似的模式，为节约空间，我们并没有把这些图一一列出。

9.5.2 最优组合策略

表9.8和表9.9分别是在不同情景下的最优组合系数。从表中的结果可以看出，不管是以风险最小化为目标（见表9.8），还是以夏普比率最大化为目标（见表9.9），最优组合系数和之前的表9.2的结果呈现相似的模式。就数据集#1和#2而言，在允许卖空的条件下，以风险最小化为目标时，最优组合系数大于表9.2中的对应最优组合系数。特别地，就40个行业组合数据的子样本而言，所有的最优组合系数均大于对应表9.2中的最优组合系数。这表明，最小方差组合更有必要与等权组合进行组合，以进一步降低组合的风险水平。在最小方差组合受参数估计误差影响较大的情况下，最小方差组合也需要与等权

组合进行组合才能进一步提升组合的夏普比率。这似乎也说明，在基于最近的样本数据的情况下，只要施加了卖空约束，使用更长的参数估计区间或使用先进的参数估计方法，最小方差组合与等权组合进行组合来提升组合夏普比率的必要性下降了。

对于数据集#3 和#4，不论是以风险最小化还是以夏普比率最大化为目标，组合系数基本上小于表 9.2 中对应情景下的组合系数。这主要是因为，在估计最小方差组合的过程中，所需要估计参数的数量减少了。因此，即便在保持参数估计所使用的样本区间一致的情况下，最小方差组合的业绩较少受到参数估计误差的影响。因此，就 10 个行业组合和 25 个规模/账市比组合而言，最小方差组合与等权组合进行组合以进一步提升业绩的必要性比之前 40 个行业组合的情形下降了。

表 9.8　四个数据集下的最优组合系数：以标准差最小化为目标

估计期间	基于样本外 1 个月收益率			基于样本外 6 个月收益率			基于样本外 12 个月收益率		
	60	120	180	60	120	180	60	120	180
Panel A：最小化标准差（数据集#1）									
允许卖空									
V_samp	0.55	0.28	0.21	0.52	0.33	0.21	0.60	0.49	0.30
V_sing	0.17	0.14	0.12	0.19	0.19	0.14	0.28	0.33	0.23
V_corr	0.28	0.21	0.14	0.30	0.27	0.15	0.40	0.39	0.26
V_port	0.18	0.15	0.12	0.19	0.18	0.13	0.31	0.31	0.23
不允许卖空									
V_samp	0.00	0.00	0.00	0.00	0.00	0.00	0.00	0.00	0.00
V_sing	0.00	0.00	0.00	0.00	0.00	0.00	0.00	0.00	0.00
V_corr	0.00	0.00	0.00	0.00	0.00	0.00	0.00	0.00	0.00
V_port	0.00	0.00	0.00	0.00	0.00	0.00	0.00	0.00	0.00
Panel B：最小化标准差（数据集#2）									
允许卖空									
V_samp	0.43	0.28	0.23	0.47	0.38	0.37	0.61	0.53	0.50
V_sing	0.19	0.18	0.15	0.33	0.30	0.20	0.47	0.45	0.38
V_corr	0.41	0.37	0.32	0.50	0.41	0.35	0.57	0.49	0.44
V_port	0.15	0.14	0.10	0.30	0.26	0.17	0.43	0.40	0.34

第9章 最小方差组合和等权组合的结合：组合业绩能得到提升吗？

续表

估计期间	基于样本外1个月收益率			基于样本外6个月收益率			基于样本外12个月收益率		
	60	120	180	60	120	180	60	120	180
不允许卖空									
V_samp	0.00	0.00	0.00	0.00	0.00	0.00	0.00	0.00	0.00
V_sing	0.00	0.00	0.00	0.00	0.00	0.00	0.00	0.00	0.00
V_corr	0.00	0.00	0.00	0.00	0.00	0.00	0.00	0.00	0.00
V_port	0.00	0.00	0.00	0.00	0.00	0.00	0.00	0.00	0.00
Panel C：最小化标准差（数据集#3）									
允许卖空									
V_samp	0.40	0.33	0.27	0.47	0.35	0.31	0.53	0.44	0.38
V_sing	0.35	0.19	0.15	0.38	0.14	0.09	0.41	0.26	0.23
V_corr	0.16	0.12	0.11	0.18	0.08	0.07	0.25	0.21	0.20
V_port	0.14	0.12	0.10	0.16	0.12	0.09	0.25	0.20	0.16
不允许卖空									
V_samp	0.00	0.00	0.00	0.00	0.00	0.00	0.00	0.00	0.00
V_sing	0.00	0.00	0.00	0.00	0.00	0.00	0.00	0.00	0.00
V_corr	0.00	0.00	0.00	0.00	0.00	0.00	0.00	0.00	0.00
V_port	0.00	0.00	0.00	0.00	0.00	0.00	0.00	0.00	0.00
Panel D：最小化标准差（数据集#4）									
允许卖空									
V_samp	0.29	0.22	0.20	0.29	0.21	0.19	0.42	0.32	0.30
V_sing	0.24	0.20	0.19	0.25	0.20	0.18	0.37	0.31	0.29
V_corr	0.28	0.21	0.20	0.29	0.24	0.22	0.37	0.35	0.33
V_port	0.21	0.19	0.18	0.22	0.19	0.18	0.34	0.30	0.28
不允许卖空									
V_samp	0.00	0.00	0.00	0.00	0.00	0.00	0.00	0.00	0.00
V_sing	0.00	0.00	0.00	0.00	0.00	0.00	0.00	0.00	0.00
V_corr	0.00	0.00	0.00	0.00	0.00	0.00	0.00	0.00	0.00
V_port	0.00	0.00	0.00	0.00	0.00	0.00	0.00	0.00	0.00

注：本表报道了使组合策略标准差最小化时的最优组合系数。数据集#1、#2、#3、#4分别对应的是表9.7中的四个数据集。其他同前面表9.2的说明一致。

表9.9 四个数据集下的最优组合系数：以夏普比率最大化为目标

估计期间	基于样本外1个月收益率			基于样本外6个月收益率			基于样本外12个月收益率		
	60	120	180	60	120	180	60	120	180
Panel A：最大化夏普比率（数据集#1）									
允许卖空									
V_samp	1.00	0.73	0.40	1.00	0.70	0.40	1.00	0.70	0.46
V_sing	0.52	0.44	0.28	0.54	0.42	0.27	0.65	0.46	0.32
V_corr	0.39	0.30	0.19	0.42	0.31	0.20	0.49	0.34	0.25
V_port	0.43	0.39	0.24	0.51	0.39	0.24	0.64	0.42	0.28
不允许卖空									
V_samp	0.19	0.17	0.04	0.22	0.12	0.02	0.33	0.17	0.07
V_sing	0.12	0.13	0.04	0.10	0.08	0.00	0.21	0.13	0.05
V_corr	0.18	0.14	0.08	0.17	0.10	0.06	0.21	0.22	0.12
V_port	0.16	0.17	0.06	0.13	0.13	0.04	0.25	0.18	0.10
Panel B：最大化夏普比率（数据集#2）									
允许卖空									
V_samp	0.46	0.35	0.30	0.53	0.43	0.32	0.60	0.48	0.33
V_sing	0.40	0.12	0.00	0.39	0.20	0.14	0.49	0.23	0.20
V_corr	0.05	0.03	0.00	0.12	0.11	0.09	0.18	0.17	0.16
V_port	0.03	0.02	0.00	0.13	0.12	0.11	0.22	0.20	0.18
不允许卖空									
V_samp	0.37	0.21	0.09	0.18	0.14	0.20	0.30	0.27	0.27
V_sing	0.08	0.15	0.03	0.19	0.11	0.00	0.41	0.28	0.19
V_corr	0.10	0.15	0.05	0.18	0.13	0.01	0.38	0.29	0.20
V_port	0.18	0.15	0.08	0.17	0.16	0.04	0.35	0.32	0.22
Panel C：最大化夏普比率（数据集#3）									
允许卖空									
V_samp	0.60	0.39	0.37	0.65	0.47	0.38	0.68	0.53	0.43
V_sing	0.36	0.17	0.16	0.37	0.11	0.11	0.37	0.23	0.21
V_corr	0.21	0.19	0.16	0.24	0.16	0.12	0.30	0.27	0.24
V_port	0.22	0.19	0.17	0.25	0.19	0.14	0.32	0.29	0.25

第9章 最小方差组合和等权组合的结合：组合业绩能得到提升吗？

续表

估计期间	基于样本外1个月收益率			基于样本外6个月收益率			基于样本外12个月收益率		
	60	120	180	60	120	180	60	120	180
不允许卖空									
V_samp	0.28	0.22	0.20	0.34	0.28	0.27	0.41	0.39	0.26
V_sing	0.21	0.20	0.17	0.29	0.26	0.25	0.39	0.33	0.20
V_corr	0.24	0.23	0.19	0.30	0.28	0.27	0.40	0.35	0.24
V_port	0.23	0.25	0.16	0.29	0.30	0.27	0.40	0.37	0.24
Panel D：最大化夏普比率（数据集#4）									
允许卖空									
V_samp	0.58	0.56	0.53	0.66	0.64	0.62	0.77	0.72	0.69
V_sing	0.58	0.56	0.42	0.63	0.62	0.46	0.74	0.69	0.56
V_corr	0.54	0.50	0.41	0.59	0.57	0.46	0.70	0.67	0.56
V_port	0.55	0.50	0.44	0.58	0.61	0.50	0.71	0.69	0.59
不允许卖空									
V_samp	0.51	0.46	0.50	0.59	0.57	0.53	0.75	0.63	0.60
V_sing	0.49	0.44	0.42	0.54	0.51	0.50	0.64	0.61	0.59
V_corr	0.49	0.44	0.41	0.53	0.50	0.50	0.63	0.60	0.58
V_port	0.49	0.46	0.44	0.55	0.53	0.52	0.68	0.61	0.59

注：本表报道了使组合策略标准差最小化时的最优组合系数。数据集#1、#2、#3、#4分别对应的是表9.7中的四个数据集。其他同前面表9.2的说明一致。

为了进一步考察在基于新的数据集的情况下，式（9.22）中的各因素是否依然会对最优组合系数产生影响，我们将最优组合系数对之前的那些因素做回归，结果如表9.10所示。我们发现，其结果与表9.3的结果完全一致。

最后，我们考察了在用回归方法确定组合系数的情况下，组合策略的样本外业绩，并与最小方差组合和等权组合的业绩进行对比，我们发现，结果如表9.5和表9.6所示的结果完全一致，所以，对应的表格不再报道。

表 9.10 各因素对最优组合系数的影响：基于表 9.7 中的四个数据集的情形

解释变量	数据集#1				数据集#2				数据集#3				数据集#4			
	CE_1		CE_2		CE_1		CE_2		CE_1		CE_2		CE_1		CE_2	
	Coef	P-value	Coef	P-value	Coef	P-value	Coef	P-value	Coef	P-value	Coef	P-value	Coef	P-value	Coef	P-value
Constant	0.415	0.000	0.901	0.000	0.328	0.000	0.428	0.000	0.435	0.000	0.532	0.000	0.240	0.000	0.581	0.000
T/n	−0.048	0.000	−0.078	0.000	−0.029	0.002	−0.036	0.000	−0.026	0.000	−0.040	0.000	−0.006	0.000	−0.007	0.000
D_1	−0.166	0.000	−0.327	0.000	−0.096	0.003	−0.271	0.000	−0.204	0.000	−0.278	0.000	−0.019	0.217	−0.070	0.000
D_2			−0.562	0.000			−0.197	0.000			−0.206	0.000			−0.070	0.000
$D_1 \times D_2$			0.304	0.000			0.216	0.000			0.254	0.000			0.028	0.114
out_term	0.176	0.000	0.067	0.035	0.305	0.000	0.198	0.000	0.118	0.002	0.133	0.000	0.150	0.000	0.223	0.000
Adj R Square	0.745		0.896		0.683		0.718		0.773		0.849		0.673		0.878	
Observations	36		72		36		72		36		72		36		72	

注：本表报道了各因素对最优组合系数的影响。数据集#1、#2、#3、#4 分别对应的是表 9.7 中的四个数据集。其他同前面表 9.3 的说明一致。

第 9 章 最小方差组合和等权组合的结合：组合业绩能得到提升吗？

9.6 结 论

由于参数估计误差的存在，由模型所确定的均值方差有效组合通常在投资实践中表现较差。本章主要实证考察了将最小方差组合和等权组合进行组合时，组合策略相对于最小方差组合和等权组合的风险降低及夏普比率提升程度。

我们的结果表明，在允许卖空的条件下，将最小方差组合和等权组合进行组合可以进一步降低风险。然而，在不允许卖空的条件下，组合策略并不能比最小方差组合带来更低的风险。此外，不管最小方差组合是否允许卖空，将最小方差组合和等权组合进行组合总可以进一步提升组合策略的夏普比率。组合策略的样本外业绩依赖于组合系数，而且，估计得到的最小方差组合越精确，最小方差组合应该被赋予的权重越高。特别地，当增加参数估计的估计期间，使用收缩估计方法，或施加卖空约束，可以有效降低参数估计误差，在这种情况下，降低了将最小方差组合与等权组合进行组合的必要性。此外，当考察样本外业绩的期间越长，最小方差组合越需要和等权组合进行组合。

第 10 章 惯性因子跟踪策略的有效性：来自中国股票市场的证据

10.1 引言

自从 De Bondt 和 Thaler（1985）首次发现反转效应（reversal effect）以及 Jegadeesh 和 Titman（1993）首次发现惯性效应（momentum effect）以来，已经有大量的学者基于不同市场、不同类型的股票收益率数据（日/周/月/年收益率）以及不同"输/赢"组合的构建方法检验了惯性效应和反转效应的存在性。证据表明，反转效应和惯性效应均普遍存在，而且实证结果相对于样本选择的时间区间、股票收益率数据的类型以及考察"输/赢"组合样本外业绩的时间长度等因素比较敏感（潘莉和徐建国，2011；刘博和皮天雷，2007；祁斌等，2006；权小锋等，2012；王永宏和赵学军，2001；鲁臻和邹恒甫，2007；Lee and Swaminathan，2000；Chou et al.，2019；Hurn and Pavlov，2013）。

基于惯性效应和反转效应普遍存在的事实，一方面，Carhart（1997）在 Fama 和 French（1993）三因素模型的基础上，提出了包括惯性因子在内的四因素模型以解释惯性/反转现象带来结果的合理性；另一方面，投资者试图利用惯性/反转现象来构造相应的投资策略以获利，形成惯性/反转投资策略（张舰等，2010；鲁万波等，2020；Yang and Zhang，2019；Kim and Suh，2018；Yang et al.，2018；Choi et al.，2015）。所谓惯性投资策略就是利用"股价惯性"，通过买入过去收益率高的股票，同时卖出过去收益率低的股票来试图获利的策略；而反转策略是利用"股价反转"而实施与惯性投资策略相反的操作以试图获利的策略。自 2010 年 3 月 31 日我国融资融券交易试点启动以来，融资融券标的股票的范围在逐渐增大,然而,从市场上实际的融券余额看,相对于融资余额几乎可以忽略不计,说明在中国市场上通过多空组合以实施惯性或反转投资策略的做法仍不常见。此外,即便投资者可以单独执行惯性或反转策略的多头部分,但这样做也无法确保策略的有效性,这是因为在执行策略的多头部分前,投资者首先需要确定执行的是惯性还是反转策略。

基于此,本章提出了一种能灵活跟踪惯性因子的投资策略。为了体现灵活跟踪惯性因子的特征,我们在惯性因子收益率前面纳入一个可以优化的调节参数 η,使得目标组合实际跟踪的是 $\eta \cdot r_{MOM}$(其中 r_{MOM} 是惯性因子的收益率),进而在构建组合时要求目标组合的收益率与 $\eta \cdot r_{MOM}$ 之间的跟踪误差方差最小化。

首先,如果由模型决定的最优的 $\eta > 0$,则最优的跟踪组合应该与惯性因子收益率具有相似的特征,即目标组合可以抓住这个市场上的惯性效应;相反如果由模型决定的最优的 $\eta < 0$,则最优的跟踪组合应该与惯性因子收益率具有相反的特征,即可以抓住这个市场上的反转效应。所以,我们提出的惯性因子跟踪策略能在同一框架下帮助投资者抓住惯性或反转效应,进而提高投资组合业绩。

其次,从策略应用的角度看,我们的策略在实施过程中仅依赖于资产收益率协方差矩阵以及资产收益率与惯性因子收益率之间协方差向量的估计,从而避开了资产收益率均值以及惯性因子收益率均值的估计,最大程度地降低了参数估计误差对组合权重以及样本外业绩的影响(Best and Grauer,1992;Merton,1980)。

在后文中,首先,我们建立和求解了惯性因子跟踪策略模型,在允许卖空的条件下,最优跟踪组合满足两基金分离定理,这里的两基金分别是惯性因子模仿组合和最小方差组合,而且模型决定的最优 η 实际上衡量了最优跟踪组合相对于惯性因子的敏感性。其次,在不允许卖空的条件下,我们以沪深 300 的 10 个行业指数作为投资空间中各风险资产的代表,实证考察了不同惯性因子跟踪组合的业绩并与等权组合、最小方差组合业绩进行了比较。本章的贡献主要表现在两个方面:首先,在中国市场上通过多空组合来实施惯性或反转投资策略的做法仍不常见的情况下,本章提出的惯性因子跟踪策略为投资者提供了一个能灵活抓住惯性/反转效应的备选投资方案。其次,本章能丰富通过"跟踪"构建投资组合的相关文献。以"跟踪"作为技术手段来构建投资组合的研究包括指数跟踪(李俭富,2014;蒋崇辉等,2012;杨瑞成和邢伟泽,2020;马景义和单璐琪,2017)、经济变量跟踪(Lamont,2001)以及非流动性资产收益率的跟踪(Cooper and Priestley,2011)等。显然,通过指数跟踪构建组合的目的是获得与市场指数相当的收益水平,通过跟踪经济变量构建组合的目的是预测对应经济变量的未来变化趋势,而通过跟踪非流动性资产的收益率构建的组合是获得非流动性资产投资的一个替代组合。与这些跟踪组合的目标不同,本章通过跟踪惯性因子而构建跟踪组合的目的是抓住股票市场上的惯性/反转效应,进而提升组合的业绩。

10.2 惯性因子跟踪策略

在这一部分我们首先建立和求解惯性因子跟踪策略的投资决策模型,然后对得到的最优跟踪组合的性质进行分析。

10.2.1 模型及求解

假设投资者的投资空间中包含有 n 种风险资产(或资产类别),这 n 种风险资产的收益率向量为 $\boldsymbol{R}$,$\boldsymbol{R}$ 为 n 维随机列向量[①];进一步假设投资者投资于这 n 种风险资产的投资比例向量为 $\boldsymbol{q}$,则组合的收益率 r_p 可以表示为 $r_p = \boldsymbol{q}^T \boldsymbol{R}$,其中 T 代表转置符号,由于 $\boldsymbol{R}$ 为随机向量,所以 r_p 为随机变量。进一步假设投资者跟踪的惯性因子的收益率为 r_{MOM},这里的惯性因子收益率 r_{MOM} 就是将市场上所有股票按照过去一段时间内的累积收率排序后,得到的赢者组合与输者组合收益率的差(Carhart,1997)。为了体现惯性因子跟踪策略的灵活性,我们在惯性因子收益率前面纳入一个可以优化的调节参数 η,使得目标组合实际跟踪的是 $\eta \cdot r_{MOM}$。因此,投资者所构建的目标组合相对于跟踪目标的跟踪误差(Tracking Error, TE)可以表示为:

$$TE = r_p - \eta \cdot r_{MOM} = \boldsymbol{q}^T \boldsymbol{R} - \eta \cdot r_{MOM} \tag{10.1}$$

跟踪误差的方差可以表示为:

$$\sigma^2(TE) = \boldsymbol{q}^T \boldsymbol{V} \boldsymbol{q} - 2\eta \boldsymbol{q}^T \text{cov}(\boldsymbol{R}, r_{MOM}) + \eta^2 \sigma_{MOM}^2 \tag{10.2}$$

式(10.2)中,$\boldsymbol{V}$ 是 n 种风险资产收益率的协方差矩阵,假设协方差矩阵 $\boldsymbol{V}$ 可逆;cov(·)表示求协方差的运算,σ_{MOM}^2 表示惯性因子收益率的方差。基于以上的说明,我们提出的惯性因子跟踪策略就是使得目标组合相对于 $\eta \cdot \sigma_{MOM}^2$ 的跟踪误差方差最小化,模型如下:

$$\min_{q,\eta} \sigma^2(TE) \quad s.t. \; \boldsymbol{q}^T \boldsymbol{1} = 1, \; (\boldsymbol{q} \geq 0) \tag{10.3}$$

---

① 如不作特别说明,本书中的向量均指的是列向量。

模型（10.3）是（不）允许卖空的条件下的惯性因子跟踪策略模型，其中 $\boldsymbol{1}$ 为元素全为 1 的 n 维向量，$\boldsymbol{q} \geq 0$ 代表的是不允许卖空的情形。值得注意的是，模型（10.3）中的决策变量不仅包括风险资产的投资比例向量 $\boldsymbol{q}$，还包含惯性因子收益率前面的 η 系数。理论上讲，将 η 系数纳入优化范围至少有以下两点好处：首先，与给定一个外生的 η 系数相比（比如让 $\eta = 1$）[①]，允许对 η 进行优化，可以有效地调节被跟踪惯性因子的波动性，在考虑组合收益与惯性因子收益交互作用的情况下有助于跟踪误差方差的最小化。其次，在允许卖空的条件下，η 系数实际上衡量了目标组合相对于惯性因子的风险暴露程度，同时反映了目标组合抓住惯性/反转效应的程度，这一点在后面最优组合的性质分析中也能得到印证。

此外，正如前面所描述的一样，不管是不是允许卖空的情况，模型所确定的投资组合仅依赖于风险资产收益率协方差矩阵以及风险资产收益率和因子收益率的协方差向量估计，已经有文献表明，协方差矩阵的估计误差对组合权重以及样本外业绩的影响远低于由风险资产收益率均值的估计误差带来的影响（Best and Grauer, 1992; Merton, 1980），所以，我们的模型由于可以规避风险资产收益率均值的估计，在应用的时候会较少受到参数估计误差的影响。

在允许卖空的条件下，我们运用拉格朗日乘数法对模型（10.3）求解[②]，得到一阶最优条件：

$$\frac{\partial L}{\partial \boldsymbol{q}} = 2\boldsymbol{V}\boldsymbol{q} - 2\eta \mathrm{cov}(\boldsymbol{R}, r_{MOM}) - \lambda \boldsymbol{1} = 0 \tag{10.4}$$

$$\frac{\partial L}{\partial \eta} = 2\eta \sigma_{MOM}^2 - 2\boldsymbol{q}^T \mathrm{cov}(\boldsymbol{R}, r_{MOM}) = 0 \tag{10.5}$$

式（10.4）中，λ 是拉格朗日乘数，由式（10.4）可以解得：

$$\boldsymbol{q} = \eta \boldsymbol{V}^{-1} \mathrm{cov}(\boldsymbol{R}, r_{MOM}) + \frac{\lambda}{2} \boldsymbol{V}^{-1} \boldsymbol{1} \tag{10.6}$$

将式（10.6）代入式（10.5）和约束条件 $\boldsymbol{q}^T \boldsymbol{1} = 1$，可以得到：

$$\eta \sigma_{MOM}^2 - \eta a - \frac{\lambda}{2} b = 0 \tag{10.7}$$

$$\eta b + \frac{\lambda}{2} c = 1 \tag{10.8}$$

[①] 事实上，在指数跟踪、经济变量跟踪以及非流动性资产收益率的跟踪中，都暗含有 $\eta = 1$ 的假设。
[②] 在不允许卖空的条件下，虽然无法求得模型（10.3）的解析解，但在估计得到风险资产收益率的协方差矩阵以及风险资产收益率和惯性因子收益率协方差向量的基础上，仍然可以求得模型（10.3）的数值解，在后面的实证分析中考察惯性因子跟踪策略有效性时，我们只考察不允许卖空的情况。

式 (10.7) 和式 (10.8) 中 $a = \text{cov}(\boldsymbol{R}, r_{MOM})^T \boldsymbol{V}^{-1} \text{cov}(\boldsymbol{R}, r_{MOM})$，$b = \boldsymbol{1}^T \boldsymbol{V}^{-1} \text{cov}(\boldsymbol{R}, r_{MOM})$，$c = \boldsymbol{1}^T \boldsymbol{V}^{-1} \boldsymbol{1}$。

联合式 (10.7) 和式 (10.8)，可以解得 η 和 $\dfrac{\lambda}{2}$，分别为：

$$\eta = \frac{b}{c(\sigma_{MOM}^2 - a) + b^2} \tag{10.9}$$

$$\frac{\lambda}{2} = \frac{\sigma_{MOM}^2 - a}{c(\sigma_{MOM}^2 - a) + b^2} \tag{10.10}$$

将式 (10.9) 和式 (10.10) 代入式 (10.6)，得到最优的惯性因子跟踪组合：

$$\boldsymbol{q}^* = \frac{b^2}{c(\sigma_{MOM}^2 - a) + b^2} \boldsymbol{q}_{MOM} + \frac{c(\sigma_{MOM}^2 - a)}{c(\sigma_{MOM}^2 - a) + b^2} \boldsymbol{q}_0 \tag{10.11}$$

式 (10.11) 中，$\boldsymbol{q}_{MOM} = \dfrac{1}{b} \boldsymbol{V}^{-1} \text{cov}(\boldsymbol{R}, r_{MOM})$，$\boldsymbol{q}_0 = \dfrac{1}{c} \boldsymbol{V}^{-1} \boldsymbol{1}$，$\boldsymbol{q}_0$ 就是传统均值方差模型下的最小方差组合。从式 (10.11) 可以看出，在允许卖空条件下，最优惯性因子跟踪组合 $\boldsymbol{q}^* \boldsymbol{x}^*$ 是 $\boldsymbol{q}_{MOM}$ 和 $\boldsymbol{q}_0$ 的一个线性凸组合，即最优组合满足两基金分离定理，这里的两基金分别为组合 $\boldsymbol{q}_{MOM}$ 和 $\boldsymbol{q}_0$。

10.2.2 最优组合的性质分析

首先，我们分析组合 $\boldsymbol{q}_{MOM}$ 是如何构建的。为了实现这个目的，我们考虑惯性因子收益率对投资空间中所有风险资产收益率的线性回归模型：

$$r_{MOM} = \alpha + \boldsymbol{\theta}^T \boldsymbol{R} + \xi \tag{10.12}$$

模型 (10.12) 中，α 为回归常数，$\boldsymbol{\theta} = (\theta_1, \theta_2, \cdots, \theta_n)^T$ 为回归系数向量，ξ 为回归的残差项，且有 $E(\xi) = 0$ 和 $\text{cov}(\boldsymbol{R}, \xi) = \boldsymbol{0}$。基于模型 (10.12)，可以得到：

$$\boldsymbol{V}^{-1} \text{cov}(\boldsymbol{R}, r_{MOM}) = \boldsymbol{V}^{-1} \text{cov}(\boldsymbol{R}, \alpha + \boldsymbol{\theta}^T \boldsymbol{R} + \xi) = \boldsymbol{V}^{-1}(\boldsymbol{V}\boldsymbol{\theta}) = \boldsymbol{\theta} \tag{10.13}$$

进而可以得到，$b = \boldsymbol{1}^T \boldsymbol{V}^{-1} \text{cov}(\boldsymbol{R}, r_{MOM}) = \boldsymbol{1}^T \boldsymbol{\theta}$，$\boldsymbol{q}_{MOM} = \dfrac{1}{b} \boldsymbol{V}^{-1} \text{cov}(\boldsymbol{R}, r_{MOM}) = \dfrac{1}{b} \boldsymbol{\theta}$。所以，参数 b 实际上就是模型 (10.12) 中所有回归系数的和，而组合 $\boldsymbol{q}_{MOM}$ 是通过将回归系数向量进行标准化后得到的（Jiang et al., 2010, 2013）。从组合 $\boldsymbol{q}_{MOM}$ 形成机理可以看出，该组合的目的是模仿惯性因子的收益率，进而抓住市场上的惯性效应，因而，我们将这个组合称为惯性因子模仿组合（Roll and Srivastava, 2018)。所以,最优的惯性因子跟踪组合是惯性因子模仿组合和最小方差组合的一个线性凸组合。

其次,我们分析最优跟踪组合中惯性因子模仿组合和最小方差组合的权重分配情况。由式(10.11)可知,最优跟踪组合中惯性因子模仿组合的权重 $w_{x_{MOM}}$ 为:

$$w_{x_{MOM}} = \frac{b^2}{c(\sigma_{MOM}^2 - a) + b^2} \tag{10.14}$$

由于 $c > 0$ 且 $\sigma_{MOM}^2 > a$,所以,$0 < w_{x_{MOM}} < 1$。另外,回归式(10.12)可以写成:

$$r_{MOM} = \alpha + \boldsymbol{\theta}^T \boldsymbol{R} + \xi = \alpha + b(\boldsymbol{q}_{MOM}^T \boldsymbol{R}) + \xi \tag{10.15}$$

由式(10.15)可知,参数 b 实际上衡量了惯性因子收益率变化相对于惯性因子模仿组合收益率变化的敏感性。参数 b 的绝对值越大,这个敏感性越高,进而由式(10.14)可知,此时最优跟踪组合中惯性因子模仿组合所占的权重也越大,从组合业绩来源的角度看,此时惯性因子跟踪组合的业绩则主要来自惯性因子模仿组合。

最后,我们分析最优跟踪组合相对于惯性因子的敏感性 β_{MOM}。根据 β_{MOM} 的定义,有:

$$\beta_{MOM} = \frac{\text{cov}(\boldsymbol{q}^{*T} \boldsymbol{R}, r_{MOM})}{\sigma_{MOM}^2} \tag{10.16}$$

将式(10.11)所表示的最优跟踪组合的表达式代入式(10.16),化简后得到:

$$\beta_{MOM} = \frac{b}{c(\sigma_{MOM}^2 - a) + b^2} \tag{10.17}$$

对照式(10.17)和式(10.9)可知,在允许卖空的条件下,我们模型所确定的最优 η 实际上衡量了最优跟踪组合相对于惯性因子的敏感性。而且当参数 $b > 0$ 时,最优 η 就大于 0,此时最优组合抓住的是市场上的惯性效应,而当参数 $b < 0$ 时,最优 η 就小于 0,此时最优组合抓住的是市场上的反转效应。也正是因为这个原因,在投资者直接执行惯性或反转策略并不常见的情况下,本章提出的惯性因子跟踪策略为投资者提供了一个能灵活抓住惯性或反转效应的备选投资方案。

---

① 首先,由于风险资产收益率的协方差矩阵 $\boldsymbol{V}$ 是可逆的,所以 $\boldsymbol{V}$ 是正定的,进而有 $c = \boldsymbol{1}^T \boldsymbol{V}^{-1} \boldsymbol{1} > 0$。此外,由回归模型(10.12)可知,$\sigma_{MOM}^2 = \boldsymbol{\theta}^T \boldsymbol{V} \boldsymbol{\theta} + \sigma_\xi^2 = a + \sigma_\xi^2$,由于 $\sigma_\xi^2 > 0$,所以 $\sigma_{MOM}^2 > a$。

10.3 实证设计和数据

10.3.1 投资策略

在实证分析中,我们考察了两类投资策略的业绩,其一是本章提出的惯性因子跟踪策略,其二是用于与惯性因子跟踪策略业绩进行比较的基准组合策略,包括等权策略和最小方差策略。

由于我们提出惯性因子跟踪策略的基本动机是,在中国市场上通过多空组合来实施惯性或反转投资策略的做法仍不常见的情况下,为投资者提供一个能灵活抓住惯性或反转效应的备选投资方案,所以,在考察惯性因子跟踪策略有效性时,我们只考察不允许卖空的情况。

考虑到在构建惯性因子时,Carhart(1997)用"前 11 个月累积收益最高的 30%的股票组合等权收益率"与"前 11 个月累积收益最低的 30%的股票组合等权收益率"之差代表惯性因子。一方面,通过"等权"的方式得到"赢者组合"和"输者组合"收益率进而构建的惯性因子忽略了同一组合中各股票市值的大小所带来的影响。因此,学术界更常见的是参照 Fama 和 French(1993)的方法,通过"市值加权"的方式得到各组合收益率构建各种定价因子。另一方面,针对处于不同发展阶段的市场而言,按照 Carhart(1997)根据"前 11 个月累积收益"对市场上的股票进行排序分组后构建惯性因子也有不妥,毕竟在不同的市场上,甚至在同一市场上的不同阶段,学者可以一般地按照"前 m 个月累积收益"对市场上的股票进行排序分组后构建惯性因子。也许是考虑到这个原因,锐思(RESSET)金融研究数据库中提供了 m 等于不同值时(如 $m=8$、9、10、11、12)的惯性因子。此外,在中国市场上市的股票有流通股和非流通股之分,而非流通股是不能在市场上交易的。综合考虑前面三方面的因素,本章用"前 m 个月累积收益最高的 30%的股票组合流通市值加权收益率"与"前 m 个月累积收益最低的 30%的股票组合流通市值加权收益率"之差来代表惯性因子①。而且,当 m 取不同的值时,将会形成不同的惯性因子,这为我们分析惯性因子跟

---

① 我们把这种惯性因子的计算方法称为计算方法 1,在后面的稳健性检验中我们还考察了另外两种计算方法的情形。

踪策略的业绩相对于惯性因子的敏感性成为可能。

等权策略不需要估计参数,也不依赖优化技术,在很多已有的研究中都将等权组合作为其他投资组合的业绩比较基准(DeMiguel et al,2009a;Behr et al.,2013)。特别地,DeMiguel等(2009a)表明,等权组合虽然简单,但却很难被优化的组合策略所战胜。所以,在后面的实证分析中,我们首选等权组合作为惯性因子跟踪组合的业绩比较基准。

最小方差组合是用组合收益率方差来衡量风险时,风险最小的组合。由于实施最小方差策略仅依赖于风险资产收益率协方差矩阵的估计,进而较少受到参数估计误差的影响,所以,现有文献中也将最小方差策略作为其他投资策略的比较基准(蒋崇辉等,2012;Jiang et al.,2019)。而且,从前面最优跟踪组合的构成还可以看出,最小方差组合是最优因子跟踪组合的重要组成部分。基于此,我们也将最小方差策略作为惯性因子跟踪策略的比较基准纳入分析。为了确保各策略业绩的可比性,我们只考察不允许卖空情况下最小方差组合的业绩。

10.3.2 参数估计

如前所述,实施惯性因子跟踪策略需要估计风险资产收益率的协方差矩阵以及惯性因子收益率和风险资产收益率的协方差向量,而实施最小方差策略则仅需要估计风险资产收益率的协方差矩阵。为了方便起见,我们将风险资产收益率和惯性因子收益率放在一起,估计包括惯性因子在内的风险资产收益率的协方差矩阵,进而从估计得到的协方差矩阵中分别提取风险资产收益率的协方差矩阵以及惯性因子收益率和风险资产收益率的协方差向量,并将估计得到的参数代入模型以求得最优的惯性因子跟踪组合和最小方差组合。考虑到协方差矩阵的估计误差对组合权重和样本外业绩的影响较小,以及本章在考察惯性因子跟踪策略和最小方差策略时,只考虑了不允许卖空的情况,根据 Jagannathan 和 Ma(2003),施加卖空约束也有助于降低参数的估计误差,所以,我们在后文中将样本协方差矩阵作为协方差矩阵的估计量进行实证分析①。

具体而言,首先,我们用过去 5 年的月收益率数据(即 60 个月收益率数据)估计对应的协方差矩阵,通过求解模型得到对应的惯性因子跟踪组合和最小方差组合,然后计算并记录该组合样本外 1 个月的收益率;其次,将参数的估计窗口

---

① 已有文献研究表明,在不允许卖空的条件下,使用改进的估计方法估计得到的协方差矩阵相对于使用样本协方差矩阵并不能显著提高组合的样本外业绩,所以,本章并没有考虑用改进的估计方法估计协方差矩阵的情形(蒋崇辉等,2012;Jiang et al.,2019)。

向前推进1个月，按照之前的方法重新估计参数，求解组合，计算并记录组合样本外1个月的收益率，依次类推，直到样本期满。这样我们可以得到不同组合一系列样本外的收益率数据，后文中报道的各种投资组合业绩评价指标就是基于这些收益率数据计算得到。

10.3.3 业绩评估指标

本章用于评价投资组合业绩的指标首先包括组合收益率的均值、标准差和夏普比率，它们分别代表组合的平均收益率水平、风险水平以及风险调整的收益率水平。此外，我们还考察了各组合的换手率以衡量实施对应的策略所带来交易成本的大小，针对某一具体的投资策略，其换手率的计算方法如式（10.18）所示。

$$\tau = \frac{1}{N-K-1} \sum_{t=K}^{N-1} \sum_{j=1}^{n} (|q_{j,t+1} - q_{j,t+}|) \tag{10.18}$$

式中，N 代表全部样本的数量，K 代表用于估计参数的样本数量（本章中 $K=60$），$q_{j,t+1}$ 指的是组合中 j 种资产在 $t+1$ 时刻估计得到的投资比例，而 $q_{j,t+}$ 指第 j 种资产在 t 时刻估计得到的投资比例按照该种资产在第 t 个月的收益率增长至第 $t+1$ 个月时在组合中所占的比例。在考虑换手率的基础上，我们考察了基于组合净收益率的净夏普比率。假设 R_{pt}、$\hat{R}_{pt}$、τ_{pt} 分别代表组合在第 t 个月的总收益率、净收益率以及换手率，并用 c 代表交易成本，则有 $\hat{R}_{pt} = (1+R_{pt})(1-\tau_{pt}c) - 1$。为了确保本章的实证结果与现有文献的可比性，我们参照 DeMiguel 等（2009a）及 Kirby 和 Ostdiek（2012）的做法，将交易成本 c 设为 50 个基点。

最后，我们运用 Qian（2015）提出的两个"行情参与指标"，分别考察了惯性因子跟踪组合相对于等权组合的上方获利和下方风险控制能力。具体而言，在我们的分析中由于等权组合充当的是基准组合的角色，其他任何惯性因子跟踪组合相对于该基准组合的上涨行情参与率（Upside Participation Ratio, UPR）定义如下：

$$UPR = \frac{E(r_S | r_{EWP} > 0)}{E(r_{EWP} | r_{EWP} > 0)} \tag{10.19}$$

式中，r_{EWP} 代表的是等权组合的收益率，而 r_S 指我们所考察的投资组合的收益率，UPR 的含义是在等权组合收益率大于0的情况下，所考察投资组合的平均收益率与等权组合平均收益率之比。很显然，$UPR>1$ 说明所考察的投资组合相对于等权组合具有更好的上方获利能力；相反，如果 $UPR<1$ 说明所考察的投资组合相对于等权组合具有较差的上方获利能力，因此在给定基准组合的情况下，

所考察投资策略的 UPR 越大越好。同理，下跌行情参与率（Downside Participation Ratio，DPR）定义如下：

$$DPR = \frac{E(r_S | r_{EWP} < 0)}{E(r_{EWP} | r_{EWP} < 0)} \quad (10.20)$$

DPR 的含义是在等权组合收益率小于 0 的情况下，所考察投资组合的平均收益率与等权组合平均收益率之比，与 UPR 不同的是，DPR 越小意味着所考察投资策略相对于基准组合具有更好的下方风险控制能力，反之，则相反。在定义了 UPR 和 DPR 的基础上，Qian（2015）还引入两种行情参与比率的差（Participation Ratio Difference，PRD），定义如下：

$$PRD = UPR - DPR \quad (10.21)$$

很显然，当投资策略的 UPR > DPR 时，PRD > 0，反之，PRD < 0。通常而言，投资者会喜欢 PRD 大于 0 的投资策略，而且，相对于基准组合而言，如果 PRD > 0 意味着在综合考虑上方获利能力和下方风险控制的情况下，所考察的投资策略要优于基准组合策略。

10.3.4 数据

本章中用于实证分析的数据包括三个方面：投资空间中各风险资产的收益率数据、惯性因子收益率数据以及无风险收益率数据。首先，我们选择沪深 300 十大行业指数①作为投资空间中各风险资产的代表，进而收集得到十大行业指数的收益率数据；其次，在各行业指数收益率的基础上扣除对应期间的无风险收益率，得到各行业指数的超额收益率数据；再次，我们采用"前 m 个月累积收益最高的 30% 的所有股票流通市值加权的组合收益率"与"前 m 个月累积收益最低的 30% 的所有股票流通市值加权的组合收益率"之差来代表惯性因子，进而收集得到当 $m = 8$、9、10、11、12 情况下对应惯性因子的收益率数据；最后，连同各行业指数的超额收益率数据和惯性因子收益率一起作为实证分析的基础数据。所有的数据均来自锐思（RESSET）金融研究数据库，代表风险资产的各行业指数收益率、惯性因子收益率以及无风险收益率，均属月收益率数据类型。由于锐思金融研究数据库中提供的沪深 300 行业指数收益率数据最迟是从 2005 年 2 月开始的，所以，以上数据选择的样本期间为 2005 年 2 月至 2019 年 12 月。

---

① 沪深 300 十大行业指数分别为 300 能源、300 材料、300 工业、300 可选、300 消费、300 医药、300 金融、300 信息、300 电信以及 300 公用。

10.4 实证结果及其分析

10.4.1 描述性统计分析

表 10.1 是沪深 300 十大行业指数在整个样本期间的超额收益率的描述性统计。从表 10.1 可以看出，消费、医药、金融、可选行业指数的年化超额收益率均值较高，分别为 25.00%、20.70%、18.74%、16.95%，其他行业指数的年化收超额益率较低，介于 8% ~ 13% 之间。各行业指数超额收益率的标准差均较高，介于 28% ~ 36% 之间。从各行业指数的夏普比率看，仍然是超额收益率较高的那些行业指数具有较高的夏普比率，具体而言，消费、医药、金融、可选行业指数的夏普比率分别为 0.8390、0.6829、0.5556、0.5433，其他行业指数的夏普比率相对较低，介于 0.27 ~ 0.39 之间。此外，从偏度和峰度看，大部分行业指数的超额收益率呈现正的偏度，只有可选和信息行业指数的超额收益率的偏度为负，所有行业指数超额收益率的峰度均大于 3，而且，JB 统计量表明，除了信息行业指数以外，其他行业指数的超额收益率均在 5% 的显著性水平下拒绝正态性假设。最后，十大行业指数超额收益率之间的相关性均较高，任意两个行业指数超额收益率的相关系数均在 0.5 以上。

表 10.1　沪深 300 十大行业指数超额收益率的描述性统计

	能源	材料	工业	可选	消费	医药	金融	信息	电信	公用
均值	0.0923	0.1188	0.1133	0.1695	0.2500	0.2070	0.1874	0.1204	0.1276	0.0870
标准差	0.3397	0.3595	0.3311	0.3120	0.2980	0.3031	0.3374	0.3429	0.3337	0.2872
夏普比率	0.2717	0.3304	0.3423	0.5433	0.8390	0.6829	0.5556	0.3510	0.3824	0.3029
偏度	0.0585	0.0882	0.1906	−0.0332	0.1011	0.4555	0.3920	0.0406	0.2139	0.6277
峰度	4.0972	3.9790	4.7091	4.4933	3.9772	6.0099	5.1149	3.8400	5.6002	6.6382
JB 统计量	9.0810	7.3806	22.8700	16.6640	7.4275	73.7609	37.9441	5.3120	51.7922	110.4784
相关系数										
材料	0.8552									

续表

	能源	材料	工业	可选	消费	医药	金融	信息	电信	公用
工业	0.8144	0.9096								
可选	0.7550	0.8755	0.8910							
消费	0.6431	0.7183	0.7461	0.7937						
医药	0.6131	0.7454	0.7590	0.8102	0.7722					
金融	0.8121	0.7841	0.7862	0.7108	0.6350	0.5530				
信息	0.5769	0.7679	0.7823	0.8414	0.6759	0.8100	0.5264			
电信	0.6345	0.6806	0.7589	0.6665	0.5818	0.5932	0.6059	0.6787		
公用	0.7348	0.8194	0.8720	0.7918	0.6417	0.7067	0.7054	0.6599	0.6340	1.0000

注：表中的均值和标准差分别代表各行业指数超额收益率的均值和标准差，这二者的比值就是夏普比率，JB 统计量报道的是对各行业指数超额收益率正态性检验结果，样本期间从 2005 年 2 月到 2019 年 12 月。

表 10.2 是不同惯性因子收益率的描述性统计。从表 10.2 可以看出，本章所考察的各惯性因子均具有正的平均收益率，表明基于前 8 个、9 个、10 个、11 个、12 个月的累计收益构建的"赢输多空组合"在接下来的 1 个月更容易呈现惯性效应，这与 Jegadeesh 和 Titman（1993）的研究结论具有一致性。此外，不同惯性因子收益率的标准差相对较低，低于前面行业指数超额收益率的标准差，均在 17% 以下。另外，我们还报道了不同惯性因子收益率均值和标准差的比率，由于惯性因子收益率实际上代表的是一个零投资组合的收益率，因此，收益率均值和标准差的比值代表的是这个零投资组合的信息比率（information ratio）。从信息比率的值看，不同惯性因子的信息比率相对较低，均在 0.15 以下。最后，不同惯性因子两两收益率之间的相关系数均在 0.86 以上，甚至高达 0.94，这表明我们所考察的这几个惯性因子具有高度的相关性。

表 10.2 不同惯性因子收益率的描述性统计

	8 个月	9 个月	10 个月	11 个月	12 个月
均值	0.0034	0.0234	0.0048	0.0171	0.0071
标准差	0.1654	0.1563	0.1516	0.1497	0.1512
信息比率	0.0203	0.1499	0.0314	0.1140	0.0471
相关系数					
9 个月	0.9392				
10 个月	0.9171	0.9231			

续表

	8 个月	9 个月	10 个月	11 个月	12 个月
11 个月	0.8810	0.8992	0.9422		
12 个月	0.8664	0.8632	0.9192	0.9159	1.0000

注：表的第一行中"8 个月"代表的是"8 个月惯性因子"，"9 个月"代表的是"9 个月惯性因子"，其他依此类推。此外，表中的均值和标准差分别代表不同惯性因子收益率的均值和标准差，这二者的比值就是信息比率。

10.4.2 各组合业绩的比较和分析

基于前面的实证设计和数据，我们分别计算并得到等权组合、最小方差组合和不同惯性因子跟踪组合的各业绩指标，结果如表 10.3 所示。首先从表 10.3 可以看出，等权组合平均年化超额收益率为 5.15%，而本章所考察的各惯性因子跟踪组合的平均年化超额收益率均在 8.3% 以上，远高于等权组合的超额收益率水平，最小方差组合的平均年化超额收益率则介于等权组合和惯性因子跟踪组合平均年化超额收益率之间，为 7.74%。另外，从标准差的数值看，各惯性因子跟踪组合与等权组合、最小方差组合具有相当的风险水平，收益率的标准差均介于 21%~22% 之间，进而导致惯性因子跟踪组合具有比等权组合、最小方差组合更高的夏普比率。之所以惯性因子跟踪组合相对于等权组合/最小方差组合能在不增加风险的情况下提高收益水平，进而提高夏普比率，主要是因为惯性因子跟踪组合相比等权组合、最小方差组合能更好地抓住市场上的惯性或反转效应。为了进一步探寻惯性因子跟踪组合抓住市场惯性或反转效应的程度，我们画出了跟踪不同惯性因子的情况下最优 η 随时间变化的曲线，如图 10.1 所示。

从图 10.1 可以看出，首先，不管跟踪的是哪个惯性因子，η 曲线的形状都非常相似，尤其是从 2015 年以来，5 条 η 曲线间的距离变得更小，这与表 10.2 中各惯性因子收益率间的高相关系数一致。此外，我们从图 10.1 还可以看出，2011 年之前，由模型决定的 η 值较大，且呈现上涨趋势，最大的 η 值达 1.2；之后由模型决定的 η 值逐渐下降，以至于到 2014 年 7 月时，模型决定的 η 值由正转负；2015 年以后，模型决定的 η 值又逐渐上升，但上升的速度并不快，直到 2018 年 11 月，η 值保持在 0.7 的水平[①]。

---

① 考虑到 η 曲线之所以呈现如图 10.1 所示的变化趋势的原因并不是本章所考察问题的重点，以及由于文章篇幅所限，我们并没有将 η 曲线呈现如图 10.1 所示的原因添加到文章当中。如果读者需要进一步了解其中的原因，可以直接向文章的作者索要。

第10章 惯性因子跟踪策略的有效性：来自中国股票市场的证据

如前所述，最优 η 值实际上体现了惯性因子跟踪组合抓住市场惯性效应的程度。当 $\eta>0$ 时，最优跟踪组合可以抓住市场上的惯性效应，且 η 值越大，抓住惯性效应的程度就越高；相反当 $\eta<0$ 时，最优跟踪组合抓住的是市场上的反转效应。从模型决定的 η 值随时间变化，且有正有负的结果可以看出，我们提出的惯性因子跟踪策略确实可以灵活地抓住市场上的惯性或反转效应，进而带来比等权组合或最小方差组合更高的平均超额收益率和夏普比率。

此外，从表10.3还可以看出，等权组合的平均换手率较低，为3.14%，这一点与 Kirby 和 Ostdiek（2012）的结果相吻合。而惯性因子跟踪组合和最小方差组合的换手率较高，均在10%以上，除了跟踪12个月惯性因子的情况以外，其他惯性因子跟踪组合和最小方差组合的换手率相当，介于10%~11%之间，而跟踪12个月惯性因子的跟踪组合换手率最高，接近20%。即便如此，惯性因子跟踪组合的净夏普比率依然高于等权组合或最小方差组合的净夏普比率。从表10.3最后三列的数值看，惯性因子跟踪组合相对于等权组合的 UPR 和 DPR 均小于1，说明惯性因子跟踪组合在上方获利方面并不如等权组合，却在下方风险控制方面优于等权组合，而且不管跟踪哪个惯性因子，PRD 的值均大于0，这表明，综合上方获利和下方风险控制两个方面看，惯性因子跟踪组合总体优于等权组合。将基于不同惯性因子跟踪组合的业绩进行比较后发现，不同惯性因子的选取对惯性因子跟踪策略业绩的影响很小。

表10.3 各投资组合样本外业绩

	均值	标准差	夏普比率	换手率	净夏普比率	UPR	DPR	PRD
等权组合	0.0515	0.2199	0.2342	0.0314	0.2160	—	—	—
最小方差组合	0.0774	0.2129	0.3637	0.1088	0.3285	0.9778	0.8712	0.2318
惯性因子跟踪组合								
跟踪8个月惯性因子	0.0834	0.2096	0.3981	0.1032	0.3666	0.9018	0.7559	0.1459
跟踪9个月惯性因子	0.0851	0.2101	0.4051	0.1056	0.3727	0.9084	0.7573	0.1511
跟踪10个月惯性因子	0.0885	0.2126	0.4164	0.1069	0.3850	0.9199	0.7578	0.1621
跟踪11个月惯性因子	0.0912	0.2138	0.4262	0.1073	0.3944	0.9291	0.7584	0.1707
跟踪12个月惯性因子	0.0955	0.2140	0.4464	0.1999	0.3895	0.9361	0.7495	0.1866

注：表中的均值和标准差分别代表不同组合样本外超额收益率的均值和标准差，二者的比值就是夏普比率。样本外业绩的考察期间为2010年2月到2019年12月。

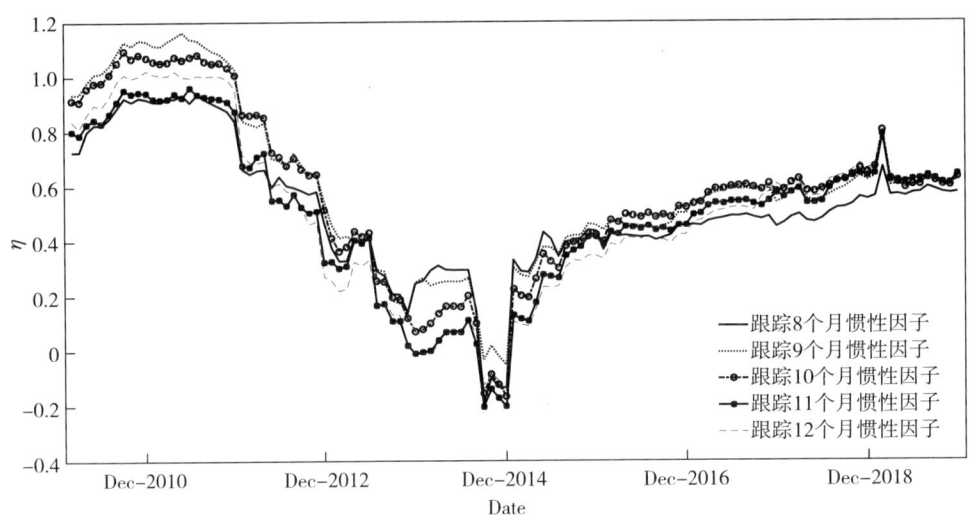

图 10.1 最优 η 曲线

综上所述，惯性因子跟踪组合由于可以抓住市场上的惯性或反转效应，在保持和等权组合或最小方差组合风险水平相当的情况下带来比等权组合或最小方差组合更高的收益水平，进而带来更高的夏普比率。此外，惯性因子跟踪组合的换手率虽然要高于等权组合，但即便在考虑交易成本的情况下，惯性因子跟踪组合仍然能带来比等权组合更高的净夏普比率；综合上方获利和下方风险控制两个方面看，惯性因子跟踪组合同样也优于等权组合。

10.4.3 稳健性检验

10.4.3.1 惯性因子计算方法对策略有效性的影响

在前面的实证分析中，惯性因子是在将累积收益最高的 30% 的所有股票组合和最低的 30% 的所有股票组合分别视为赢者组合和输者组合的基础上构建得到的。考虑到赢者组合和输者组合中所包含的股票数量会影响惯性因子的收益率，进而会影响惯性因子跟踪策略的有效性，基于此，我们进一步考察了按下面两种方法计算得到惯性因子时，对应惯性因子跟踪策略的有效性。

计算方法 2：惯性因子 = 前 m 个月累积收益最高的 10% 的股票组合流通市值加权收益率 − 前 m 个月累积收益最低的 10% 的股票组合流通市值加权收益率。

计算方法 3：惯性因子 = 前 m 个月累积收益大于零的股票组合流通市值加权收益率 − 前 m 个月累积收益小于零的股票组合流通市值加权收益率。

第 10 章 惯性因子跟踪策略的有效性：来自中国股票市场的证据

与前面一样，我们依然从锐思（RESSET）金融研究数据库中选择了 $m=8$、9、10、11、12 情况下，分别按照计算方法 2 和计算方法 3 计算得到惯性因子收益率数据，进而按照前面的实证设计计算并报道对应惯性因子跟踪策略的业绩，如表 10.4 所示，为了方便比较，我们依然将等权组合和最小方差组合业绩包括在表内。

表 10.4 基于不同计算方法的惯性因子跟踪组合的样本外业绩

	均值	标准差	夏普比率	换手率	净夏普比率	UPR	DPR	PRD
等权组合	0.0515	0.2199	0.2342	0.0314	0.2160	—	—	—
最小方差组合	0.0774	0.2129	0.3637	0.1088	0.3285	0.9778	0.8712	0.2318
Panel A：基于计算方法 2 的惯性因子跟踪组合								
跟踪 8 个月惯性因子	0.0854	0.2110	0.4050	0.1049	0.3741	0.9098	0.7577	0.1521
跟踪 9 个月惯性因子	0.0858	0.2098	0.4092	0.1033	0.3777	0.9159	0.7634	0.1525
跟踪 10 个月惯性因子	0.0850	0.2115	0.4018	0.1070	0.3693	0.9162	0.7673	0.1489
跟踪 11 个月惯性因子	0.0911	0.2142	0.4252	0.1002	0.3960	0.9295	0.7592	0.1702
跟踪 12 个月惯性因子	0.0934	0.2149	0.4345	0.1876	0.3809	0.9383	0.7606	0.1777
Panel B：基于计算方法 3 的惯性因子跟踪组合								
跟踪 8 个月惯性因子	0.0872	0.2103	0.4145	0.1143	0.3795	0.9199	0.7631	0.1568
跟踪 9 个月惯性因子	0.0883	0.2115	0.4176	0.1130	0.3833	0.9248	0.7643	0.1604
跟踪 10 个月惯性因子	0.0852	0.2114	0.4032	0.1093	0.3700	0.9137	0.7632	0.1505
跟踪 11 个月惯性因子	0.0885	0.2126	0.4162	0.1089	0.3834	0.9225	0.7610	0.1614
跟踪 12 个月惯性因子	0.0866	0.2120	0.4085	0.1719	0.3574	0.9177	0.7626	0.1551

注：表中的均值和标准差分别代表不同组合样本外超额收益率的均值和标准差，二者的比值就是夏普比率。样本外业绩的考察期间为 2010 年 2 月到 2019 年 12 月。

从表 10.4 可以看出，不管是基于计算方法 2 还是计算方法 3 得到惯性因子，惯性因子跟踪组合与等权组合或最小方差组合的业绩比较结果与前面的结果完全一致，不再赘述。此外，通过对比表 10.3 和表 10.4 中基于不同惯性因子计算方法情况下惯性因子跟踪组合的业绩，我们发现，不同惯性因子的计算方法并没有对惯性因子跟踪策略的业绩产生显著影响。

表 10.5　惯性因子跟踪组合的样本外业绩：基于 2010 年 2 月到 2019 年 12 月的数据

	均值	标准差	夏普比率	换手率	净夏普比率	UPR	DPR	PRD
等权组合	0.0754	0.2333	0.3233	0.0311	0.2722	—	—	—
最小方差组合	0.1149	0.2268	0.5068	0.0992	0.4464	1.0457	0.8981	0.1476
Panel A：基于计算方法 1 的惯性因子跟踪组合								
跟踪 8 个月惯性因子	0.1246	0.2261	0.5511	0.1049	0.4952	1.0189	0.8234	0.1955
跟踪 9 个月惯性因子	0.1295	0.2288	0.5663	0.1100	0.5071	1.0343	0.8234	0.2109
跟踪 10 个月惯性因子	0.1299	0.2288	0.5679	0.1101	0.5102	1.0393	0.8283	0.2109
跟踪 11 个月惯性因子	0.1302	0.2296	0.5668	0.1050	0.5106	1.0404	0.8289	0.2116
跟踪 12 个月惯性因子	0.1334	0.2303	0.5794	0.1927	0.5010	1.0528	0.8316	0.2212
Panel B：基于计算方法 2 的惯性因子跟踪组合								
跟踪 8 个月惯性因子	0.1358	0.2305	0.5892	0.1154	0.5314	1.0528	0.8220	0.2308
跟踪 9 个月惯性因子	0.1424	0.2300	0.6193	0.1190	0.5572	1.0748	0.8237	0.2511
跟踪 10 个月惯性因子	0.1417	0.2324	0.6100	0.1195	0.5484	1.0733	0.8245	0.2488
跟踪 11 个月惯性因子	0.1384	0.2336	0.5923	0.1130	0.5344	1.0697	0.8336	0.2361
跟踪 12 个月惯性因子	0.1413	0.2346	0.6022	0.1901	0.5254	1.0816	0.8372	0.2443
Panel C：基于计算方法 3 的惯性因子跟踪组合								
跟踪 8 个月惯性因子	0.1388	0.2280	0.6086	0.1095	0.5562	1.0639	0.8244	0.2395
跟踪 9 个月惯性因子	0.1368	0.2301	0.5947	0.1074	0.5432	1.0649	0.8336	0.2313
跟踪 10 个月惯性因子	0.1299	0.2287	0.5681	0.1036	0.5193	1.0424	0.8323	0.2100
跟踪 11 个月惯性因子	0.1326	0.2307	0.5749	0.1053	0.5246	1.0530	0.8351	0.2178
跟踪 12 个月惯性因子	0.1334	0.2304	0.5792	0.1653	0.5115	1.0518	0.8302	0.2215

注：表中的均值和标准差分别代表不同组合样本外超额收益率的均值和标准差，二者的比值就是夏普比率。样本外业绩的考察期间为 2015 年 2 月到 2019 年 12 月。

10.4.3.2　样本选择的时间区间对策略有效性的影响

考虑到样本选择的时间区间会对惯性因子跟踪策略的有效性产生影响，而且，基于更近数据的实证结果对投资管理更具有现实指导意义，所以，我们去掉所选样本中前五年的数据，基于 2010 年 2 月至 2019 年 12 月的数据按前面的实证方法重新计算各种情形下各组合的样本外业绩，结果如表 10.5 所示。

从表 10.5 可以看出，首先，从各组合平均超额收益率看，等权组合、最小方差组合的平均年化超额收益率分别为 7.54% 和 11.49%，各种不同情景下惯性因子跟踪策略的平均年化超额收益率均在 12.5% 以上，比等权组合的平均超额收益率高出至少4.9%以上。其次，从各组合风险水平看，与前面的结果一致，惯性因子跟踪组合与等权组合、最小方差组合具有相当的风险水平，这自然会导致惯性因子跟踪组合具有比等权组合、最小方差组合更高的夏普比率。最后，换手率和净夏普比率与之前的分析结果一致，也不再赘述。其中的主要原因依然是：惯性因子跟踪组合相比等权组合、最小方差组合能更好地抓住市场上的惯性或反转效应。

值得一提的是，从表10.5的最后三列数据看，各惯性因子跟踪组合相对于等权组合的 UPR 均大于1，而 DPR 均小于1，说明惯性因子跟踪组合不仅在上方获利方面表现比等权组合好，而且在下方风险控制方面也优于等权组合。这实际上间接说明惯性因子跟踪策略在参与市场上涨行情方面比等权组合更有效。

综上所述，从表10.4和表10.5的结果可以得知，惯性因子跟踪策略的有效性相对于惯性因子的计算方法和样本数据选择区间具有稳健性。

10.5 结 论

已有大量的文献发现，不管是欧美市场还是中国市场，均普遍存在惯性或反转效应。然而，在中国市场上通过多空组合来实施惯性或反转投资策略的做法仍不常见。基于此，本章提出一种能灵活抓住市场上的惯性或反转效应进而能提升组合业绩的惯性因子跟踪策略。通过建立和求解惯性因子跟踪策略模型，我们发现，最优惯性因子跟踪组合满足两基金分离定理，这里的两基金分别是惯性因子模仿组合和最小方差组合，且最优的调节参数实际上衡量了最优惯性因子跟踪组合相对于惯性因子的敏感性。

通过选择沪深300十大行业指数作为投资空间中风险资产的代表，实证考察了不允许卖空条件下基于不同计算方法得到惯性因子的（惯性因子）跟踪策略的有效性。结果发现：惯性因子跟踪组合由于可以抓住市场上的惯性或反转效应，可以在保持和等权组合风险水平相当的情况下带来比等权组合更高的收益水平和夏普比率；惯性因子跟踪组合的换手率虽然高于等权组合，但即便在考虑交易成本的情况下，惯性因子跟踪组合仍然能带来比等权组合更高的净夏普比率；综合上方获利和下方风险控制两个方面看，惯性因子跟踪组合同样也优于等权组合。而且，研究结果相对于惯性因子的计算方法和样本选择的时间区间是稳健的。

第11章 多因子跟踪：
能战胜等权组合的聪明贝塔策略

11.1 引言

在最近一篇非常有影响力的文章中，Harvey，Liu 和 Zhu（2016）指出，现有文献中至少可以找到316个因子对横截面资产收益率产生影响，而且，在316个因子中有将近2/3的因子代表着公司某个方面的特征[①]。如果某一公司特征被证实与其横截面股票期望收益有关，那么，可以通过构建一个多空组合将对应的潜在风险因子表示出来。目前，文献中广泛流行的与公司特征相关的风险因子包括规模、价值、质量、投资以及惯性等（Fama and French，1993，2015，2016，2017；Carhart，1997）。毋庸置疑，这些资产定价的结果一定会对业界的资产组合选择产生有益的指导作用，而且，已经有一些文献在探索基于因子模型的组合构建问题，形成了以"因子投资（factor investing）"和"聪明贝塔（smart beta）"为代表的投资策略（Beck et al.，2016；Bender and Wang，2016；Clarke，de Silva and Thorley，2016；Ghayur，Heaney and Platt，2018）。

不管是因子投资还是聪明贝塔策略，目标组合的收益中由因子驱动的收益部分不仅依赖于因子收益本身的大小，还依赖于因子贝塔的大小。因而，为了有效地获取由因子驱动的收益，一方面，投资者需要确定投资于哪一个或哪一些收益驱动因子；另一方面，投资者需要确定目标组合相对于各收益驱动因子的贝塔，

[①] 作者将这些因子区分为共同风险因子（common risk factor）和公司特征（individual firm characteristics）两大类。其中共同风险因子共有113个，而公司特征方面的因子共有203个，详见文章中的表11.1。

第 11 章 多因子跟踪：能战胜等权组合的聪明贝塔策略

就像风险预算一样，我们姑且将这个过程称之为因子贝塔的预算。最理想的情况是投资者根据未来因子收益的变化而改变组合相对于该因子的贝塔，进而最大程度地获取因子驱动的组合收益，这正是当前市场上流行的被称为 Smart Beta 投资策略的逻辑。然而，正如 Amenc 等（2016）所指出的那样，预测因子收益的变化本身是冒很大风险的，因此，通过预测因子收益的变化而预算合适贝塔很难确保策略的样本外业绩。基于这个考虑，本章提出了一种无须估计和预测因子收益变化，而使得目标组合收益率与因子收益率之间的跟踪误差方差最小化的因子跟踪策略。

因子跟踪策略的基本逻辑是：通过跟踪代表公司特征的因子，跟踪组合中相对于该因子敏感性高的股票就会被赋予较高的权重，而其他股票则被赋予较低的权重。因此，最优跟踪组合将会呈现与因子收益相似的特征，进而能战胜等权组合。值得注意的是，从模型的应用角度看，因子跟踪策略只依赖于资产收益率协方差矩阵以及各资产收益和因子收益率之间协方差向量的估计，从而避开了资产收益率均值以及因子收益率均值的估计，最大程度地降低了参数估计误差对组合权重以及样本外业绩的影响（Best and Grauer，1992；Merton，1980）。

本章所考察的因子跟踪策略既包含单因子跟踪策略，也包含多因子跟踪策略。单因子跟踪策略与第 10 章惯性因子跟踪策略的模型一致，在本章中不再赘述。本章的重点是考察多因子跟踪策略。当然，从研究的完备性看，我们在实证分析中仍然将单因子跟踪策略考虑在内。在后面的理论分析中，我们先建立和求解了多因子跟踪模型，对于跟踪 m 个风险因子的情形而言，多因子跟踪组合则满足 $m+1$ 基金分离定理，$m+1$ 基金分别是 m 个因子模仿组合和最小方差组合。此外，我们发现，在某些特定的条件下，多因子跟踪组合是各单因子跟踪组合的线性凸组合，即便特定的条件不满足，多因子跟踪组合是各单因子跟踪组合和最小方差组合的线性凸组合。

基于来自 French 数据图书馆的 5 个代表不同投资空间的数据集以及规模、价值、质量、投资以及惯性的 5 个因子收益率数据，本章分别考察了基于规模、价值、质量、投资以及惯性的单因子跟踪策略以及同时考虑这 5 个因子的多因子跟踪策略的业绩。具体而言，我们考察的多因子跟踪策略包含两种情形：其一是将单因子跟踪策略进行等权组合得到，我们称其为混合的多因子跟踪策略；其二是在同时考虑 5 个因子的情况下，使得跟踪误差方差最小化的多因子跟踪策略，我们称其为整合的多因子跟踪策略。

我们的实证结果表明：①不管是单因子跟踪还是多因子跟踪组合，相对于等权组合均能显著降低风险,而且因子跟踪策略的这个风险降低的优势对于我们所考察的所有数据集都是稳健的,这个结论与 Fletcher(2009)的结果一致。此外,因子跟踪策略相对于等权组合也能提高夏普比率,即便在考虑交易成本的情况下也能保持比等权组合高的夏普比率。而且,因子跟踪策略相对于等权策略能降低风险和提高夏普比率的表现能通过基于 Qian(2015)提出的上涨行情参与率、下跌行情参与率以及上涨下跌行情参与率的差三个指标的分析得到解释。②因子跟踪策略较等权策略具有略高的换手率,绝大多数情况下,因子跟踪策略的平均月换手率介于 2%~7% 之间,而等权组合的换手率为 2%。

11.2 模 型

考虑到单因子跟踪策略与第 10 章中的模型和性质分析一致,本部分我们直接考察多因子跟踪策略并分析多因子跟踪组合和单因子跟踪组合之间的关系,特别地,在一定的条件下多因子跟踪组合就是单因子跟踪组合的一个线性凸组合。

11.2.1 多因子跟踪组合

假设投资者的投资空间中包含有 n 种风险资产(或资产类别),这 n 种风险资产的收益率向量为 $\boldsymbol{R}$,为 n 维随机向量;进一步假设投资者投资于这 n 种风险资产的投资比例向量为 $\boldsymbol{q}$,则组合的收益率 r_p 可以表示为 $r_p = \boldsymbol{q}^T \boldsymbol{R}$,其中,$T$ 代表转置符号,由于 $\boldsymbol{R}$ 为随机向量,所以 r_p 为随机变量。假设投资者按照前面所描述的方式拟跟踪 m 个风险因子,设这 m 个风险因子的收益率向量为 $\boldsymbol{r}_F = (r_{F1}, r_{F2}, \cdots, r_{Fm})^T$,各因子前面的 η 系数构成的向量为 $\boldsymbol{\eta} = (\eta_1, \eta_2, \cdots, \eta_m)^T$,则多因子跟踪组合的跟踪误差可以表示为:

$$TE_{MFactors} = \boldsymbol{q}^T \boldsymbol{R} - \boldsymbol{\eta}^T \boldsymbol{r}_F \tag{11.1}$$

对应的跟踪误差方差可以表示为:

$$\sigma^2(TE_{MFactors}) = \boldsymbol{q}^T \boldsymbol{V} \boldsymbol{q} - 2\boldsymbol{q}^T \text{cov}(\boldsymbol{R}, \boldsymbol{r}_F) \boldsymbol{\eta} + \boldsymbol{\eta}^T \boldsymbol{V}_F \boldsymbol{\eta} \tag{11.2}$$

式中,$\text{cov}(\boldsymbol{R}, \boldsymbol{r}_F)$ 为 n 种风险资产和 m 个风险因子收益率之间的协方差矩阵,为 $n \times m$ 的矩阵;$\boldsymbol{V}_F$ 是 m 个风险因子收益率的协方差矩阵,假设 $\boldsymbol{V}_F$ 可逆。针对多因子跟踪的情况,我们有下面定理 1。

定理 1:在跟踪 m 个风险因子的情况下,使得跟踪误差方差最小化的最优多因子跟踪组合满足 $m+1$ 基金分离定理,这 $m+1$ 个基金分别是 m 个因子模仿组合和最小方差组合。

证明：在跟踪 m 个风险因子的情况下，最优多因子组合就是下面模型的解：

$$\min_{q,\eta} \sigma^2(TE_{\text{MFactors}}) \quad s.t. \quad \boldsymbol{q}^T \boldsymbol{1} = 1 \tag{11.3}$$

对模型（11.3）运用拉格朗日乘数法可以得到一阶条件有：

$$\frac{\partial L}{\partial \boldsymbol{q}} = 2\boldsymbol{V}\boldsymbol{q} - 2\text{cov}(\boldsymbol{R}, \boldsymbol{r}_F)\boldsymbol{\eta} - \lambda \boldsymbol{1} = \boldsymbol{0} \tag{11.4}$$

由式（11.4）可以解得：

$$\begin{aligned}
\boldsymbol{q} &= \boldsymbol{V}^{-1}\text{cov}(\boldsymbol{R}, \boldsymbol{r}_F)\boldsymbol{\eta} + \frac{\lambda}{2}\boldsymbol{V}^{-1}\boldsymbol{1} \\
&= \sum_{j=1}^{m} \eta_j \boldsymbol{V}^{-1}\text{cov}(\boldsymbol{R}, \boldsymbol{r}_{Fj}) + \frac{\lambda}{2}\boldsymbol{V}^{-1}\boldsymbol{1} \\
&= \sum_{j=1}^{m} b_j \eta_j \left(\frac{1}{b_j}\boldsymbol{V}^{-1}\text{cov}(\boldsymbol{R}, \boldsymbol{r}_{Fj})\right) + \frac{\lambda c}{2}\left(\frac{1}{c}\boldsymbol{V}^{-1}\boldsymbol{1}\right) \\
&= \sum_{j=1}^{m} b_j \eta_j \boldsymbol{q}_{Fj} + \frac{\lambda c}{2}\boldsymbol{q}_0
\end{aligned} \tag{11.5}$$

式（11.5）中，$\boldsymbol{q}_{Fj} = \frac{1}{b_j}\boldsymbol{V}^{-1}\text{cov}(\boldsymbol{R}, \boldsymbol{r}_{Fj})$，$b_j = \boldsymbol{1}^T \boldsymbol{V}^{-1}\text{cov}(\boldsymbol{R}, \boldsymbol{r}_{Fj})$，$j = 1$，$2, \cdots, m$，$\boldsymbol{q}_{Fj}$ 代表的是第 j 个因子模仿组合。

将式（11.5）代入模型（11.3）的约束条件，我们可以得到：

$$\frac{\lambda c}{2} = 1 - \sum_{j=1}^{m} b_j \eta_j$$

进而最优多因子跟踪组合可以表示为：

$$\boldsymbol{q}_{\text{opt\_MF}} = \sum_{j=1}^{m} b_j \eta_j \boldsymbol{q}_{Fj} + \left(1 - \sum_{j=1}^{m} b_j \eta_j\right) \boldsymbol{q}_0 \tag{11.6}$$

很显然，当组合跟踪的是 m 个风险因子，则最优组合满足 $m+1$ 基金分离定理，这 $m+1$ 个基金分别是 m 个因子模仿组合和最小方差组合①。

证毕。

定理 1 表明，构建多因子跟踪组合可以通过以下两个步骤实现：首先，基于已知的投资机会集，构建最小方差组合和对应于每一个因子的因子模仿组合；其次，按照式（11.6）所表明的各部分的权重进行组合得到。与前面的单因子跟踪组合类似，多因子跟踪组合中的每一个因子模仿组合都能抓住对应因子收益率的波动特征，进而抓住与对应因子相关的异常效应，带来比等权组合更好的业绩。

---

① 在这里我们并没有将最优的 $\boldsymbol{\eta}$ 求出，但无论如何它不影响我们定理 1 的成立。

11.2.2 与单因子跟踪组合的关系

为了进一步揭示最优多因子跟踪组合和最优单因子跟踪组合之间的关系,我们设第 j 个最优单因子跟踪组合中的最优 η 系数为 η_{Fj}^*,最优多因子跟踪组合中对应第 j 个因子的最优 η 系数为 η_{MFj}^*,则有下面的充分条件,使得最优多因子跟踪组合是最优单因子跟踪组合的线性凸组合。

定理 2:令 $w_j = \dfrac{\eta_{MFj}^*}{\eta_{Fj}^*}$,如果恰巧 $\sum_{j=1}^{m} w_j = 1$,则最优多因子跟踪组合即为最优单因子跟踪组合的线性凸组合,其中,多因子跟踪组合中第 j 个单因子跟踪组合所占的比例为 w_j;如果 $\sum_{j=1}^{m} w_j \neq 1$,则最优多因子跟踪组合为 m 个最优单因子跟踪组合和最小方差组合的线性凸组合。

证明:设跟踪第 j 个因子的最优单因子跟踪组合为 $\boldsymbol{q}_{\text{opt}\_Fj}$,则由式(10.11)可知:

$$\boldsymbol{q}_{\text{opt}\_Fj} = \boldsymbol{q}_0 + b_j \eta_{Fj}^* (\boldsymbol{q}_{Fj} - \boldsymbol{q}_0)$$

则 m 个单因子跟踪组合按照权重 w_j($j=1,2,\cdots,m$)进行组合后的组合可以表示为:

$$\sum_{j=1}^{m} w_j \cdot \boldsymbol{q}_{\text{opt}\_Fj} = \sum_{j=1}^{m} w_j \cdot (\boldsymbol{q}_0 + b_j \eta_{Fj}^* (\boldsymbol{q}_{Fj} - \boldsymbol{q}_0))$$
$$= \boldsymbol{q}_0 \sum_{j=1}^{m} w_j + \sum_{j=1}^{m} w_j b_j \eta_{Fj}^* (\boldsymbol{q}_{Fj} - \boldsymbol{q}_0) \quad (11.7)$$

将 $w_j = \dfrac{\eta_{MFj}^*}{\eta_{Fj}^*}$ 代入式(11.7)等式右边的第二项,可以得到:

$$\sum_{j=1}^{m} w_j \cdot \boldsymbol{q}_{\text{opt}\_Fj} = \boldsymbol{q}_0 \sum_{j=1}^{m} w_j + \sum_{j=1}^{m} \dfrac{\eta_{MFj}^*}{\eta_{Fj}^*} b_j \eta_{Fj}^* (\boldsymbol{q}_{Fj} - \boldsymbol{q}_0)$$
$$= \boldsymbol{q}_0 \sum_{j=1}^{m} w_j + \sum_{j=1}^{m} b_j \eta_{MFj}^* (\boldsymbol{q}_{Fj} - \boldsymbol{q}_0) \quad (11.8)$$

如果 $\sum_{j=1}^{m} w_j = 1$,则有:

$$\sum_{j=1}^{m} w_j \cdot \boldsymbol{q}_{\text{opt}\_Fj} = \boldsymbol{q}_{\text{opt}\_MF} \quad (11.9)$$

式(11.9)表明,最优多因子跟踪组合即为最优单因子跟踪组合的线性凸组合。

如果 $\sum_{j=1}^{m} w_j \neq 1$,则有:

$$\sum_{j=1}^{m} w_j \cdot \boldsymbol{q}_{\text{opt\_}Fj} + \left(1 - \sum_{j=1}^{m} w_j\right) \boldsymbol{q}_0 = \boldsymbol{q}_{\text{opt\_MF}} \quad (11.10)$$

式（11.10）表明，最优多因子跟踪组合为 m 个最优单因子跟踪组合和最小方差组合的线性凸组合。

证毕。

定理 2 表明：除了定理 1 所揭示的，多因子跟踪组合可以通过对最小方差组合和各因子模仿组合进行组合得到以外，多因子跟踪组合还可以通过先构建单因子跟踪组合，然后按照合适的权重对单因子跟踪组合进行组合得到，或者按照合适的权重对单因子跟踪组合和最小方差组合进行组合得到。所以，定理 1 和定理 2 实际上分别代表了多因子跟踪组合构建的两条路径。特别地，如果在求解单因子跟踪组合时限定 $\eta_{Fj}=1$，而在求解多因子跟踪组合时限定 $\sum_{j=1}^{m} \eta_{MFj}=1$，即以某种加权的方式综合各个因子的收益率，则此时的最优多因子跟踪组合一定是最优单因子跟踪组合的线性凸组合，且最优多因子跟踪组合中第 j 个因子跟踪组合的权重就是 η_{MFj}。

11.3 实证设计和数据

11.3.1 因子的选取

为了进一步考察因子跟踪策略的有效性，本章选取了规模、价值、质量、投资以及惯性 5 个因子，来测试单因子跟踪组合和多因子跟踪组合的样本外业绩，并将之与等权组合的业绩进行对比。之所以选取这 5 个因子来测试对应因子跟踪组合的有效性，一方面，这 5 个因子对资产收益率的驱动作用已经被大量文献所证实，而且也是投资界所广泛认可的收益驱动因子；另一方面，Fama 和 French（2015，2016）对这 5 个因子的定义和计算方法有详细的描述，而且，对应的数据也可以从 French 的数据图书馆下载得到，从而确保了因子收益率数据的可得性。

11.3.2 投资策略

本章所考察的投资策略包括三大类，其中，第一类是等权组合，第二类就是本章所提出的因子跟踪策略。

首先,由于本章的其中一个主要目的是检验因子跟踪组合是否能战胜等权组合,所以,等权组合是我们所考察的第一个投资策略。这个投资策略不需要任何的优化技术,也不需要任何的参数估计,因此,在很多的研究中,等权组合通常被用来充当其他投资策略的比较基准。

其次,从前面最优单因子跟踪组合和多因子组合的构成可以看出,最小方差组合是因子跟踪组合的重要组成部分。一方面,通过考察最小方差组合的样本外业绩可以帮助分析因子跟踪组合业绩的来源;另一方面,最小方差组合也是近年来被重点研究的组合策略之一,所以,我们在实证分析的过程中也考察了最小方差组合的业绩。

最后,就是我们要重点考察的各种因子跟踪组合,其中包括单因子跟踪组合和多因子跟踪组合。单因子跟踪的情形和第10章一致,而当我们考察多因子跟踪组合时,除了模型所描述的多因子策略以外,还考察了将各单因子跟踪组合进行简单等权而得到的混合多因子跟踪组合。所以,总共考察的单因子跟踪组合有5个,多因子跟踪组合策略有2个。

由于我们的比较基准是等权组合,为了确保我们考察的投资策略与等权组合的可比性,在后面的实证过程中,我们对最小方差组合以及各种因子跟踪组合施加了卖空约束,即不允许组合有任何的卖空头寸。综上,我们所考察的投资策略共有9个,如表11.1所示。

表 11.1 投资策略列表

#	投资策略	缩写
1	等权策略	1/N
2	最小方差策略($q \geq 0$)	MVP
单因子跟踪策略		
3	规模因子跟踪策略($q \geq 0$)	Size
4	价值因子跟踪策略($q \geq 0$)	Value
5	质量因子跟踪策略($q \geq 0$)	Quality
6	投资因子跟踪策略($q \geq 0$)	Investment
7	惯性因子跟踪策略($q \geq 0$)	Momentum
多因子跟踪策略		
8	五因子混合策略($q \geq 0$)	Mixed5F
9	五因子跟踪策略($q \geq 0$)	Integrated5F

11.3.3 参数估计

在我们考察的投资策略中,除了等权组合不需要估计参数以外,其他组合策略均需要估计相应的参数。具体而言,不管是最小方差组合、单因子跟踪组合,还是多因子跟踪组合,投资组合中各资产投资比例的确定有赖于各资产收益率之间协方差矩阵以及资产收益率和因子收益率之间的协方差矩阵的估计。由于协方差矩阵的估计误差对组合权重及样本外业绩的影响较小,我们在后面的实证过程中只考察了使用样本协方差矩阵来计算各策略所对应投资组合权重的情况。在参数估计的过程中,我们采取时间滚动的方法估计各资产收益率的协方差矩阵,以及资产收益率和因子收益率的协方差(矩阵)。具体而言,我们考虑用过去 10 年的月收益率数据(共 120 个月收益率,$k=120$)估计各种协方差矩阵或协方差向量,进而根据对应的模型求得各投资策略所对应的投资组合权重向量,然后计算并记录投资组合样本外 1 个月的收益率。之后,每过 1 个月重新估计参数和投资组合,计算并记录对应投资组合样本外收益率,依次类推,直到样本期满。这样我们会得到各种投资策略一系列时间滚动的样本外收益率,我们的实证分析就是基于这些收益率数据。

11.3.4 业绩评估指标

本章所使用的组合业绩评估指标与第 10 章所使用的指标一致,包括组合收益率的标准差、夏普比率、换手率、净夏普比率、上涨行情参与率、下跌行情参与率以及两种行情参与率的差,这里不再赘述。

11.3.5 数据的来源和说明

本章实证分析中所需要的数据包括三个方面:首先是本章所考察的规模、价值、质量、投资以及惯性 5 个因子的收益率数据;其次是代表不同投资机会集的数据;最后是无风险收益率数据。这三方面的数据均来自美国市场,数据类型均是月收益率数据,数据期间为 1990 年 7 月到 2017 年 12 月。无风险收益率数据主要用来将不同投资机会集中各资产的收益率转化为超额收益率。在后面的实证分析中我们直接使用的是资产的超额收益率,这样我们可以直接得到不同投资策略样本外超额收益率数据,进而计算每一个投资策略的业绩评价指标。

为了确保我们的实证结果相对于不同投资空间的选择是稳健的,我们选取 5 个不同的数据集以作为不同投资机会集的代表。每一个数据集中的每一个组合收益率均是基于美国市场股票市值加权的月收益率数据。这些数据的详细描述如表11.2所示。

表11.2 实证分析中所使用的数据集

	数据集	缩写	投资空间中资产数量
1	代表美国市场的10个行业组合	10IND	10
单变量排序组合			
2	基于惯性排序的10个价值加权组合	10MOM	10
3	基于方差排序的10个价值加权组合	10VAR	10
双变量排序组合			
4	基于规模和惯性排序的25个行业组合（去掉规模最小的5个组合）	20SIZE/MOM	20
5	基于规模和方差排序的25个行业组合（去掉规模最小的5个组合）	20SIZE/VAR	20

具体来说，我们所选择的数据集分成三类：第一类是行业组合收益率数据，包括有10个行业组合的收益率数据，对应于表11.2的第1个数据集。第二类是基于单一变量对所有美国市场股票排序分组后价值加权的组合收益率数据，共有2个数据集，对应于表11.2的第2~3个数据集。第三类是基于双变量对所有美国市场股票排序分组后价值加权的组合收益率数据，也包含有2个数据集，对应于表11.2的第4~5个数据集。值得说明的是，受DeMiguel等（2009a），Disatnik和Katz（2012）选择数据的启发，当对股票进行分组的变量包含规模因素时，我们排除了规模最小的部分组合。

11.4 实证结果及其分析

11.4.1 各因子收益率的描述性分析

在分析和比较各策略的样本外业绩之前，我们首先报道了各因子收益率的描述性统计分析结果，如表11.3所示。可以看出：

首先，各因子的年化平均收益率介于2.0%~6.1%之间，其中惯性因子的年化收益率最高，达6.052%，而规模因子的收益率最低，约为2.177%，此外，惯性因子的波动率也是最高的，平均年波动性为16.688%，波动性最低的是投资因子，其波动性为7.270%。从各因子收益率的偏度和峰度看，各因子收益率均呈现尖峰特征，其中规模因子和投资因子收益率呈现右偏特征，而质量因子和惯性因子收益率呈现左偏特征。

其次，我们还报道了各因子的夏普比率，考虑到各因子收益率对应的是零投资组合的收益率，因此，因子的夏普比率实际上就是对应零投资组合的信息比率。从数值来看，代表质量因子策略的零投资组合具有最高的信息比率，达0.439。

最后，我们还报道了各因子收益率之间两两相关系数。从相关系数的大小看，除了价值因子和投资因子之间的相关系数（0.649）以及规模和质量因子之间的相关系数（-0.492）绝对值较大以外，其他因子之间的相关系数均较小，这个结果与Fama和French（2015）所报道的结果是一致的。

表11.3 各因子收益率的描述性统计分析

	规模	价值	质量	投资	惯性
均值	2.177	2.882	4.142	2.812	6.052
标准差	10.560	10.440	9.434	7.270	16.688
夏普比率	0.206	0.276	0.439	0.387	0.363
偏度	0.511	0.165	-0.448	0.565	-1.513
峰度	7.078	5.551	13.947	5.192	13.981
相关系数					
价值	-0.106*				
质量	-0.492***	0.380***			
投资	-0.035	0.649***	0.222**		
惯性	-0.009	-0.185***	0.078	0.049	1.000

注：这个表描述了各因子年化的收益率均值、标准差、夏普比率、偏度和峰度，以及不同因子之间的相关系数。***、**、*分别表示相关系数在1%、5%、10%的水平下显著异于零。

11.4.2 各策略样本外业绩的比较

在这一部分，报道并分析我们的实证结果。我们的分析主要从各投资策略样本外收益率的标准差、夏普比率、换手率、考虑交易成本的夏普比率几方面比较因子组合和等权组合的业绩并结合行情参与率来说明业绩形成的原因。

11.4.2.1 样本外收益率的标准差和夏普比率

表 11.4 是基于不同数据集的情况下,所有我们考察各种组合策略的样本外收益率的标准差和夏普比率。我们先分析样本外收益率的标准差,然后分析夏普比率。

从表 11.4 可以看出:

首先,基于我们考察的所有数据集,最小方差组合相对于等权组合均能降低风险,且都在 10% 的水平下显著,这个结论与现有的很多文献的研究结果是一致的(Behr,Guettler and Miebs,2013;DeMiguel et al.,2009;Jagannathan and Ma,2003)。

其次,就本章提出的因子跟踪组合而言,不管是单因子跟踪还是多因子跟踪的情形,跟踪组合的风险水平均低于等权组合的风险水平。而且在绝大多数情况下,因子跟踪策略相对于等权组合能在 1% 的显著性水平下降低风险,这一点与 Fletcher(2009)的结果一致。相对于等权组合,因子跟踪组合之所以能有效降低风险,主要原因有两个方面:一方面,从理论分析中得知最小方差组合是因子跟踪组合的重要组成部分;另一方面,之前的实证研究也表明,最小方差组合相对于等权组合能显著降低风险(Behr et al.,2013;DeMiguel et al.,2009;Fletcher,2009;Jagannathan and Ma,2003)。

当比较单因子跟踪组合和多因子跟踪组合时,我们发现整合的多因子跟踪组合比单因子跟踪组合和混合多因子跟踪组合具有更高的风险。一方面,混合多因子跟踪组合是各单因子跟踪组合的等权组合,因而其风险水平不会高于 5 个单因子跟踪组合的风险;另一方面,所有的单因子跟踪策略都是嵌套在整合多因子跟踪策略当中,在以最小化跟踪误差方差为目标时,最优的整合多因子跟踪组合的跟踪误差方差应该低于单因子跟踪组合的跟踪误差方差。这表明整合多因子跟踪组合比单因子跟踪组合更偏离最小方差组合,因而导致整合多因子跟踪组合比单因子跟踪组合具有更高的风险。这解释了单因子跟踪组合和混合多因子跟踪组合比整合多因子跟踪组合具有更低的风险。无论如何,表 11.4 的最后一行表明,整合多因子跟踪组合的风险依然显著低于等权组合的风险。

我们并没有发现哪个单因子跟踪组合能一致且显著地比另一个单因子跟踪组合具有更低的风险。这实际上也表明,不同单因子跟踪组合与最小方差组合的差距并不是很大。

表 11.4 同时显示各种不同策略的夏普比率。对于我们考察的每一个数据集,我们发现即便是各种因子跟踪策略最低的夏普比率都高于对应等权组合的夏普比

第11章 多因子跟踪：能战胜等权组合的聪明贝塔策略

表11.4 各策略的样本外收益率的标准差和夏普比率

	标准差					夏普比率				
	10IND	10MOM	10VAR	20SIZE/MOM	20SIZE/VAR	10IND	10MOM	10VAR	20SIZE/MOM	20SIZE/VAR
1/N	0.1409	0.1665	0.1806	0.1834	0.1710	0.4956	0.4137	0.3494	0.4917	0.5494
MVP	0.1232***	0.1509***	0.1151***	0.1499***	0.1166***	0.6096	0.5128*	0.5344	0.5335	0.6419

Panel A: 单因子跟踪策略

	10IND	10MOM	10VAR	20SIZE/MOM	20SIZE/VAR	10IND	10MOM	10VAR	20SIZE/MOM	20SIZE/VAR
Size	0.1135***	0.1331***	0.1001***	0.1480***	0.1053***	0.7234**	0.5920**	0.6876**	0.6815**	1.0317***
Value	0.1148***	0.1363***	0.1006***	0.1361***	0.1022***	0.6804*	0.5586*	0.6358*	0.6407*	1.0056***
Quality	0.1155***	0.1358***	0.1020***	0.1389***	0.1025***	0.7229**	0.5879*	0.6677*	0.6284*	1.0166***
Investment	0.1219**	0.1393***	0.1085***	0.1358***	0.1069***	0.5532	0.5011	0.5455	0.5894	0.8261**
Momentum	0.1156***	0.1440***	0.1040***	0.1428***	0.1033***	0.7205**	0.6102**	0.6306*	0.6411**	0.9872***

Panel B: 多因子跟踪策略

	10IND	10MOM	10VAR	20SIZE/MOM	20SIZE/VAR	10IND	10MOM	10VAR	20SIZE/MOM	20SIZE/VAR
Mixed5F	0.1152***	0.1365***	0.1023***	0.1388***	0.1032***	0.6845*	0.5752**	0.6364*	0.6439**	0.9806***
Integrated5F	0.1253**	0.1456***	0.1025***	0.1559***	0.1114***	0.5639	0.5680**	0.6521*	0.6778***	1.0327***

注：***、**、*分别表示对应策略的业绩指标在1%、5%、10%的水平下显著异于等权组合的对应指标。

率。比如，就10个行业组合的数据集而言，投资因子跟踪组合具有最低的夏普比率（0.5532），而这个夏普比率依然高于等权组合的夏普比率（0.4956）。此外，在所有的数据集下，86%（30/35）的因子跟踪组合能产生比等权组合显著高的夏普比率。由于因子跟踪组合是最小方差组合和因子模仿组合的组合，因而因子跟踪组合的高夏普比率可以从两个方面得到解释：第一，作为因子跟踪组合成分之一的最小方差组合能带来比等权组合更低的风险；第二，作为因子跟踪组合成分之二的因子模仿组合由于能抓住与因子相关的异常效应，进而可以提高收益。

当我们比较不同单因子跟踪组合的夏普比率时，我们同样发现没有哪个单因子跟踪组合能一致且显著带来比另一个单因子跟踪组合更高的夏普比率。比如，基于10个行业组合的数据集，当跟踪规模、质量以及惯性因子能带来较高的夏普比率，而基于10个惯性组合数据集时，跟踪惯性因子能带来最高的夏普比率，等等。这个结果可以从以下两个方面来解释：首先，由式（10.11）可以得到 $\boldsymbol{q}_{opt\_Fj} = \boldsymbol{q}_0 + b_j \eta_{Fj}^* (\boldsymbol{q}_{Fj} - \boldsymbol{q}_0)$，表明因子跟踪组合可以分解为最小方差组合和相对于最小方差组合的偏离两个部分。对于任意给定的数据集，不同因子跟踪组合中的最小方差组合是不变的，可变的是各因子跟踪组合相对于最小方差组合的偏离。其次，对于某一给定的数据集，投资空间中各风险资产与因子之间的相关系数是不同的。当跟踪的因子与投资空间中各风险资产收益率具有较低的相关系数时，因子跟踪组合相对于最小方差组合的偏离就较小，反之，则相反。很显然，不存在某一个因子或一些因子在不同投资空间中始终保持和风险资产具有较低或较高的相关性。因此，在不同的投资机会集下，跟踪同一因子不能一致带来最好的业绩。不同因子跟踪组合业绩之间的差异主要依赖于投资机会集的选择。

11.4.2.2 各策略的行情参与率

为了更好地理解因子跟踪组合相对于等权组合能带来更低的风险和更高的夏普比率，我们考察了各因子跟踪组合相对于等权组合的上涨行情参与率和下跌行情参与率。表11.5显示了不同数据集下各因子跟踪组合相对于等权组合的 UPR、DPR 以及 PRD。表11.5表明，就我们考察的所有数据集而言，因子跟踪组合的 UPR 和 DPR 均低于1。这表明，因子跟踪组合上涨行情参与方面不如等权组合，但在下跌行情保护方面却比等权组合表现好。表11.5同时也显示了 UPR 和 DPR 之间的差，PRD。结果表明，所有因子跟踪组合的 PRD 的值都大于0。这表明，在综合考虑上涨行情参与率和下跌行情参与率的情况下，因子跟踪组合比等权组合表现要好。这也有助于解释因子跟踪组合能产生比等权组合更低的风险和更高的夏普比率。

第 11 章 多因子跟踪：能战胜等权组合的聪明贝塔策略

表 11.5 各策略的上涨/下跌行情参与比率以及二者的差

	10IND			10MOM			10VAR			20SIZE/MOM			20SIZE/VAR		
	UPR	DPR	PRD	UPR	DPR	PRD	UPR	DPR	PRD	UPR	DPR	PRD	UPR	DPR	PRD
MVP	0.8059	0.6549	0.151	0.8373	0.7334	0.104	0.5222	0.3702	0.152	0.7600	0.6722	0.088	0.5901	0.3478	0.242
Panel A: 单因子跟踪策略															
Size	0.8062	0.6374	0.169	0.8378	0.7241	0.114	0.4987	0.3205	0.178	0.8588	0.7425	0.116	0.6598	0.4058	0.254
Value	0.8112	0.6709	0.140	0.8617	0.7710	0.091	0.4971	0.3416	0.156	0.7686	0.6798	0.089	0.5936	0.3381	0.255
Quality	0.8303	0.6631	0.167	0.8606	0.7496	0.111	0.5175	0.3486	0.169	0.7789	0.6942	0.085	0.6088	0.3530	0.256
Investment	0.8385	0.7802	0.058	0.8616	0.8051	0.057	0.5517	0.4355	0.116	0.7517	0.6908	0.061	0.6063	0.4359	0.170
Momentum	0.8277	0.6611	0.167	0.9105	0.7749	0.136	0.5290	0.3756	0.153	0.8072	0.7141	0.093	0.5999	0.3519	0.248
Panel B: 多因子跟踪策略															
Mixed 5F	0.8228	0.6825	0.140	0.8664	0.7649	0.102	0.5188	0.3644	0.154	0.7930	0.7043	0.089	0.6137	0.3769	0.237
Integrated 5F	0.8899	0.8340	0.056	0.9167	0.8111	0.106	0.5265	0.3662	0.160	0.9012	0.7801	0.121	0.7126	0.4512	0.261

11.4.2.3 换手率和净夏普比率

表 11.6 是各种策略的平均月换手率和净夏普比率。遵循文献中的做法，我们设定交易成本 $c=50\text{bps}$ （DeMiguel et al. 2009；Kirby and Ostdiek, 2012）。从表 11.6 可以看出，等权组合的平均月换手率为 2%，除了 10 个方差组合的数据集外，其他数据集下等权组合的月换手率是最低的。因子跟踪组合的平均月换手率略高于等权组合的月换手率。不同数据集下，各因子跟踪组合的月换手率介于 2%~7%，与最小方差组合的月换手率相当，这个结论与已有相关文献的结论一致（Behr et al., 2013；Kirby and Ostdiek, 2012）。换手率低的组合策略会带来较低的交易成本，因而显得更具有吸引力。此外，表 11.6 还列举各种投资策略的净夏普比率。从表中可以看出，各策略的净夏普比率均低于对应情形的总夏普比率。即便在考虑交易成本的情况下，大多数因子跟踪组合的净夏普比率依然高于等权组合的净夏普比率。具体而言，有 65% 的因子跟踪组合（26/35）能带来比等权组合显著高的净夏普比率。

综上所述，我们提出的因子跟踪策略不仅能带来比等权组合更低的风险、更高的净夏普比率，而且还能保持与等权组合具有可比的换手率。因此，即便在考虑交易成本的情况下，因子跟踪策略依然表现好于等权组合。

11.4.3 稳健性检验

考虑到不同的协方差矩阵的估计方法会影响最小方差组合和因子跟踪组合的业绩，进而会影响到我们的实证结果，所以，在本节中我们使用 Ledoit 和 Wolf（2003）提出的改进的协方差矩阵估计方法的情况下，测试了最小方差组合和因子跟踪组合的样本外业绩，并与等权组合业绩进行了比较。

表 11.7 是各种投资策略样本外收益率的标准差和夏普比率，表 11.8 是各种投资策略的平均换手率和净夏普比率。就样本外收益率的标准差、夏普比率、换手率以及净夏普比率而言，表 11.7 和表 11.8 所呈现的结果与之前因子跟踪组合相对于等权组合的业绩比较结果一致。

而且，我们还发现，即便在使用改进的参数估计方法的情况下，因子跟踪组合的业绩也并没有相对于表 11.4 和表 11.6 中的业绩结果有显著的提升。这其中的原因有两个方面：第一，我们在之前的实证分析中是用过去 120 个月收益率数据估计参数，在资产数量较少的情况下，用 120 个收益率观测值估计参数已经足够精确，能有效降低参数估计误差的影响。第二，施加卖空约束有助于降低估计误差的影响（Jagannathan and Ma, 2003）。

第 11 章 多因子跟踪：能战胜等权组合的聪明贝塔策略

表 11.6 各策略的换手率和净夏普比率

	换手率					净夏普比率				
	10IND	10MOM	10VAR	20SIZE/MOM	20SIZE/VAR	10IND	10MOM	10VAR	20SIZE/MOM	20SIZE/VAR
1/N	0.0232	0.0197	0.0203	0.0197	0.0192	0.4911	0.4142	0.3474	0.4898	0.5437
MVP	0.0491	0.0593	0.0183	0.0635	0.0444	0.6657	0.5499*	0.6253*	0.6081	0.9431***
Panel A: 单因子跟踪策略										
Size	0.0498	0.0671	0.0192	0.0875	0.0624	0.6956*	0.5618*	0.6759*	0.6442**	0.9871***
Value	0.0493	0.0693	0.0161	0.0465	0.0494	0.6547	0.5305*	0.6313*	0.6208*	0.9680***
Quality	0.0544	0.0754	0.0198	0.0612	0.0514	0.6910*	0.5552*	0.6561**	0.6025	0.9786***
Investment	0.0498	0.0706	0.0250	0.0631	0.0491	0.5360	0.4793	0.5376	0.5652	0.7966*
Momentum	0.0508	0.0668	0.0197	0.0702	0.0495	0.6911*	0.5841**	0.6233	0.6137*	0.9497***
Panel B: 多因子跟踪策略										
Mixed5F	0.0483	0.0632	0.0190	0.0593	0.0488	0.6592	0.5502**	0.6283*	0.6192*	0.9448***
Integrated5F	0.0590	0.0893	0.0326	0.0838	0.0629	0.5406	0.5380**	0.6346*	0.6474**	0.9889***

注：***、**、* 分别表示对应策略的业绩指标在 1%、5%、10% 的水平下显著异于等权组合的对应指标。

表 11.7 改进参数估计方法下各策略的样本外收益率的标准差和夏普比率

		标准差					夏普比率			
	10IND	10MOM	10VAR	20SIZE/MOM	20SIZE/VAR	10IND	10MOM	10VAR	20SIZE/MOM	20SIZE/VAR
1/N	0.1409	0.1665	0.1806	0.1834	0.1710	0.4956	0.4137	0.3494	0.4917	0.5494
MVP	0.1133***	0.1334***	0.1019***	0.1350*	0.1024***	0.7101*	0.5738*	0.6539*	0.6302*	0.9766***

Panel A: 单因子跟踪策略

Size	0.1125***	0.1331***	0.1007***	0.1416***	0.1053***	0.7333**	0.5857**	0.6814**	0.6734**	1.0317***
Value	0.1133***	0.1351***	0.1012***	0.1356***	0.1022***	0.6982*	0.5629**	0.6432*	0.6380*	1.0056***
Quality	0.1139***	0.1344***	0.1020***	0.1380***	0.1025***	0.7278**	0.5842**	0.6760**	0.6318*	1.0166***
Investment	0.1172***	0.1372***	0.1078***	0.1352***	0.1069***	0.6068	0.5265**	0.5697	0.5945	0.8261**
Momentum	0.1141***	0.1408***	0.1030***	0.1397***	0.1033***	0.7381**	0.6117***	0.6483*	0.6462**	0.9872***

Panel B: 多因子跟踪策略

| Mixed5F | 0.1136*** | 0.1353*** | 0.1023*** | 0.1372*** | 0.1032*** | 0.7038* | 0.5780** | 0.6465* | 0.6407** | 0.9806*** |
| Integrated5F | 0.1181*** | 0.1403*** | 0.1036*** | 0.1478*** | 0.1114*** | 0.6392 | 0.5887*** | 0.6578* | 0.6623*** | 1.0327*** |

注：***、**、*分别表示对应策略的业绩指标在1%、5%、10%的水平下显著异于等权组合的对应指标。

第11章 多因子跟踪：能战胜等权组合的聪明贝塔策略

表11.8 改进参数估计方法下各策略的换手率和净夏普比率

	换手率					净夏普比率				
	10IND	10MOM	10VAR	20SIZE/MOM	20SIZE/VAR	10IND	10MOM	10VAR	20SIZE/MOM	20SIZE/VAR
1/N	0.0232	0.0197	0.0203	0.0197	0.0192	0.4911	0.4142	0.3474	0.4898	0.5437
MVP	0.0433	0.0566	0.0207	0.0611	0.0387	0.6879*	0.5489	0.6480*	0.6025	0.9722**
Panel A: 单因子跟踪策略										
Size	0.0428	0.0629	0.0226	0.0769	0.0466	0.7107**	0.5576*	0.6714**	0.6393**	1.0087***
Value	0.0437	0.0623	0.0189	0.0499	0.0418	0.6770*	0.5370*	0.6382*	0.6170*	0.9823***
Quality	0.0448	0.0635	0.0263	0.0573	0.0432	0.7030*	0.5564*	0.6637***	0.6067	0.9927***
Investment	0.0445	0.0618	0.0288	0.0554	0.0423	0.5923	0.5062	0.5591	0.5725	0.8502**
Momentum	0.0444	0.0632	0.0237	0.0589	0.0435	0.7139**	0.5862**	0.6397*	0.6223*	0.9689***
Panel B: 多因子跟踪策略										
Mixed5F	0.0424	0.0579	0.0231	0.0551	0.0413	0.6830*	0.5545**	0.6377*	0.6173*	0.9659***
Integrated5F	0.0470	0.0757	0.0389	0.0728	0.0486	0.6212	0.5624***	0.6366*	0.6347*	0.9755***

注：***、**、*分别表示对应策略的业绩指标在1%、5%、10%的水平下显著异于等权组合的对应指标。

最后，我们也计算了在改进参数估计方法的情况下各策略的 UPR、DPR，以及 PRD。我们发现所有的结果与前面一样，所以并没有报道。

11.5 结 论

投资者的资产组合选择会影响资产定价的结果，反过来，有关资产定价的结果也必然会对投资者的资产组合选择产生指导作用。随着越来越多的与公司特征相关的资产定价因子被发现，试图将资产定价结果应用于组合管理实践的探索越来越多。正如 Harvey、Liu 和 Zhu（2016）所指出的，如果某一公司特征被证实与其横截面股票期望收益有关，那么，可以通过构造一个多空组合将对应的潜在风险因子表示出来，这种情况下，投资者如果以跟踪定价因子为目标构建组合，则可以得到与定价因子具有相似特征的目标组合，进而可以预期能获得较好的组合业绩。正基于此，本章提出了因子跟踪的投资策略并通过实证分析比较了因子跟踪组合和等权组合的样本外业绩。

本章在第 10 章的基础上主要考察了多因子跟踪组合的决策模型和最优多因子跟踪组合的性质。我们发现：对于跟踪 m 个风险因子的情形而言，多因子跟踪组合满足 $m+1$ 基金分离定理。此外，我们还得到了多因子跟踪组合是各单因子跟踪组合的线性凸组合的充分条件。

从 French 数据图书馆选取了 5 个数据集，考察了各种因子跟踪组合的样本外业绩，并与等权组合和最小方差组合的业绩进行了比较。结果发现：①不管是单因子跟踪组合还是多因子跟踪组合，相对于等权组合均能显著降低风险，而且因子跟踪策略的这个风险降低的优势对于我们所考察的所有数据集都是稳健的。此外，因子跟踪策略相对于等权组合也能提高夏普比率，即便在考虑交易成本的情况下也能保持比等权组合高的夏普比率。而且，因子跟踪策略相对于等权策略能降低风险和提高夏普比率的表现能通过分析因子跟踪组合相对于等权组合的 UPR、DPR 和 PRD 三个指标得到解释。②因子跟踪策略较等权策略具有略高的换手率，绝大多数情况下，因子跟踪策略的平均月换手率不超过 10%，一方面可以确保我们因子跟踪策略的可实施性，另一方面即便在考虑交易成本的情况下，低换手率也能确保因子跟踪组合依然具有比等权组合更高的夏普比率。

参考文献

[1] Agarwal, V., N. Y. Naik. Risks and Portfolio Decisions Involving Hedge Funds [J]. The Review of Financial Studies, 2004, 17 (1): 63 – 98.

[2] Aït – Sahali, Yacine., and Michael W. Brandt, Variable Selection for Portfolio Choice [J]. Journal of Finance, 2001, 56 (4): 1297 – 1351.

[3] Akdogan, H. A Suggested Approach to Country Selection in International Portfolio Diversification [J]. Journal of Portfolio Management, 1996, 23 (1): 33 – 39.

[4] Alexander, G. J., Baptista, A. M. Portfolio Selection with a Drawdown Constraint [J]. Journal of Banking and Finance, 2006, 30 (11): 3171 – 3189.

[5] Alexander, G. J., Baptista, A. M., and Yan, S. Mean – Variance Portfolio Selection with "at – risk" Constraints and Discrete Distributions [J]. Journal of Banking & Finance, 2007, 31 (12): 3761 – 3781.

[6] Alexander, G. J., Baptista, A. M. Economic Implications of Using a Mean – VaR Model for Portfolio Selection: A Comparison with Mean – Variance Analysis [J]. Journal of Economic Dynamics and Control, 2002, 26 (7 – 8): 1159 – 1193.

[7] Allayannis, G., J. Ihrig. Exposure and Markups [J]. Review of Financial Studies, 2001, 14 (3): 805 – 835.

[8] Alonso, Nicholas, and Mark Barnes. Efficient Smart Beta [J]. Journal of Investing, 2016, 25 (1): 103 – 115.

[9] Amenc, Noel, Ducoulombier, Frederic, Goltz, Felix, Lodh, Ashish, and Sivagaminathan Sivasubramanian. Diversified or Concentrated Factor Tilts? [J]. Journal of Portfolio Management, 2016, 42 (2): 64 – 76.

[10] Ammann, Manuel, Coqueret, Guillaume, and Jan – Philip Schade. Characteristics – based Portfolio Choice with Leverage Constraints [J]. Journal of Banking

and Finance, 2016 (70): 23 – 37.

[11] Ang, A., and G. Bekaert. Internaitonal Asset Allocation with Regime Shifts [J]. The Review of Financial Studies, 2002, 15 (4): 1137 – 1187.

[12] Ang, A., Hodrick, R. J., Xing, Y., and X. Zhang. High Idiosyncratic Volatility and Low Returns: International and Further U. S. Evidence [J]. Journal of Financial Economics, 2009, 91 (1): 1 – 23.

[13] Ang, Andrew, Hodrick, Robert, J., Xing, Yuhang, and Xiaoyan Zhang. The Cross – section of Volatility and Expected Returns [J]. Journal of Finance, 2006, 61 (1): 259 – 299.

[14] Asness, Clifford, S., Moskowitz, Tobias, J., and Lasse Heje Pedersen. Value and Momentum Everywhere [J]. Journal of Finance, 2013, 68 (3): 929 – 985.

[15] Baptista, A. M. Optimal Delegated Portfolio Management with Background Risk [J]. Journal of Banking and Finance, 2008, 32 (6): 977 – 985.

[16] Baptista, A. M. Portfolio Selection with Mental Accounts and Background Risk [J]. Journal of Banking and Finance, 2012, 36 (4): 968 – 980.

[17] Barry, C. B. Portfolio Analysis under Uncertain Means, Variances, and Covariance [J]. Journal of Finance, 1974, 29 (2): 515 – 522.

[18] Beck, Noah, Hsu, Jason, Kalesnik, Vitali, and Helge Kostka. Will Your Factor Deliver? An Examination of Factor Robustness and Implementation Costs [J]. Financial Analyst Journal, 2016, 72 (5): 58 – 82.

[19] Beck, T., Demirguc – Kunt, A., Levine, R. Law, Endowments, and Finance [J]. Journal of Financial Economics, 2003, 70 (2): 137 – 181.

[20] Behr, P., Guettler, A., and F. Miebs. On Portfolio Optimization: Imposing the Right Constraints [J]. Journal of Banking and Finance, 2013, 37 (4): 1232 – 1242.

[21] Bekaert, G., Harvey, C., and Ng, A. Market Integration and Contagion [J]. Journal of Business, 2005, 78 (1): 39 – 70.

[22] Bekaert, G., Harvey, C. Time – varying World Market Integration [J]. Journal of Finance, 1995, 50 (2): 403 – 444.

[23] Benartzi, S., Thaler, R. H. Naive Diversification Strategies in Defined Contribution Saving Plans [J]. American Economic Review, 2001, 91 (1): 79 – 98.

[24] Bender, Jennifer, and Taie Wang. Can the Whole Be More Than the Sum of the Parts? Bottom-up vs. Top-down Multifactor Portfolio Construction [J]. Journal of Portfolio Management, 2016, 42 (5): 39-50.

[25] Berkowitz, M. K., and J. Qiu. A Further Look at Household Portfolio Choice and Health Status [J]. Journal of Banking and Finance, 2006, 30 (4): 1201-1217.

[26] Berkowitz, M. K., and J. Qiu. A Further Look at Household Portfolio Choice and Health Status [J]. Journal of Banking and Finance, 2006, 30 (4): 1201-1217.

[27] Bertsimas, D., Lauprete, G., Samarov, A. Shortfall as a Risk Measure: Properties and Optimization [J]. Journal of Economic Dynamics and Control, 2004, 28 (7): 1353-1381.

[28] Best, M. J., and R. R. Grauer. On the Sensitivity of Mean-Variance-Efficient Portfolios to Changes in Asset Means: Some Analytical and Computational Results [J]. Review of Financial Studies, 1991, 4 (2): 315-342.

[29] Best, M. J., Grauer, R. R. Positively Weighted Minimum Variance Portfolios and the Structure of Asset Expected Returns [J]. Journal of Financial and Quantitative Analysis, 1992, 27 (4): 513-537.

[30] Black, F., Litterman, R. Global Portfolio Optimization [J]. Financial Analysts Journal, 1992, 48 (5): 28-43.

[31] Blitz, D. C., and P. van Vliet. The Volatility Effect: Lower Risk without Lower Return [J]. Journal of Portfolio Management, 2007, 34 (1): 102-113.

[32] Bodie, Z., Merton, R. C., and Samuelson, W. F. Labour Supply Flexibility and Portfolio Choice in a Life Cycle Model [J]. Journal of Economic Dynamics & Control, 1992, 16 (3): 427-449.

[33] Brandt, M. W., Santa-Clara, P., and Valkanov, R. Parametric Portfolio Policies: Exploiting Characteristics in the Cross-section of Equity Returns [J]. Review of Financial Studies, 2009, 22 (9): 3411-3448.

[34] Brandt, Michael W., Pedro Santa-Clara. Dynamic Portfolio Selection by Augmenting the Asset Space [J]. Journal of Finance, 2006, 61 (5): 2187-2217.

[35] Broadie, M. Computing Efficient Frontiers Using Estimated Parameters [J]. Annuals of Operations Research, 1993, 45 (1): 21-58.

[36] Campbell, J. Y., Medeiros, K. S., and L. S. Viceira. Global Currency Hedging [J]. Journal of Finance, 2010, 65 (1): 87 – 121.

[37] Campbell, J. Y. Household Finance [J]. Journal of Finance, 2006, 61 (4): 1553 – 1604.

[38] Cardak, B. A., and Wilkins, R. The Determinants of Household Risky Asset Holdings: Australian Evidence on Background Risk and Other Factors [J]. Journal of Banking and Finance, 2009 (33): 850 – 860.

[39] Carhart, M. M. On the Persistence in Mutual Fund Performance [J]. Journal of Finance, 1997, 52 (1): 57 – 82.

[40] Chan, L. K. C., Jegadeesh, N., Lakonishok, J. Momentum Strategies [J]. Journal of Multinational Financial Management, 1996, 51 (5): 1681 – 1713.

[41] Chekhlov, A., Uryasev, S., and Zabarankin, M. Drawdown Measure in Portfolio Optimization [J]. International Journal of Theoretical and Applied Finance, 2005, 8 (1): 13 – 58.

[42] Chiou, W. P., Lee, A. C., Chang, C. A. Do Investors Still Benefit from International Diversification with Investment Constraints? [J]. The Quarterly Review of Economics and Finance, 2009, 49 (2): 448 – 483.

[43] Chiou, W. P. Benefits of International Diversification with Investment Constraints: An Over – Time Perspective [J]. Journal of Multinational Financial Management, 2009, 19 (2): 93 – 110.

[44] Chiou, W. P. Who Benefits More from International Diversification? [J]. Journal of International Financial Markets [J]. Institutions and Money, 2008, 18 (5): 466 – 482.

[45] Choi, J., Kim, Y. S., and Mitov, I. Reward – risk Momentum Strategies Using Classical Tempered Stable Distribution [J]. Journal of Banking and Finance, 2015 (58): 194 – 213.

[46] Chollete, L., de la Pena, V. and Lu, C. C. International Diversification: A Copula Approach [J]. Journal of Banking and Finance, 2011, 35 (2): 403 – 417.

[47] Chollete, L., de la Pena, V., Lu, C. C. International Diversification: An Extreme Value Approach [J]. Journal of Banking and Finance, 2012, 36 (3): 871 – 885.

[48] Chopra, V. K., and Ziemba, W. T. The Effect of Errors in Means, Variance, and Covariance on Optimal Portfolio Choice [J]. Journal of Portfolio Management, 1993, 19 (1): 6–11.

[49] Chou, P. H., Ko, K. C., and Yang, N. T. Asset Growth, Style Investment, and Momentum [J]. Journal of Banking and Finance, 2019 (98): 108–124.

[50] Chou, R. Y., N. Liu. The Economic Value of Volatility Timing Using A Range–based Volatility Model [J]. Journal of Economic Dynamics and Control, 2010, 34 (11): 2288–2301.

[51] Clarke, R., de Silva, H., and Thorley, S. Minimum–variance Portfolios in the U. S. Equity Market [J]. Journal of Portfolio Management, 2006, 33 (1): 10–23.

[52] Clarke, Roger, de Silva, Harindra., Thorley and Steven. Fundamentals of Efficient Factor Investing [J]. Financial Analyst Journal, 2016, 72 (6): 9–26.

[53] Clements, A., and A. Silvennoinen. Volatility Timing: How Best to Forecast Portfolio Exposures [J]. Journal of Empirical Finance, 2013, 24 (1): 108–115.

[54] Cocco, J. F. Portfolio Choice in the Presence of Housing [J]. Review of Financial Studies, 2005, 18 (2): 535–567.

[55] Cooper, I., and Priestley, R. Real Investment and Risk Dynamics [J]. Journal of Financial Economics, 2011 (101): 182–205.

[56] Cosset, J. C., and J. M. Suret. Political Risk and the Benefits of International Portfolio Diversification [J]. Journal of International Business Studies, 1995, 26 (2): 301–318.

[57] Courbage, C., and B. Rey. Precautionary Saving in the Presence of Other Risks [J]. Economic Theory, 2007, 32 (2): 417–424.

[58] Das, S., Markowitz, H., Scheid, J., and M. Statman. Portfolio Optimization with Mental Accounts [J]. Journal of Financial and Quantitative Analysis, 2010, 45 (2): 311–334.

[59] de Athayde, G. M., Flôres Jr., R. G. Finding a Maximum Skewness Portfolio – A General Solution to Three–moments Portfolio Choice [J]. Journal of Economic Dynamics and Control, 2004, 28 (7): 1335–1352.

[60] De Bondt, W. F. M., and Thaler, R. Does the Stock Market Overreact? [J]. Journal of Finance, 1985, 40 (3): 793 - 805.

[61] de Roon, F. A., Nijman, T. E., and Werker, B. J. M. Testing for Mean - variance Spanning with Short Sales Constraints and Transaction Costs: The Case of Emerging Markets [J]. Journal of Finance, 2001, 56 (2): 721 - 742.

[62] DeMiguel, V., Garlappi, L., and Uppal, R. Optimal Versus Naive Diversification: How Inefficient Is the 1/N Portfolio Strategy? [J]. Review of Financial Studies, 2009a, 22 (5): 1915 - 1953.

[63] DeMiguel, V., Garlappi, L., Nogales, F. J., and Uppal, R. A Generalized Approach to Portfolio Optimization: Improving Performance by Constraining Portfolio norms [J]. Management Science, 2009b, 55 (5): 798 - 812.

[64] Disatnik, D. J., and Benninga, S. Shrinking the Covariance Matrix [J]. Journal of Portfolio Management, 2007, 33 (4): 55 - 63.

[65] Disatnik, David., and Saggi Katz. Portfolio Optimization Using a Block Structure for the Covariance Matrix [J]. Journal of Business Finance and Accounting, 2012, 39 (5): 806 - 843.

[66] Dittmar, R. F. Non Linear Pricing Kernels, Kurtosis Preference, and Evidence from the Cross Section of Equity Returns [J]. Journal of Finance, 2002, 57 (1): 369 - 403.

[67] Driessen, J., and Laeven, L. International Portfolio Diversification Benefits: Cross - country Evidence from a Local Perspective [J]. Journal of Banking and Finance, 2007, 31 (6): 1693 - 1712.

[68] Duchin, R., and Levy, H. Markowitz Versus the Talmudic Portfolio Diversification Strategies [J]. Journal of Portfolio Management, 2009, 35 (2): 71 - 74.

[69] Edwards, R. D. Health Risk and Portfolio Choice [J]. Journal of Business and Economic Statistics, 2008, 26 (4): 472 - 485.

[70] Eichner, T. Mean Variance Vulnerability [J]. Management Science, 2008 (54): 586 - 593.

[71] Eichner, T., Wagener, A. Multiple Risks and Mean - variance Preferences [J]. Operations Research, 2009 (57): 1142 - 1154.

[72] Eichner, T., Wagener, A. Variance Vulnerability, Background Risks, and mean - variance Preferences [J]. Geneva Papers on Risk and Insurance Theory,

2003 (28): 173-184.

[73] Errunza, V., Hogan, K., and Hung, M. W. Can the Gains from International Diversification be Achieved without Trading Abroad? [J]. Journal of Finance, 1999, 54 (6): 2075-2107.

[74] Eun, C. S., and B. G. Resnick. Exchange Rate Uncertainty, Forward Contracts, and International Portfolio Selection [J]. Journal of Finance, 1988, 43 (1): 197-216.

[75] Fama, E. F., and French, K. R. Common Risk Factors in the Returns on Stocks and Bonds [J]. Journal of Financial Economics, 1993, 33 (1): 3-56.

[76] Fama, Eugene F., and Kenneth, R. French, A Five-factor Asset Pricing model [J]. Journal of Financial Economics, 2015 (116): 1-22.

[77] Fama, Eugene F., and Kenneth, R. French, Dissecting Anomalies with A Five-factor Model [J]. Review of Financial Studies, 2016, 29 (1): 69-103.

[78] Fama, Eugene F., and Kenneth, R. French, International Tests of A Five-factor Asset Pricing Model [J]. Journal of Financial Economics, 2017 (123): 441-463.

[79] Fan, E., and R. Zhao. Health Status and Portfolio Choice: Causality or Heterogeneity? [J]. Journal of Banking and Finance, 2009, 33 (6): 1079-1088.

[80] Fang, H., and T-Y. Lai. Co-Kurtosis and Capital Asset Pricing [J]. Financial Review, 1997, 32 (2): 293-307.

[81] Fei, W., and H. Schlesinger. Precautionary Insurance Demand with State-Dependent Background Risk [J]. Journal of Risk and Insurance, 2008, 75 (1): 1-16.

[82] Fitzgibbons, Shaun, Jacques Friedman, Lukasz Pomorski, and Laura Serban. Long-only Style Investing: Don't Just Mix, Integrate [J]. Journal of Investing, 2017, 26 (4): 153-164.

[83] Flavin, M., and T. Yamashita. Owner-Occupied Housing and the Composition of the Household Portfolio [J]. American Economic Review, 2002, 92 (1): 345-362.

[84] Fletcher, J. Risk Reduction and Mean-Variance Analysis: An Empirical Investigation [J]. Journal of Business Finance & Accounting, 2009, 36 (7): 951-971.

[85] Forner, C., Muradoglu, Y. G., and Sivaprasad, S. Enhancing Momentum Investment Strategy Using Leverage [J]. Journal of Forecasting, 2018 (37): 573 – 588.

[86] Franke, G., Schlesinger, H., and R. C. Stapleton, Multiplicative Background Risk [J]. Management Science, 2006, 52 (1): 146 – 153.

[87] George, T. J., and Hwang, C. Y. The 52 – week High and Momentum Investing [J]. Journal of Finance, 2004, 59 (5): 2145 – 2176.

[88] Ghayur, Khalid, Heaney, Ronan, and Stephen Platt. Constructing Long – only Multifactor Strategies: Portfolio Blending vs. Signal Blending [J]. Financial Analyst Journal, 2018, 74 (3): 70 – 85.

[89] Gollier, C. The Economics of Risk and Time [M]. Cambridge, MA: MIT Press, 2001.

[90] Gollier, C., and J. W. Pratt. Risk Vulnerability and the Tempering Effect of Background Risk [J]. Econometrica, 1996, 64 (5): 1109 – 1123.

[91] Gollier, C., and Pratt, J. W. Risk Vulnerability and the Tempering Effect of Background Risk [J]. Econometrica, 1996 (64): 1109 – 1123.

[92] Griffin, J. M., and G. A. Karolyi. Another Look at the Role of Industrial Structure of Markets for International Diversification Strategies [J]. Journal of Financial Economics, 1998, 50 (3): 351 – 373.

[93] Grinblatt, M., Titman, S., and Wermers, R. Momentum Investment Strategy, Portfolio Performance, and Herding: A Study of Mutual Fund Behavior [J]. American Economic Review, 1995, 85 (5): 1088 – 1105.

[94] Grossman, S., Zhou, Z. Optimal Investment Strategies for Controlling Drawdowns [J]. Mathematical Finance, 1993, 3 (3): 241 – 276.

[95] Grubel, H. G. International Diversified Portfolios: Welfare Gains and Capital Flows [J]. American Economic Review, 1968, 58 (5): 1229 – 1314.

[96] Harevy, C. R., Liechty, J. C., Liechty, M. W., and P. Muller. Portfolio Selection with Higher Moments [J]. Quantitative Finance, 2010, 10 (5): 469 – 485.

[97] Harvey, C. R., and A. Siddique. Conditional Skewness in Asset Pricing tests [J]. Journal of Finance, 2000, 55 (3): 1263 – 1295.

[98] Harvey, C. R. Predictable Risk and Returns in Emerging Markets [J].

Review of Financial Studies, 1995, 8 (3): 773 – 816.

[99] Harvey, Campbell R., Liu, Yan., and Heqing Zhu. The Cross – section of Expected Returns [J]. Review of Financial Studies, 2016, 29 (1): 5 – 68.

[100] He, J., and L. K. Ng. The Foreign Exchange Exposure of Japanese Multinational Corporations [J]. Journal of Finance, 1998, 53 (2): 733 – 753.

[101] Heaton, J., and Lucas, D. Portfolio Choice in the Presence of Background Risk [J]. Economic Journal, 2000, 110 (1): 1 – 26.

[102] Hirshleifer, David, Hou, Kewei, Teoh, Siew Hong., and Yinglei Zhang. Do Investors Overvalue Firms with Bloated Balance Sheets? [J]. Journal of Accounting and Economics, 2004 (38): 297 – 331.

[103] Hjalmarsson, Erick, and Petar Manchev. Characteristic – based Mean – Variance Portfolio Choice [J]. Journal of Banking and Finance, 2012, 36 (5): 1392 – 1401.

[104] Hurn, S., Pavlov, V. Momentum in Australian Stock Returns [J]. Australian Journal of Management, 2013, 28 (2): 141 – 155.

[105] Ibragimov, R., Jaffee, D., and J. Walden. Diversification Disasters [J]. Journal of Financial Economics, 2011, 99 (2): 333 – 348.

[106] Jacobs, B. I., and K. N. Levy. Leverage Aversion and Portfolio Optimality [J]. Financial Analysts Journal, 2012, 68 (5): 89 – 94.

[107] Jagannathan, R., and Ma, T. Risk Reduction in Large Portfolios: Why Imposing the Wrong Constraints Helps [J]. Journal of Finance, 2003, 58 (4): 1651 – 1684.

[108] Jankus, J. The Recent History of International Diversification [J]. Journal of Investing, 1998, 7 (2): 67 – 76.

[109] Jegadeesh, N., and Titman, S. Returns to Buying Winners and Selling Losers: Implications for Stock Market Efficiency [J]. Journal of Finance, 1993, 48 (1): 65 – 91.

[110] Jiang, C., Du, J., and An, Y. Combining the Minimum – variance and Equally – Weighted Portfolios: Can Portfolio Performance Be Improved? [J]. Economic Modelling, 2019 (80): 260 – 274.

[111] Jiang, C., Ma, Y., and An, Y. An Analysis of Portfolio Selection with Background Risk [J]. Journal of Banking and Finance, 2010, 34 (12): 3055 – 3060.

[112] Jiang, C., Ma, Y., and An, Y. International Portfolio Selection with Exchange Rate Risk: A Behavioural Portfolio Theory Perspective [J]. Journal of Banking and Finance, 2013, 37 (2): 648-659.

[113] Jobson, J. D., and Korkie, B. Estimation for Markowitz Efficient Portfolios [J]. Journal of the American Statistical Association, 1980, 75 (371): 554-554.

[114] Jorion, P. Bayes-Stein Estimation for Portfolio Analysis [J]. Journal of Financial and Quantitative Analysis, 1986, 21 (3): 279-292.

[115] Jorion, P. International Portfolio Diversification with Estimation Risk [J]. The Journal of Business, 1985, 58 (3): 259-278.

[116] Jorion, P. The Exchange-Rate Exposure of U.S. Multinationals [J]. Journal of Business, 1990, 63 (3): 331-345.

[117] Kan, R., and Zhou, G. Optimal Portfolio Choice with Parameter Uncertainty [J]. Journal of Financial and Quantitative Analysis, 2007, 42 (3): 621-656.

[118] Kim, B., and Suh, S. Sentiment-based Momentum Strategy [J]. International Review of Financial Analysis, 2018 (58): 52-68.

[119] Kimball, M. S. Precautionary Savings in the Small and in the Large [J]. Econometrica, 1990, 58 (1): 53-73.

[120] Kimball, M. S. Standard Risk Aversion [J]. Econometrica, 1993 (61): 589-611.

[121] Kirby, C., and Ostdiek, B. It's All in the Timing: Simple Active Portfolio Strategies that Outperform Naïve Diversification [J]. Journal of Financial and Quantitative Analysis, 2012, 47 (2): 437-467.

[122] Klein, R. W., and Bawa, V. S. The Effect of Estimation Risk on Optimal Portfolio Choice [J]. Journal of Financial Economics, 1976, 3 (3): 215-231.

[123] Kraus, A., and R. H. Litzenberger. Skewness Preference and the Valuation of Risk Assets [J]. The Journal of Finance, 1976, 31 (4): 1085-1100.

[124] Kritzman, M., Page, S., and D. Turkington. In Defense of Optimization: The Fallacy of 1/N [J]. Financial Analyst Journal, 2010, 66 (2): 31-39.

[125] Krokhmal, P., Palmquist, J., and Uryasev, S. Portfolio Optimization with Conditional Value-at-Risk Objective and Constraints [J]. Journal of Risk, 2002, 4 (1): 11-27.

[126] La Porta, R., Lopez-de-Silanes, F., Shleifer, A., Vishny, R. Investor Protection and Corporate Governance [J]. Journal of Financial Economics, 2000, 58 (1): 3-27.

[127] Lagoarde-Segot, T., and Lucey, B. M. International Portfolio Diversification: Is There a Role for the Middle East and North Africa? [J]. Journal of Multinational Financial Management, 2007, 17 (5): 401-416.

[128] Lajeri-Chaherli, F. More on Properness: The Case of Mean-variance Preferences [J]. Geneva Papers on Risk and Insurance Theory, 2002 (27): 49-60.

[129] Lajeri-Chaherli, F. Proper and Standard Risk Aversion in Two-moment Decision Models [J]. Theory and Decision, 2005 (57): 213-225.

[130] Lamont, O. A. Economic Tracking Portfolios [J]. Journal of Econometrics, 2001 (105): 161-184.

[131] Ledoit, O., and M. Wolf. Improved Estimation of the Covariance Matrix of Stock Returns with an Application to Portfolio Selection [J]. Journal of Empirical Finance, 2003, 10 (5): 603-621.

[132] Ledoit, O., and Wolf, M., Honey. I shrunk the Sample Covariance Matrix [J]. Journal of Portfolio Management, 2004, 30 (4): 110-119.

[133] Ledoit, Olivier, and Michael. Wolf, Robust Performance Hypothesis Testing with the Sharpe Ratio [J]. Journal of Empirical Finance, 2008, 15 (5): 850-859.

[134] Ledoit, Olivier, and Michael. Wolf, Robust Performance Hypothesis Testing with the Variance [J]. Wilmott Magazine (September), 2011 (1): 86-89.

[135] Lee, C. M. C., and Swaminathan B. Price Momentum and Trading Volume [J]. Journal of Finance, 2000, 55 (5): 2017-2069.

[136] Levy, H., and Sarnat, M. International Diversification of Investment Portfolios [J]. American Economic Review, 1970, 60 (4): 668-675.

[137] Li, K., Sarkar, A., and Wang, Z. Diversification Benefits of Emerging Markets Subject to Portfolio Constraints [J]. Journal of Empirical Finance, 2003, 10 (1-2): 57-80.

[138] Liljeblom, E., Löflund, A., and S. Krokfors. The Benefits from International Diversification for Nordic Investors [J]. Journal of Banking and Finance, 1997, 21 (4): 469-490.

[139] Longin, F., and B. Solnik. Is the Correlation in International Equity Returns Constant: 1970 – 1990? [J]. Journal of International Money and Finance, 1995, 14 (1): 3 –26.

[140] Lusk, J. L., and Coble, K. H. Risk Aversion in the Presence of Background Risk: Evidence from an Economic Experiment [J]. Research in Experimental Economics, 2008 (12): 315 –340.

[141] Malevergne, Y., and B. Rey. Preserving Preference Rankings under Non – financial Background Risk [J]. The Journal of the Operational Research Society, 2010, 61 (8): 1302 –1308.

[142] Markowitz, H. Portfolio Selection [J]. Journal of Finance, 1952, 7 (1): 77 –91.

[143] Martellini, L., and V. Ziemann. Improved Estimates of Higher – Order Comoments and Implications for Portfolio Selection [J]. The Review of Financial Studies, 2010, 23 (4): 1467 –1502.

[144] Melas, Dimitris, Suryanarayanan, Raghu, and Stefano Cavaglia. Efficient Replication of Factor Returns: Theory and Applications [J]. Journal of Portfolio Management, 2010, 36 (2): 39 –51.

[145] Menegatti, M. Optimal Saving in the Presence of Two Risks [J]. Journal of Economics, 2009, 96 (3): 277 –288.

[146] Merton, R. C. Lifetime Portfolio Selection under Uncertainty: The Continuous Time Case [J]. Review of Economics and Statistics, 1969 (51): 247 –257.

[147] Merton, R. C. On Estimating the Expected Return on the Market: An Exploratory Investigation [J]. Journal of Financial Economics, 1980, 8 (4): 323 –361.

[148] Merton, R. C. Optimum Consumption and Portfolio Rules in A Continuous – time Model [J]. Journal of Economic Theory, 1971 (3): 373 –413.

[149] Michaud, R. O., Bergstrom, G. L., Frashure, R. D., and Wolahan, B. K. Twenty Years of International Equity Investing [J]. Journal of Portfolio Management, 1996, 23 (1): 9 –22.

[150] Michaud, R. O. The Markowitz Optimization Enigma: Is Optimized Optimal? [J]. Financial Analyst Journal, 1989, 45 (1): 31 –42.

[151] Mitton, T., and K. Vorkink. Equilibrium Underdiversification and the

Preference for Skewness [J]. Review of Financial Studies, 2007, 20 (4): 1255 – 1288.

[152] Moreno, D., and Rodríguez, R. The Value of Coskewness in Mutual Fund Performance Evaluation [J]. Journal of Banking and Finance, 2009, 33 (9): 1664 – 1676.

[153] Naryan, P. K., and Phan, D. H. B. Momentum Strategies for Islamic Stocks [J]. Pacific Basin Finance Journal, 2017 (42): 96 – 112.

[154] Novy – Marx, Robert. The Other Side of Value: the Gross Profitability Premium [J]. Journal of Financial Economics, 2013, 108 (1): 1 – 28.

[155] Pastor, L. Portfolio Selection and Asset Pricing Models [J]. Journal of Finance, 2000, 55 (1): 179 – 223.

[156] Pastor, L., Stambaugh, R. Comparing Asset Pricing Models: An Investment Perspective [J]. Journal of Financial Economics, 2000, 56 (3): 335 – 381.

[157] Pelizzon, L., and G. Weber. Efficient Portfolios When Housing Needs Change over the Life Cycle [J]. Journal of Banking and Finance, 2009, 33 (11): 2110 – 2121.

[158] Phylaktis, K., Ravazzaolo, F. Stock Market Linkages in Emerging Markets: Implications for International Portfolio Diversification [J]. Journal of International Financial Markets, Institutions & Money, 2005, 15 (2): 91 – 106.

[159] Prakash, Arun, J., Chun – Hao Chang, Therese E. Pactwa, Skewness Persistence with Optimal Portfolio Selection [J]. Journal of Banking and Finance, 2003, 27 (6): 1111 – 1121.

[160] Pratt, J. W., and Zeckhauser, R. Proper Risk Aversion [J]. Econometrica, 1987, 55 (1): 143 – 154.

[161] Pratt, J. W. Risk Aversion in the Small and in the Large [J]. Econometrica, 1964, 32 (1 – 2): 122 – 136.

[162] Pratt, J. W., and Zeckhauser, R. Proper Risk Aversion [J]. Econometrica, 1987 (55): 143 – 154.

[163] Qian, E. On the Holy Grail of "Upside Participation and Downside Protection" [J]. Journal of Portfolio Management, 2015, 41 (2): 11 – 22.

[164] Qiu, M., Pinfold, J. F., and L. C. Rose. A Country Selection Strategy for International Diversification under a Flexible Exchange Rate Regime [D]. Work-

ing Paper, 2007.

[165] Rockafellar, R. T., and Uryasev, S. Optimization of Conditional Value – at – Risk [J]. Journal of Risk, 2000, 2 (1): 21 – 41.

[166] Roll, R., and Srivastava A. Mimicking Portfolios [EB/OL]. https://ssrn.com/abstract = 3099630.

[167] Roll, R. A Critique of the Asset Pricing Theory's Tests [J]. Journal of Financial Economics, 1977 (4): 129 – 176.

[168] Roll, R. A Mean/Variance Analysis of Tracking Error [J]. Journal of Portfolio Management, 1992, 18 (4): 13 – 22.

[169] Roll, Richard. Volatility, Correlation, and Diversification in a Multi – factor World [J]. Journal of Portfolio Management, 2013, 39 (2): 11 – 18.

[170] Rosen, H. S., and S. Wu. Portfolio Choice and Health Status [J]. Journal of Financial Economics, 2004, 72 (3): 457 – 484.

[171] Ross, S. A. Some Stronger Measures of Risk Aversion in the Small and in the Large with Application [J]. Econometrica, 1981, 49 (3): 621 – 638.

[172] Samuelson, P. A., Portfolio Selection by Dynamic Stochastic Programming [J]. Review of Economics and Statistics, 1969 (51): 239 – 246.

[173] Sears, R. S., and K. C. J. Wei. The Structure of Skewness Preferences in Asset Pricing Models with Higher Moments: An Empirical Test [J]. The Financial Review, 1988, 23 (1): 25 – 38.

[174] Sharpe, W. F. A Simplified Model for Portfolio Analysis [J]. Management Science, 1963, 9 (2): 277 – 293.

[175] Shefrin, H., and M. Statman. Behavioral Portfolio Theory [J]. Journal of Financial and Quantitative Analysis, 2000, 35 (2): 127 – 151.

[176] Sloan, Richard, G. Do Stock Prices Fully Reflect Information in Accruals and Cash Flows about Future Earnings? [J]. Accounting Review, 1996, 71 (3): 289 – 315.

[177] Smith, D. R. Conditional Coskewness and Asset Pricing [J]. Journal of Empirical Finance, 2007, 14 (1): 91 – 119.

[178] Smith, P., and D. Love. Does Health Affect Portfolio Choice? [D]. Working Paper, 2007.

[179] Solnik, B. Optimal International Asset Allocation [J]. Journal of Portfo-

lio Management, 1982, 9 (9): 11 - 21.

[180] Solnik, B. Why not Diversify Internationally Rather than Domestically? [J]. Financial Analysts Journal, 1974, 30 (4): 48 - 54.

[181] Sortino, F. A., and Forsey, H. J. On the Use and Misuse of Downside Risk [J]. Journal of Portfolio Management, 1996, 22 (2): 35 - 42.

[182] Sortino, F. A., and Price, L. N. Performance Measurement in a Downside Risk Framework [J]. Journal of Investing, 1994, 3 (3): 59 - 64.

[183] Stivers, Chris., and Licheng Sun. Mitigating Estimation Risk in Asset Allocation: Diagonal Models Versus 1/N Diversification [J]. Financial Review, 2016 (51): 403 - 433.

[184] Sun, Q., Yan, Y. Skewness Persistence with Optimal Portfolio Selection [J]. Journal of Banking and Finance, 2003, 27 (6): 1111 - 1121.

[185] Tsetlin, I., and R. L. Winkler. Risky Choices and Correlated Background Risk [J]. Management Science, 2005, 51 (9): 1336 - 1345.

[186] Tu, J., and Zhou, G. Markowitz Meets Talmud: A Combination of Sophisticated and Naive Diversification Strategies [J]. Journal of Financial Economics, 2011, 99 (1): 204 - 215.

[187] Tzeng, L. Y., and J. H. Wang. An Increase in Background Risk and Demand for Loss Reduction [J]. Journal of Insurance Issues, 2002, 25 (2): 127 - 141.

[188] Viceira, L. M. Optimal Portfolio Choice for Long - Horizon Investors with Nontradable Labor Income [J]. Journal of Finance, 2001, 56 (2): 433 - 470.

[189] Xing, Xin., Hu, Jinjin., and Yaning Yang. Robust Minimum Variance Portfolio with L - infinity Constraints [J]. Journal of Banking and Finance, 2014 (46): 107 - 117.

[190] Yang, X., Zhang, H. Extreme Absolute Strength of Stocks and Performance of Momentum Strategies [J]. Journal of Financial Markets, 2019 (44): 71 - 90.

[191] Yang, Y., Goncu, A., Pantelous, A. A. Momentum and Reversal Strategies in Chinese Commodity Future Markets [J]. International Review of Financial Analysis, 2018 (60): 177 - 196.

[192] Yen, Yu - Min. Sparse Weighted - norm Minimum Variance Portfolios [J]. Review of Finance, 2016 (1): 1259 - 1287.

[193] You, L., and Daigler, R. T. Is International Diversification Really Bene-

ficial？[J]. Journal of Banking and Finance, 2010, 34 (1): 163-173.

[194] Zhang, J., Jin, Z., An, Y. Dynamic Portfolio Optimization with Ambiguity Aversion [J]. Journal of Banking and Finance, 2017 (79): 95-109.

[195] 迟国泰, 吴灏文, 闫达文. 基于高阶矩风险控制的贷款组合优化模型 [J]. 系统工程理论与实践, 2012, 32 (2): 257-267.

[196] 崔媛媛, 王建琼, 庄泓刚. 参数不确定条件下考虑偏度的投资组合 [J]. 系统工程理论与实践, 2011, 31 (9): 1828-1634.

[197] 蒋崇辉, 马永开, 安云碧. 市场、策略与国际投资利益: 基于中国投资者视角的实证分析 [J]. 系统工程理论与实践, 2012, 32 (4): 693-703.

[198] 蒋崇辉, 马永开, 安云碧. 市场、策略与国际投资利益: 基于中国投资者的视角实证分析 [J]. 系统工程理论与实践, 2012, 32 (4): 693-703.

[199] 李俭富. 指数投资组合加权机制选择研究: 市值加权、等权还是基本面价值加权 [J]. 中国管理科学, 2014, 22 (S1): 375-381.

[200] 刘博, 皮天雷. 惯性策略和反转策略: 来自中国沪深A股市场的新证据 [J]. 金融研究, 2007 (8): 154-167.

[201] 鲁万波, 黄光麟, Kris Boudt. 股市涨跌预测与量化投资策略: 基于时变矩成分分析 [J]. 中国管理科学, 2020, 28 (2): 1-12.

[202] 鲁臻, 邹恒甫. 中国股市的惯性与反转效应研究 [J]. 经济研究, 2007 (9): 145-155.

[203] 马景义, 单璐琪, 方彤. 一种增强型指数追踪模型设计及应用 [J]. 数量经济技术经济研究, 2017, 34 (5): 107-121.

[204] 潘莉, 徐建国. A股个股回报率的惯性与反转 [J]. 金融研究, 2011 (1): 149-166.

[205] 祁斌, 黄明, 陈卓思. 机构投资者与市场有效性 [J]. 金融研究, 2006 (3): 76-84.

[206] 权小锋, 洪涛, 吴世农. 选择性关注、鸵鸟效应与市场异象 [J]. 金融研究, 2012 (3): 109-123.

[207] 沈可挺, 刘煜辉. 中国股市中惯性与反向投资策略的获利模式 [J]. 管理科学学报, 2006, 9 (6): 43-52.

[208] 王永宏, 赵学军. 中国股市"惯性策略"和"反转策略"的实证分析 [J]. 经济研究, 2001 (6): 56-61.

[209] 吴世农, 吴超鹏. 我国股票市场"价格惯性策略"和"盈余惯性策

略"的实证研究[J]. 经济科学, 2003 (4): 41-50.

[210] 杨瑞成, 邢伟泽. CRMW 风险缓释效用目标跟踪的债券投资组合优化策略研究[J]. 中国管理科学, 2020 (1): 7-9.

[211] 姚海祥, 李仲飞. 不同借贷利率下的投资组合选择——基于均值和 VaR 的效用最大化模型[J]. 系统工程理论与实践, 2009, 29 (1): 22-28.

[212] 余婧. 均值-方差-近似偏度投资组合模型和实证分析[J]. 运筹学学报, 2011, 14 (1): 106-114.

[213] 张舰, 李学峰, 王建虎. 我国券商与证券投资基金的惯性反转策略比较研究——基于交易策略弹性指数[J]. 财贸研究, 2010 (4): 90-97.

[214] 朱曦, 陈俊芳, 许拯声. 沪深 A 股市场惯性效应与反转效应的比较分析[J]. 上海交通大学学报, 2008, 42 (11): 1788-1792.